d

Andrzej Szczypiorski

Notizen zum Stand der Dinge

*Aus dem
Polnischen von
Klaus Staemmler*

Diogenes

Die Auswahl der Notizen
besorgte der Autor aus den beiden Büchern
Z notatnika stanu wojennego
(Aus dem Notizbuch zum Kriegszustand),
Polonia Book Fund Ltd., London 1983,
und *Z notatnika stanu rzeczy*
(Aus dem Notizbuch zum Stand der Dinge),
Niezależna Oficyna Wydawnicza (NOWA), Warszawa 1987
Anmerkungen des Übersetzers am Schluß des Bandes
Umschlagfoto von Michael Horowitz

Inhalt

Vorwort zur deutschen Ausgabe

Dies ist ein sehr persönliches Buch. Es entstand in einem besonderen Lebensabschnitt. Am 13. Dezember 1981 wurde über Polen der Kriegszustand verhängt. Am gleichen Tage wurde ich festgenommen. Zu Anfang verbrachte ich ein paar Tage im Warschauer Gefängnis Białołęka, danach war ich bis zum Frühjahr 1982 im Internierungslager Jaworze im nordwestlichen Teil Polens.

Während der folgenden beiden Jahre hatte ich keine Möglichkeit, am öffentlichen Leben teilzunehmen. Zuvor war ich gesellschaftlich sehr aktiv gewesen. Doch in den Jahren 1982–84 gab sich die Staatsmacht alle Mühe, derartigen Praktiken Einhalt zu gebieten. Die aus den Internierungslagern entlassenen Wissenschaftler, Schriftsteller und Künstler wurden vom öffentlichen Leben konsequent ausgeschlossen.

In jenen Jahren habe ich überhaupt nichts publiziert, man machte mir die Ausübung des Schriftstellerberufs unmöglich. Die Kontakte mit anderen Schriftstellern wurden außerordentlich erschwert. Als sich im Herbst 1983 ein Dutzend Schriftsteller in einer Posener Privatwohnung versammelten, um über die Situation der Literatur zu sprechen, wurden wir von der Polizei festgehalten und stundenlangen Verhören unterzogen; danach empfahl man uns unter Androhung der Verhaftung, Posen auf der Stelle zu verlassen und in unsere Wohnorte zurückzukehren. Ähnliche Vorfälle gab es häufig.

Diese Art der Isolierung vom Leben der Gemeinschaft

hatte indessen auch ihre guten Seiten. Die schriftstellerische Arbeit erfordert Einsamkeit. Ich glaube, sie erfordert auch bittere Lebenserfahrung. Die Schriftstellerei ist keine Unterhaltung, sondern Kampf. Nicht nur politischer. Ich meine auch Kampf gegen die eigene geistige Trägheit, gegen die intellektuelle Bequemlichkeit. Die Literatur ist stets Risiko und Herausforderung. Sie soll, wie Joseph Conrad sagt, der sichtbaren Welt Gerechtigkeit widerfahren lassen. Das ist keine leichte Aufgabe.

In diesen Jahren machte ich mir Notizen. Sie waren die Aufzeichnungen meiner geistigen Erfahrungen in der neuen Lebenslage. Ich begann damit schon im Gefängnis und setzte sie in Jaworze fort, aber auch die folgenden Jahre hindurch, schon in relativer Freiheit, in meinen eigenen vier Wänden. Mein Schreibtisch war damals meine letzte Barrikade. Indem ich schrieb, errang ich den Anschein der Freiheit.

Es handelte sich nicht um systematische Notizen, sondern ganz einfach um Bemerkungen zur laufenden Situation, unvollendete Gedanken, Beschreibungen von Gefühlen. In diesem Sinn sind es die persönlichsten Texte, die ich je im Leben geschrieben habe. Sie illustrieren meine Bedenken, Beunruhigungen und inneren Wandlungen. Objektiv sind sie nicht, aber die Literatur muß keineswegs objektiv sein.

Im Herbst 1983 erschien der erste Band dieser Notizen unter dem Titel *Aus dem Notizbuch zum Kriegszustand* im Verlag *Polonia* in London. Den zweiten Band, *Aus dem Notizbuch zum Stand der Dinge*, veröffentlichte ich im Untergrundverlag *Nowa* in Warschau, im Frühjahr 1987. Selbstverständlich wurden nicht alle Notizen publiziert. Ich nahm eine Auswahl vor. Texte, die allzu aktuelle Dinge betrafen, oder solche, die ich für zu persönlich oder zu vergänglich hielt, um die Aufmerksamkeit des Lesers in Anspruch zu nehmen, blieben in meinen Papieren. Der vorliegende Band entstand also aus Notizen, die mir wesentlich zu sein schienen, sie betreffen Dinge von allgemeiner Bedeutung oder können Aufschluß über die historische Wirklichkeit jener Jahre geben.

A. S.

I

Aus dem Notizbuch zum Kriegszustand

Im Gefängnis

Gefängnis Białołęka. 13. Dezember 81. 6 Uhr früh.

Habe einen Bleistift von Herrn Woc. Kaum was zum Rauchen. Bitterer Geschmack im Mund. In der Zelle Kälte und Gestank. Die Leute sehr freundlich.

Man hat uns heute in eine einstöckige Baracke verlegt. Eine Zelle für zwölf Mann. Schönes Frostwetter. Zahlreiche Milizionäre bewachen uns.

Socken gewaschen. Schrecklicher Gestank vom WC. Spülung kaputt. Ein großer Haufen Scheiße liegt in der Schüssel. Er wird immer größer, weil die Leute das WC weiter benutzen. Wir werden uns aus einer Pappschachtel Bridgekarten machen.

Es wird viel geraucht. Denke an die Meinen zu Hause. Für sie ist es entsetzlich! Irgendwo in der Nähe ist Kijowski, er hat meinen Namen gerufen, ich habe geantwortet.

Ein Oberst hat mich kommen lassen. Wir werden woandershin verlegt. Er war höflich. Habe seine Carmen-Zigaretten in die Zelle mitgenommen.

Gehe auf Transport. 17 Uhr.

Damit schließen die Notizen aus Białołęka, geschrieben auf einem karierten, aus dem Notizbuch gerissenen Blatt.

Die Stunde der Prüfung

Viel Schnee. Eine weiße, hohe Barrikade trennt uns von der Welt. Um so besser. Die Zeit des Nachdenkens ist gekommen, vorbei ist das atemlose, pausenlose Herumlaufen auf festgetretenen Wegen, auf tausend fremden Spuren. Jeder von uns ist hier allein, allem Anschein und allen Versicherungen zum Trotz, noch nie seien wir so sehr in Gemeinschaft gewesen. Gottlob können wir im warmen Dunst der Illusionen existieren, obgleich mich manchmal die wirklich kalte Hand der Wahrheit bei der Kehle packt. Der Wahrheit über mich, über jeden von uns rundum, über alle, die jetzt außerhalb der Schneewälle irgendwo in Polen leben. Die Zeit ist gekommen, daß jeder ein bißchen für sich, daß jeder mit seiner Wahrheit allein ist. Erst jetzt werden wir reif. Erst jetzt kann daraus etwas Großes hervorgehen. Erst jetzt ist die Stunde der Wahl, des Durchbruchs, der großen, leuchtenden Entdeckung des eigenen Ichs gekommen. Aber auch der anderen.

In letzter Zeit hatte ich manchmal Träume von dem, was jetzt eingetreten ist. Ich behielt sie nicht. Die Tage zertraten solche Träume. Es blieben nur Fetzen, schwer zu definierende Hoffnungen und Sehnsüchte, am Ende die Charaktere prüfen zu müssen. Vielleicht nicht einmal die Charaktere, sondern eher die Beziehung der Menschen zu ihrer eigenen Wahrheit. Die Menschen dem, woran sie glauben, von Angesicht zu Angesicht gegenüberstellen. Mit einem Wort, in diesem Lärm, Gedränge und Gewühl der vergangenen Monate, im eigentümlichen Durcheinander der

Haltungen, Gesten, Grimassen, wo die Rosenkränze, Muttergottesbilder, Kreuze, Weihrauchfässer, das Gebetsgeflüster und die Gebetsrufe, das ganze riesige Ritual der Religiosität keine geringe Rolle spielten, in diesem viele Monate andauernden Tiegel der stets und vor allem menschlichen großen und kleinen Angelegenheiten wartete ich auf das Erscheinen des besorgten, vielleicht etwas zornigen, vielleicht etwas enttäuschten Gesichts des Herrgotts.

Eines ist sicher, ich hätte eine andere Art der Prüfung vorgezogen. Doch auch diese Prüfung, bitter, schmerzhaft, schrecklich, wie sie ist, sollte in Hoffnung und Dankbarkeit angenommen werden. Nicht weil das Schicksal uns wieder versucht, sondern aus dem einfachen Grund, daß wir dank dieser Versuchung der Wahrheit und damit uns selbst näher sein werden. Wenn ich mich in der Vergangenheit vor etwas fürchtete, dann vor dem Verlust der Würde in diesem Getöse scheinbarer Erfolge, dieser Leichtfertigkeit, in diesem lärmenden Marsch voran.

Überhaupt paßte mir der Marsch irgendwie nicht. Wir benötigen ein bißchen Einsamkeit, um uns desto fester an die Gemeinschaft zu binden.

Der jüdische Gott

Ich lese hier die Psalmen. Zum ersten Mal im Leben. Und durch sie komme ich Gott näher. Ein steiler Aufstieg. Ein schrecklicher Berg. Schrecklich steil. Doch steckt darin etwas, das sich schwer ausdrücken läßt. Dieses Übermaß teilt sich meinem Herzen mit. Mein Herz wird mächtiger. Es ist in den Psalmen wenig Barmherzigkeit, wenig Mitgefühl, viel Gift, Wut, viele unflätige Flüche. Der Ton der

Rache klingt hundertmal stärker als der Ton der Nachsicht. Das Leiden ist hier schrecklich, doch es ist groß durch sich selbst. Als wären die Leidenden Auserwählte, als machte das Leiden aus ihnen Auserwählte, als wünschten sie zu leiden, um Auserwählte zu werden. Die Psalmen sind jüdisch, und ich verliebte mich in den jüdischen Gott. Hier leidet nicht Gott, sondern es leiden die Menschen. Hier streiten sich die Menschen mit Gott, und Er geruht manchmal nachzugeben. Die Menschen in den Psalmen betteln nicht. Sie fordern. Ihr Geschrei ist großartig.

Ich würde gern so schreien und erhört werden!

Mein Vater

Oft denke ich jetzt an meinen Vater. Doch immerhin habe ich auch unter den früheren Umständen täglich an ihn gedacht. Die Weisheit einfacher Leute ist erstaunlich. Im Sommer 1979, etwa eine Woche nach seiner Beerdigung, sprach ein alter Bauer Worte, die mich durch ihre Treffsicherheit geradezu berauschten: »Der Mensch wird erst dann zur Waise, wenn er seinen Vater verliert. Das Alter spielt dabei keine Rolle!«

Er hatte recht. Erst damals wurde ich zur Waise. Dabei hatte ich ein halbes Jahrhundert eigenes Leben hinter mir. Es war so, als befände ich mich plötzlich auf der letzten Sprosse einer in einen tiefen, dunklen Brunnen hinabführenden Leiter. Niemand mehr vor mir. Das präzise Bewußtsein, jetzt an der Reihe zu sein. Doch hier sehe ich das seit einiger Zeit etwas anders. Eine Leiter, richtig. Nur nicht hinab, sondern hinauf. Einige Sprossen weiter oben. Und über mir der riesengroße, helle, reine Himmel.

Ich erinnere mich an das letzte Gespräch mit meinem Vater. Es war im Spital Kruk bei Gostynin, wo ich ihn nach einem heftigen, auf dem Lande erlittenen Anfall von Atemnot untergebracht hatte. Ein sehr heißer Tag. Er lag im Bett, ein bißchen verändert, mit vorspringender, sich scharf abzeichnender Nase. Ich sagte, in wenigen Tagen sei alles vorüber, er würde zurückkehren, zum Sommerurlaub auf dem Land. Er verneinte mit einer Kopfbewegung. »Ich werde sterben«, sagte er sehr ruhig. »Was kommt dir nur in den Sinn...«, rief ich, erfüllt von jener banalen, törichten, respektlosen Watte, wie sie sich in uns ansammelt angesichts des Todes nahestehender Menschen, die wir trösten wollen.

Er blickte mich aufmerksam und nachsichtig an. »Ich habe keine Angst vor dem Tod«, sagte er, und seine Stimme klang sicher. »Ich denke, ich habe Gottes Gunst nicht verscherzt. Nicht gegen Gott habe ich gekämpft, sondern gegen Gierek.«

Bis zum Schluß wahrte er seinen Stil, ein bißchen libertinistisch, ein bißchen trotzig. Immerhin war er jahrzehntelang Sozialist gewesen, er war mit Marx aufgewachsen, doch das war der Sozialismus der Polnischen Sozialistischen Partei, ein Sozialismus, der im menschlichen Herzen für Gott viel Platz ließ.

Das Schreiben

Aber selbstverständlich ist es stärker als ich. Immer habe ich behauptet, wir litten an einem Gebrechen, an einer Krankheit. Der Hunger zu schreiben und aufzuschreiben, immer und überall, ohne Rücksicht auf die Situation, die Bedingungen, Umstände. Es ist wohl komisch, doch es ist ein Teil meiner selbst. Der Verzicht auf das Schreiben, sogar wenn es keinem bewußten Ziel dient, bedeutete eine Amputation. Ohne das Schreiben würde ich zum Krüppel.

Ihr Besuch

Am meisten quält mich der Gedanke an zu Hause. Im Prinzip, das weiß ich, ist alles in Ordnung. Nur daß sich auch das Prinzip ein wenig geändert hat.

Übermorgen kommt Ewa. Frost. Hoffentlich zieht sie sich warm an für diese Expedition! Aber daran wird sie nicht denken.

Morgen kommt sie. Auch andere Frauen, wie ich höre. Bei uns ist die Erregung groß. Jemand hat gesagt, das heiße »Beschau«. Woanders mag das sogar passen, bei uns nicht. Es klingt ein bißchen erotisch, dabei ist die Atmosphäre dramatisch geladen. Leute, die längere Zeit im Gefängnis sitzen, bereiten sich etwas anders, gewissermaßen von der anderen Seelenseite her, auf solchen Besuch vor. Bei uns überwiegt eine ungeheure Nervosität.

Ich wollte meine Eindrücke von Ewas Besuch niederschreiben, doch das hat keinen Sinn. Unmittelbar nach ihrer Abreise setzte ich mich an einen Brief. Ich schrieb zwölf Seiten. Ich erklärte darin, worauf der Zustand der Ungeduld während des einstündigen Gesprächs beruhte. Alles ist dann halb, unvollendet, abgerissen. Die Eile, der Drang, möglichst viel zu sagen und zu hören. Im Endergebnis zerfällt alles. Man möchte konkret sein, denn es gibt verschiedene

Angelegenheiten, Dispositionen usw., zudem möchte man eine Menge Dinge erfahren, Fragen, Fragen, Antworten, Antworten, und schließlich eine verzweifelte Umarmung zum Abschied.

Mein Gott, wie mag sie meinen derzeitigen Zustand erleben... Sicher meint sie, ich sei in psychischer Auflösung begriffen, weil der Anschein von Nervosität, Eile, Unruhe, binnen einer Stunde mit dem ganzen Haufen von Gedanken fertig zu werden, den Eindruck eines inneren Bruchs, mangelnder Koordination machen muß. Da hat sie sich zunächst die ganze Nacht hindurch in dem dunklen, kalten Waggon geplagt, auf den zahlreichen Umsteigebahnhöfen, bei dem morgendlichen Marsch durch den Schnee – um jetzt heimzukehren mit dieser schrecklichen Last, ich sei in einem schlimmen Zustand, sie aber ratlos...

Vor ihrem nächsten Besuch werde ich Gott anflehen, daß er mir viel innere Disziplin schenkt, etwas Phlegmatisches, eine Gelassenheit des Geistes, denn nur in einer solchen Verfassung kann man dieses Gespräch führen und in eine Stunde einen ganzen Monat an Gedanken, Träumen, Sehnsüchten hineinzwängen...

Immer habe ich gespürt, seit Jahren habe ich gespürt, daß die irdische Liebe ein göttliches Element enthält, etwas von dem besonderen Umgang mit Gott durch einen anderen Menschen hindurch. Gott verurteilt uns zur großen Liebe, darum ist es unmöglich, sie ohne Seine Hilfe zu ertragen, wenn der Augenblick der Prüfung kommt.

Geschrieben in Jaworze, Dezember 1981 bis März 1982

Die Warnung

Im Frühjahr 1939 besuchte uns ein Bekannter meines Vaters. Er hieß, wenn ich nicht irre, Gelbart, ein großer, dunkelhaariger Mann. Damals kam er mir sehr alt vor, aber er war wohl kaum sechzig. Beim Abendessen erzählte er von den Ereignissen in Wien. Ich erinnere mich an seine vorspringende, gebogene Nase und die dunklen, lebhaften Augen.

Später gelangte ich zu dem Schluß, dieser Gelbart müsse Jude gewesen sein, aber damals, als er beim hellen Licht des Kronleuchters Schinkenscheiben aß, ein Stück Schwarzbrot sorgsam mit Butter bestrich und aus dem schönen Kristallglas starken Tee trank (die Kristallgläser waren der Schatz und der Stolz meiner Mutter, ebenso die hübschen Kristallschalen, in denen allerlei Konfitüren gereicht wurden) – als er damals von seinen Wiener Erlebnissen erzählte, hatte ich natürlich keine Ahnung, daß ein Verurteilter mit uns sprach!

Er berichtete von den Wiener Juden, die Armbinden mit dem Davidstern trugen. Er berichtete von den Überfällen auf jüdische Geschäfte und Unternehmen. Er berichtete von der Massenemigration der Wiener Juden, aber auch von einigen ›Ariern‹, die nicht imstande waren, sich mit dem ›Anschluß‹ und der neuen Ordnung abzufinden.

Mein Vater nahm die Mitteilungen des Gastes recht kühl auf. Er schien einen wesentlichen Teil davon dessen Phantasie oder Überempfindlichkeit zuzuschreiben, deshalb warf er hin und wieder zurückhaltend ein: »Gewiß,

gewiß. Das ist sehr bedrückend. Doch unter solchen Umständen kommt gewöhnlich der Abschaum nach oben. Das geht vorüber, daraus darf man keine voreiligen Schlüsse ziehen.«

Der Gast widersetzte sich. Immer nachdrücklicher und heftiger umzingelte er meinen Vater mit unterschiedlichen Tatsachen, die beweisen sollten, daß die Ausschreitungen nicht zufällig waren, sondern eine systematische, geplante Aktion des Hitler-Regimes. Meine Mutter trank ihren starken Tee, sie stocherte mit der Gabel in einem Stück Gebäck. Plötzlich sagte sie entschieden: »Aber das ist doch Unsinn«, und zündete sich eine flache Zigarette mit goldenem Mundstück an (sie hießen, wenn ich nicht irre, *Dames*).

Der Gast aus Wien verstummte bestürzt. Mein Vater versuchte, die Situation zu retten. Er war stets höflich, denn er hatte eine steile Lebensbahn hinter sich, war mühsam bergauf geschritten und hatte sich aus eigener Kraft und mit seinem Talent aus der Armut und Rückständigkeit seiner Kindheit emporgearbeitet. Meine Mutter dagegen glaubte, sie dürfe sich in der Gesellschaft entschiedene Ansichten erlauben. Und sie erlaubte sie sich. Recht aber hatte sie nicht.

Jener Herr aus Wien wurde traurig und erzählte nun mit geringerem Eifer. Ganz bestimmt ist er einige Jahre später umgekommen.

Mein Vater hatte im Frühjahr 1939 kein Verständnis für Hitler und die Nazis, war aber ein Mensch aus der Zeit vor dem ersten Krieg und folglich ganz einfach ein sogenannter Europäer, was einer gewissen Art von Blindheit gleichkam. Er kannte die Deutschen aus der Okkupationszeit der Jahre 1915–1918, er kannte auch die Weimarer Deutschen – und nahm Tatsachen, die mit ihrem Bild nicht übereinstimmten, einfach nicht zur Kenntnis. Die Deutschen waren kultiviert. Sie hatten manchmal ihre Grillen, daran war kein Zweifel, trotzdem waren sie kultiviert! Ihr Gouverneur von Beseler zeichnete sich durch Mäßigung und Zurückhaltung aus. Der Kaiser Wilhelm war anmaßend und unklug, er folgte unnötigerweise dem falschen Rat der einen und verwarf den richtigen der anderen, dennoch war Kaiser Wilhelm ein Europäer. Meine Mutter, die meinen Vater auf einer offiziellen Deutschlandreise im Jahr 1931 oder 1932 begleitete, erhielt auf dem Bahnsteig des Berliner Bahnhofs einen Strauß speziell gezüchteter Rosen mit bläulich schattierten Blütenblättern. Es gab folglich keinen Zweifel, daß Gassenjungen die Schaufenster jüdischer Geschäfte in Wien eingeschlagen hatten, eine geplante Aktion konnte das nicht sein, obgleich Hitler ein verantwortungsloser und gefährlicher Mann war.

Ich erinnere mich noch an eine Szene nach dem Weihnachtsfest des Jahres 1939. Die Fenster waren mit Sperrholzplatten vernagelt; die Bombardierung im September hatte die Scheiben zerstört, und neues Glas war schwer zu bekommen. Geblieben war das Kristall und das Silber, dazu noch ein paar Gläser Konfitüre, sonst aber sah der Gabentisch kümmerlich aus. Auf dem Stuhl, wo im Frühling der Besucher aus Wien gesessen hatte, wiegte sich jetzt ein kleiner, schlanker Mann. Ich glaube, er trug einen Bart und hatte dunkles Haar. Es war ein Bewohner des Dorfes Wawer, wo die Deutschen während der Weihnachtsfeiertage die erste Massenerschießung in Polen durchgeführt hatten. Mein Vater lauschte dem Bericht schweigend, mit gesenktem Kopf. Meine Mutter rauchte eine Zigarette nach der anderen, aber *Dames* waren es vermutlich nicht mehr. Im Kronleuchter brannte eine einzige Glühbirne, das Zimmer blieb im Schatten, ich erinnere mich an die unscheinbare Silhouette meines Großvaters, der sich mit dem Rücken gegen den Kachelofen lehnte, sicher mit dem Wunsch nach Wärme, von der es so wenig gab. Und nur mein Großvater sagte damals: »Das ist doch nicht zu glauben!« Er hatte vor dem ersten Krieg einige Jahre in Deutschland verbracht und erinnerte sich gerne an jene Jahre.

Ich weiß es noch ganz genau, als dieser Mann aus Wawer von dem Massaker erzählte, dachte ich an den Besuch aus Wien im Frühjahr. Mein Vater hatte damals einen wichtigen Hinweis übersehen. Er hatte auf etwas gezählt, worauf man nicht zählen durfte. Damals, im Frühjahr 1939, stand das Tor, durch das er hätte gehen müssen, um sich und den Seinen die nachfolgenden Erfahrungen zu ersparen, für ihn noch weit offen.

Später war das Tor bereits fest verschlossen.

Unter Kiefern

Heute habe ich einen langen, anstrengenden Marsch unternommen, bis in die Gegend von Stefanów. Ich ging auf einem Waldweg, im heißen, feinen Sand. Die Kiefern standen reglos, die schwüle Luft drang nur mühsam durch die Kehle. Stille, Einöde. Nur einmal hörte ich in der Nähe das Knacken trockener Zweige und das Geräusch eines fliehenden Rehs.

Der Marsch dauerte über drei Stunden, und hin und wieder malte ich mir mit Vergnügen aus, wie ich mich verirrte, ein Gewitter mich überraschte und wie ich mich ausgehungert, durchnäßt und sehnsüchtig nach Menschen Ausschau haltend herumschleppte.

Eigentlich leide ich in letzter Zeit unter nichts so sehr wie unter dem Lärm, der Betriebsamkeit, diesem idiotischen *Geschehen*, das mein Leben viele vergangene Jahre hindurch ausgefüllt hat. Symptome großer Erschöpfung. Selbstverständlich wird das vergehen, vorläufig aber ist es noch präsent, und deshalb fühle ich mich am besten, am sichersten gerade während eines einsamen Marsches durch den Wald oder unter meiner Kastanie im Schatten hinter dem Zaun, mit dem dicken Band der *Spandauer Tagebücher* Speers in den Händen. Als ob mich dieser Zaun und diese Kastanie vor der Welt schützten und Speers Notizen ein beruhigender Trost wären, denn im Vergleich mit seinem Los ist das meine ein Märchenspiel des Glücks, des Erfolgs, der Freude und der unbegrenzten Freiheit.

Heute auf dem Spaziergang setzte ich mich, schon tüchtig angestrengt, auf eine sanfte Erhebung und lehnte mich an einen Kiefernstamm. Rundum große Stille. Kein Hauch ging, kein Zweig raschelte, kein Vogel zwitscherte. Stille und sonst nichts. Das war sehr angenehm. Aber – leider war auch ich dort. Und in mir erhob sich nach einer kurzen Weile ein unerhörtes Getöse. Dieses Getöse brodelt wohl immer, nur höre ich es nicht, weil ich mit einer Menge von Alltäglichkeiten beschäftigt bin, mit Lesen oder auch mit Spazierengehen. In der Stille aber, die herabgesunken war, als ich mich hinsetzte – vernahm ich plötzlich meine inneren Stimmen, geschwätzig und wütend, als könnten sie mir endlich ihre verheimlichten Botschaften entgegenschreien. Eine sehr dumme Frage: Was nun? Warum ist das geschehen? Was gibt es für einen Ausweg? Was ist zu tun? Wozu das alles? Und immer nur die eine Antwort: Ich weiß es nicht.

Ich ging weiter, ich entfernte mich schnell, als glaubte

ich, sie würden mich nicht einholen. Plötzlich sagte ich mir: Bleib da und antworte. Für einen Moment hatte ich das durchdringende, beinahe physische Gefühl, wir seien zu zweit, der eine, der auf dem Waldweg fortgeht, und der andere, der unter der Kiefer geblieben ist. Ich kehrte um und setzte mich. Wieder war ich nur einer. Ich bemühte mich, verschiedene Fragen ruhig zu formulieren und Antworten auf sie zu finden. Ich war etwas ruhiger. Ich dachte mir, es sei noch nicht die Zeit für letzte Antworten und das sei keine Ausflucht, sondern ein Beweis der Vernunft.

Zum Beispiel – was nun? Das hängt doch nur in begrenztem Umfang von mir ab. Daß der Mensch die Situationen schafft, unterliegt keinem Zweifel. Doch unterliegt es auch keinem Zweifel, daß die Situationen den Menschen schaffen. Gerade die Verwicklung mit anderen ist so entscheidend und verleiht zugleich so viel Kraft.

Ich saß dort länger als eine Viertelstunde, innerlich gespannt, um mit mir selbst ins reine zu kommen. Und danach schickte mir der gute Herrgott einen Schlummer, denn als ich die Augen öffnete, brannte die Sonne nicht mehr senkrecht auf den Weg.

Beim Heimgehen fühlte ich mich gereinigt, obgleich ich nichts erledigt, ja nicht einmal einen ernsthaften Versuch unternommen hatte.

Dann schwamm ich im See und war glücklich. Anschließend stand ich an den Zaun gelehnt und gaffte auf die Wiese. Am späten Nachmittag kam Julia W. und brachte, in Klettenblätter gewickelt, Butter aus eigener Produktion. Wir saßen auf der Lichtung, und Julia erzählte von den Torheiten ihrer Nichte in Paris. Diese Nichte habe ich nie gesehen, sie ging mich wenig an, trotzdem hörte ich aufmerksam und bereitwillig zu, weil das ein ganz anderes Schicksal war, eine exotische Geschichte ohne Zusammenhang mit meinem Leben.

Unsere Zerbrechlichkeit ist ein großer, kluger Einfall Gottes. Es geht darum, daß wir uns selbst festigen müssen, jeden Tag und jede Stunde. Hätte er uns als Titanen geschaffen, die Prüfung des Lebens wäre nicht nötig gewesen, man brauchte keinen Groll zu hegen, im Gegenteil, man müßte dankbar sein. Doch ohne Prüfung wüßten wir nicht, was Kampf ist und was Ruhe, was Niederlage und was Sieg.

Das Pfortensyndrom

Mein sogenanntes »Pfortensyndrom«. Es meldet sich zu Wort auf Spaziergängen rund um den See und das Dorf. Beinahe täglich sehe ich irgendwo in der Tiefe des ausgeblichenen Bildschirms der Zeit das Gesicht jenes Menschen aus Wien, der uns die warnenden und zu leicht genommenen Nachrichten überbrachte.

Hat mir das Leben kürzlich irgendein Zeichen gegeben? Unterschätze ich dieses Zeichen, statt vernünftige Schlüsse daraus zu ziehen, solange noch Zeit ist?

Oder ist es vielleicht ganz anders? Ich ertappe mich dabei, daß ich mich zwar an jenen Gelbart erinnere, ihn aber alsbald verlasse, um wieder die längst nicht mehr existierenden Gegenstände meines Elternhauses zu berühren, die Gesichter meiner längst verstorbenen Nächsten zu betrachten, alle Gerüche einzuatmen und alle Farben einer Welt aufzugreifen, die mich vor Jahren verlassen hat. Vielleicht werde ich ganz einfach schnell alt und kehre ins Land meiner Kindheit zurück, zu den Möbeln und Vorhängen, zu Tafelgeschirr und Parkettfußboden, zu den Kachelöfen und dem Blick aus meinem Kinderzimmer, mit einem Wort zu dem herrlichen Land meines Lebens, als mein Schicksal noch sicher war und ich nicht an den Tod dachte?

Denn ehrlich gesagt, dieser Gelbart und sein Bericht aus Wien interessieren mich nur bis zur ersten Schneise, wo die Schonung endet. Wenn ich hinaufgehe, mich, mit dem Rücken an eine Kiefer gelehnt, eine Zeitlang ausruhe und den See unten betrachte, ist dieser Gelbart nicht mehr bei mir. Später, wenn ich hinuntergehe und auf dem Weg unmittelbar am Seeufer entlanglaufe, erinnere ich mich nur noch an unser Haus, meinen Schulweg, den Ogród Saski, die Kastanien im Garten, die Gesichter meiner Kameraden. Manchmal verliere ich mich auch in andere Regionen jener Welt, in den Papierwarenladen auf der Świętojańska, in Dobrzańskis Apotheke auf der Miodowa, und sogar weiter, auf die Lwowska zu meiner Großmutter, auf die Poznańska zu meiner Tante. Und es steckt viel Süßes darin, keinerlei Kummer wegen des unwiederbringlichen Verlustes, denn die Realität dieser Erinnerungen ist manchmal erstaunlich.

Bestimmt kommt mir alles schöner vor, als es in Wirklichkeit war. Darin besteht unter anderem Gottes Barmherzigkeit, daß Er den Menschen erlaubt, ihre Vergangenheit zu bereichern, damit sie in ihrer Erinnerung eine Stütze und Gewißheit finden, wenn ihnen Stütze und Gewißheit in der alltäglichen Umgebung fehlen.

Der Schriftstellerverband (ZLP)

Auf dem Spaziergang dachte ich heute viel an Andrzej B.

Wir kennen uns seit langem und kennen uns doch kaum. Immer kam er mir ein wenig finster vor, ihn umgab eine Aura von Konzentration, Traurigkeit und Pessismismus. Wenn ich früher an ihn dachte, sagte ich mir – ein bißchen sinnlos –, er warte geduldig auf irgendeinen Schlag, auf irgendeine Erfahrung. Um die Wahrheit zu sagen, darauf warten wir alle, doch immerhin gibt es Leute, die heiter durchs Leben gehen, in dem Glauben, ihnen könne nichts Schlimmes widerfahren. Er dagegen bewegte sich wachsam, aber entschieden. Er machte den Eindruck eines Menschen, der unablässig auf den Augenblick der Niederlage wartet und bereit ist, sich mit ihr zu messen. Eine melancholische Herausforderung des Schicksals, so möchte ich das nennen!

Im Januar oder Februar erreichten uns in Jaworze Nachrichten über Andrzej B.s Alltag. Damals herrschte starker Frost, die Lebensbedingungen waren sehr schwer. Das Büro des Schriftstellerverbandes war geschlossen, die Organe suspendiert, im ersten Stock amtierte der Kommissar. Man erzählte, Andrzej B. sei Tag für Tag gekommen, habe sich im Parterre in den dunklen, kalten Windfang gesetzt, in Felljacke, Mütze, Handschuhen, zusammengekauert vor Kälte, mit verkniffenem Gesicht. Er saß jeden Tag stundenlang auf dem harten Stuhl und nahm schweigend die unfreundlichen und spöttischen Bemerkungen verschiedener Menschen entgegen, die sich dort herumtrieben. (Man erlaubte ihm nicht, in den ersten Stock zu gehen oder in das Büro. Man erlaubte ihm nicht, eine Schreibmaschine zu benutzen, Papier, Umschläge, ebensowenig später, als die

Telefonverbindung wiederhergestellt war, das Telefon.) Er saß hartnäckig auf seinem Stuhl in dem ausgekühlten Windfang, wo der Wind jedesmal, wenn die Tür geöffnet wurde, von der Straße Schnee hereinwehte. Zu ihm kamen verwirrt und ratlos die Kollegen, zu ihm kamen die Frauen der Internierten. Er hörte ihre Klagen, er sah ihre Tränen. Er versuchte, Ratschläge zu geben, fühlte sich aber selbst völlig ratlos und gedemütigt. Jeden Augenblick konnte ein Unbeteiligter ihn aus diesem Flur verjagen, konnte ihn hinausschicken auf die Straße – aus diesem Gebäude, das ihm mehr gehörte als jedem anderen; denn Andrzej B. hatte sein gesamtes Erwachsenenleben an dieses Haus gebunden, das Symbol des polnischen Schriftstellers war und weiterhin blieb – der Mission des polnischen Schriftstellers –, das keine Behörde unserer Literatur war, ist und sein muß, sondern einfach ein Zeichen bildet für die Existenz der Literatur, für ihre Lebendigkeit und ihren Platz im Leben der Nation.

Sicher haben diejenigen weitgehend recht, die sagen, der polnische Staat habe dem Verband Polnischer Schriftsteller unnötigerweise eine so bedeutende politische und gesellschaftliche Rolle verliehen, weil die Literatur auch ohne einen Verband bestehen kann. Gewiß kann sie bestehen, und sie hat immer bestanden, ganz unabhängig vom ZLP. Entscheidend ist, daß für eine öffentliche Existenz Symbole benötigt werden, Zeichen. Und wenn der polnische Staat über dreißig Jahre lang den ZLP auf einen ehrenvollen Sockel gehoben hatte, so tat er das bewußt, im Sinne eines wichtigen gesellschaftlichen Ziels. Dieses Ziel ist übrigens einfach, lesbar und verständlich für jeden, der die einfachen Inhalte unseres Lebens lesen und verstehen will. Dieser Staat nämlich hat sich bei all seinen Mängeln und

Fehlern, die heute allgemein bekannt sind, den Behörden wie der Nation, gleich nach dem Krieg das historische Ziel gesetzt, die breiten Volksmassen kulturell zu heben, Millionen von Menschen geistig zu fördern. Er wollte der Mäzen für Kultur und Kunst sein, denn vor allem darin sollte sich die revolutionäre Idee der Vervollkommnung des Menschen verwirklichen. In dieser Sphäre sollte der Staat die größten gesellschaftlichen Umgestaltungen vornehmen, in dieser Sphäre sollte er eine bessere, vollkommenere, modernere und humanistischere Form darbieten als alle Formen früherer Staatlichkeit. Die Leute, die das heute nicht verstehen oder so tun, als verstünden sie es nicht, werfen das gesamte Erbe des Sozialismus auf den Müll, beinahe zwei Jahrhunderte europäischen Denkens, angefangen bei Babeuf, über Saint-Simon und Marx bis zu Lenin und Lunatscharskij, ganz zu schweigen von der polnischen Arbeiterbewegung und dem polnischen Sozialismus.

Es war offensichtlich, daß die Übernahme einer so großen Aufgabe eine entsprechende Aura rund um den Schriftstellerberuf erforderte. Vielleicht nicht einmal nur eine Aura, sondern sogar einen Mythos. Dieser Mythos wurde auf verschiedene Weise ausgenutzt, oft zuungunsten der polnischen Literatur, oft zuungunsten der Gesellschaft, woran die Schriftsteller selbst nicht schuldlos sind. Die Tatsache bleibt jedoch bestehen, daß die Intention der Schaffung dieses Mythos als solche für die Gesellschaft nützlich war, selbst wenn gewissen Manipulatoren in der Vergangenheit nicht allzu tugendhafte Ziele vorgeschwebt haben.

Dies ist das Klima, in dem der Verband entstand. Doch das Leben pflegt stärker zu sein als die menschlichen Pläne, und viele menschliche Werke gewinnen im Laufe der Zeit eine von der Intention ihrer Schöpfer unabhängige Autonomie. So »entfremdete« sich der Verband, wobei ihm seine eigene Mythologie behilflich war! Und was folgert daraus?

Wie schade, daß die Gegner des Verbandes die Klassiker des Marxismus nur oberflächlich durchgearbeitet haben. Oder überhaupt nicht! Sonst hätten sie es verstanden, daß selbst Illusionen, wenn sie nur eine große Reichweite haben, zu gesellschaftlichen Tatsachen werden. Mehr als dreißig Jahre lang symbolisierte der Verband die Literatur und war in den Augen des Volkes der Tempel der Literatur. Bei diesem Stand der Dinge braucht man kein großer Philosoph zu sein, vernünftiges Denken genügt, um zu verstehen, daß jeder Angriff auf den Verband heute im öffentlichen Empfinden ein Angriff auf die polnische Literatur ist.

Andrzej B. wußte, was er tat, wenn er so in dem kalten Windfang saß. Ich glaube, er hat viel gelitten. Er mußte seine ganze Geisteskraft mobilisieren, um dieser Erfahrung gerecht zu werden. Aber weil er seit langem auf die Stunde der Prüfung zu warten schien, war er vorbereitet.

Als ich heute spazierenging, sah ich ihn – in dieser Felljacke, auf diesem Hocker, gekrümmt, grauhaarig, konzentriert und unbeugsam – und dachte mir, damals sei er gewissermaßen zum Symbol geworden und ein wenig auch zum Denkmal der gedemütigten, unbehausten polnischen Literatur.

Immer wieder fördert mein Gedächtnis das Gespräch mit
K. zutage. Bedauern und das Gefühl eines sträflichen Fehlers, daß ich seinen Verlauf nicht von einem Tag auf den anderen notiert habe, entsprechend meiner Gewohnheit, aber
im Gedanken an die lebendige, nicht von einer nachträg-
lichen Regie verfälschte Dokumentation. Doch damals,
in der zweiten Aprilhälfte, stand mir nicht der Sinn nach irgendwelchen Notizen. Im übrigen beweist das am besten,
wie stark ich jene Zeit durchlebt habe, wie mich die Kleinigkeiten des Alltags beanspruchten, das Zuhause, die Begegnung mit den Freunden, die Gespräche in der neuen Situation, aber auch die damals sehr verzettelten, ungeordneten
Gedanken. Keine Frage, das war eine Kurve in meiner Existenz, das Bruchstück eines historischen Dramas, von dem
auch mir ein ganz kleines Fragment zuteil geworden ist.
Jeder Tag bis Mitte Mai, bis zum Moment einer gewissen
Abkühlung war innerlich zu stürmisch, als daß ich irgendetwas »auf die Schnelle« hätte notieren können. Ich
glaube, damals kehrten sich alle geistigen Überlastungen
von Jaworze nach außen, und es geschah, was Medizin und
Psychologie gut kennen, nämlich daß ich im Augenblick,
als eine gewisse Lockerung eintrat, auf meiner Brust die
Last der vergangenen Monate spürte.

Es fällt schwer, dem Ausdruck zu verleihen, aber noch
bis Ende Mai entflohen meine Gedanken, sooft ich auf die
Uhr schaute, nach Jaworze, und ich sagte mir, jetzt gibt es
Mittagbrot, jetzt kommt der Spaziergang, jetzt diskutiert
Wałdek über den »lächerlichen Happen«, jetzt werde ich
gleich das Licht ausschalten... Dieser kurze Abschnitt
meiner Biographie, ein paar Monate nur, hatte sich auf

ungewöhnlich starke Weise allen Gedanken und Gefühlen eingeprägt und ist mir noch heute, mitten im Sommer gegenwärtig, ich glaube, er wird mir noch sehr lange gegenwärtig sein, weil ja die Intensität des Erlebens über seine Fortdauer in der Erinnerung, ja sogar im gesamten geistigen Gepäck des Menschen entscheidet.

Ich schrieb also nichts auf! Dagegen litt ich, wie ich glaube, am Wortsturz, meine – übrigens immer vorhandene – Geschwätzigkeit mußte damals fast krankhaft wirken. Ich vermute, allerlei Leute haben mir zwar höflich, aber doch mit einiger Distanz, ja mit Überdruß zugehört. Sie ließen sich das nicht anmerken, weil mich der Status schützte, der in Polen jedem einen kleinen, aber geschmackvollen Heiligenschein rund um den Kopf verleiht. Worte und Gesten der Sympathie von Seiten völlig fremder Menschen waren richtig rührend und schmeichelten natürlich meiner Eitelkeit. Doch das alles bildete zwar eine Art moralischen Ausgleich, machte aber die im Verlauf der vorangegangenen Monate erlittenen psychischen Verluste nicht wett.

Darum irritierten mich so sehr die hier und da in der Propaganda, aber auch im Munde törichter oder einfach böser Menschen auftauchenden Stimmen, die Internierten (das bezieht sich selbstverständlich in der Regel auf die »Eierköpfe«!) seien mit ihrem Geschick zufrieden oder seien es gewesen, weil sie sich angeblich zu billigem Preis einen gewissen moralischen Komfort geschaffen hätten. Das mit dem moralischen Komfort stimmt schon, doch der billige Preis klingt hier provozierend, idiotisch und gemein! Wenn man den Gedanken, Opfer der Rechtlosigkeit zu sein, der fast alle meine Genossen im Unglück begleitete, für einen billigen Preis hält, worüber kann man dann überhaupt noch diskutieren? Wenn man das Gefühl der Erniedrigung und des Unrechts für einen billigen Preis hält, wie können dann bestimmte Leute überhaupt an eine Verständigung denken oder von ihr reden?

Die widerlichen kleinen Reportagen unterschiedlicher provinzieller Journalisten bezeugen nicht nur das schlechte Handwerk und den schlechten Charakter ihrer Autoren, sondern beweisen auch, daß diese Leute von den Problemen des Lebens heute nichts verstehen. Irgendein Kerl schrieb einen Bericht über das Internierungszentrum in Goldap. Die Frauen nähmen in Liegestühlen Sonnenbäder und fräßen Schokolade aus Auslandspaketen. (Ganz abgesehen davon, daß die meisten von drei Viertelstunden frischer Luft und Sonne täglich nur träumen konnten, während sie in feuchten, dunklen Gefängniszellen saßen.) Doch selbst wenn man annähme, es sei allen so gegangen wie uns in Jaworze oder einer anderen Gruppe in Goldap oder Darłówko, muß man schon chemisch rein sein von jeder Sensibilität und Phantasie, um nicht zu verstehen oder um so zu tun, als verstünde man nicht, daß der Entzug der Freiheit die schlimmste Erfahrung unseres Daseins auf dieser Welt ist. Doch für den Kerl, der diese kleine Reportage über Goldap hingeschmiert hat, ist, wenn das Blut nicht in Strömen fließt, wenn die Galgen nicht ächzen, wenn das Erschießungspeloton nicht von früh bis in die Nacht feuert, alles in Ordnung, ja mehr noch, es ist *zu gut!*

Mit solchen Leuten kann man nicht diskutieren, kann man sich nicht verständigen. Hier geht es nicht um eine politische Meinung oder eine Weltanschauung, sondern um jene *moral insanity*, die die menschliche Person ganz einfach disqualifiziert.

John Darnton von der *New York Times* fragte mich Ende April nach einem Vergleich zwischen meinen Erfahrungen in Sachsenhausen und in Jaworze. Zunächst war ich verblüfft und wußte überhaupt nicht, was ich auf ein solches Diktum antworten sollte. Im Grunde handelte es sich um ein erstaunliches Mißverständnis. Wie kann man die Hölle jener Erfahrung vergleichen mit den »Ferien unter den Gewehrläufen«, wie jemand in Jaworze unsere Bedingungen damals treffend bezeichnet hatte?! Nach kurzem Überlegen aber kam ich zu dem Schluß, durch Darntons Mund rede meine eigene Zivilisation, meine eigene Tradition, meine eigene Geschichte. Daß man dort den Menschen folterte, tötete, in Öfen verbrannte, aufhängte, während er hier *nur eingesperrt* war, wobei man ihn nicht allzu spürbaren Schikanen aussetzte, ihn ausreichend ernährte, ihm lange Spaziergänge und eine reichhaltige Korrespondenz genehmigte, mit einem Wort, ihn auf zivilisierte Weise behandelte – das heißt noch nicht, das ganze Problem sei klar, alles sei o. k., es gebe nichts mehr zu reden! Denn die Tatsache bleibt bestehen, daß man mir die Freiheit genommen hat, das heiligste angeborene Menschenrecht, nur weil ich, dem Recht entsprechend und ohne es zu verletzen, gedacht und gesagt habe, was den Leuten an der Macht nicht gefiel, daß diese Leute, die über die Macht verfügten, mir das Maul stopften und mich für einige Monate von der Gesellschaft isolierten.

Natürlich hat der Kerl, der über Goldap schrieb, recht, daß es sich nicht lohne, die Kleider zu zerreißen, weil man mich länger hätte festhalten können, unter hundertmal schlimmeren Bedingungen, z. B. im Keller, z. B. in einem Brunnen mit kaltem Wasser, z. B. indem man mir täglich dreißig Hiebe mit einem Ochsenziemer verabreichte und mich mit einer Grassuppe ernährte! Wenn der Kerl meint, das *könne* man, dann mag Gott mit ihm sein, dann erhebt sich nur die Frage, was er überhaupt in der polnischen Presse zu suchen hat, siebenunddreißig Jahre nach dem Krieg, in dem Millionen von Menschen ihr Leben dafür hingaben, daß man nicht mehr auf diese Weise verfahren *könne*!

Darnton dagegen bewies zwar amerikanischen Mangel an Taktgefühl und stellte mir eine auf den ersten Blick idiotische Frage, die allerdings eines tieferen Sinns nicht entbehrte, weil er begriff, daß ich zweimal diese schwerste menschliche Erfahrung, die der Entzug der Freiheit bedeutet, erlebt hatte. (Immerhin, mit Leuten von Darntons Zuschnitt komme ich zurecht, ich erkläre ihnen einiges, damit sie die Wirklichkeit meines Landes besser verstehen, doch mit Leuten vom Zuschnitt jenes Reporters komme ich, obwohl wir dieselbe Sprache sprechen, nie zurecht, weil sie die Grundsätze auf den Müll geworfen haben, ohne die eine zivilisierte Gesellschaft überhaupt nicht funktionieren kann.)

K. hat die Grundsätze nicht auf den Müll geworfen! In diesem Sinne war das Gespräch, das wir führten, ein Erfolg für ihn, wenngleich durchaus keine Niederlage für mich. Ich erinnere mich an zahlreiche Einzelheiten dieses Gesprächs, doch es jetzt, nach so vielen Wochen niederzuschreiben, wäre ein riskantes Unterfangen. Im dokumentarischen Sinne ist eine derartige Niederschrift wertlos. Alle literarischen Verschönerungen – man kann sie bei der Wiedergabe dieses Kabinettsdiskurses (im wörtlichsten Sinn!) nach einiger Zeit nicht vermeiden, wenn die Phantasie eingewirkt hat, die von Natur aus und auch aufgrund meines Berufes stets Akzentverschiebungen vornimmt – müssen das echte Bild verwischen, die Wirklichkeit verzerren, sie meinem Gefühl für das Heute und Morgen anpassen.

Es steht außer Frage, daß K. als erster (jedenfalls in bezug auf meine Person) die Last der politischen Argumentation auf sich nahm und ihr gerecht wurde. K.s Kunst bei diesem Gespräch bestand in Mäßigung und Zurückhaltung. Selbstverständlich entschied er über seinen Verlauf, er gab den Ton an und griff die verschiedenen Fragen auf. Und er machte keinen Augenblick lang den Eindruck, als wollte er mich überzeugen. Er legte einfach seine Gründe dar und hörte sich aufmerksam meine an.

Was er erreicht hat? Wohl das für einen Politiker Wichtigste, daß alles nicht spurlos an mir abgelaufen ist – im Gegenteil, es wurde zur Erfahrung, die das Motiv zur Reflexion liefert. Ich blieb für längere Zeit unter dem Eindruck seiner Argumentation und seiner Mäßigung, die bewirkte, daß dieses Gespräch für mich keine unangenehme Erinnerung darstellt.

Manchmal denke ich mir, hat er gespielt oder nicht? Und ich antworte sogleich, in derartigen Fragen ist nicht die Aufrichtigkeit wichtig, sondern die Wirkung. Und die Wirkung scheint unbezweifelbar. Auf psychologischer Ebene hat K. ein großes Kunststück vollbracht. Immerhin hätte ich doch das Recht gehabt, gerade ihn für meine üblen Erfahrungen der letzten Zeit verantwortlich zu machen. Statt dessen sah ich mich einem vernünftigen Gesprächspartner gegenüber, der gar nicht wollte, daß ich von meiner Anschauung abrückte, sondern nur darauf abzielte, daß ich auch seine Gründe zur Kenntnis nahm.

Nur soviel – und mehr nicht? Doch in unserer gegenwärtigen Situation muß man sagen, daß nur so viel schon sehr viel ist. Den *Consensus*, der auf der Anerkennung unterschiedlicher Gesichtspunkte und ihrer ungestörten

Darstellung beruht, halte ich für einen sehr wesentlichen Schritt vorwärts.

(Unser Alltagsleben indessen, das den Menschen fast täglich nach der Gurgel greift, ist vom Klima einer besonnenen Mäßigung, wie K. es im Gespräch mit mir und zwei Wochen später mit Władek geschaffen hat, sehr weit entfernt. Es bewirkt, daß jenes Gespräch im April seinen Wert verliert, der es erlaubte, Hoffnungen zu hegen.)

Der Transport

Vor einigen Tagen, als ich in Warschau war, fragte mich Janek G. beim Abendbrot, welchen Augenblick, welches Erlebnis in der Internierung ich am dramatischsten fand.

Das hat mich ein bißchen überrascht, weil ich versuche, nicht so oft an jene Zeit zu denken, und mich bemühe, den letzten Winter aus meiner Erinnerung zu tilgen. Noch im Mai, im Juni war das anders. Damals schien alles noch anzudauern, ich spürte etwas wie Gewissensbisse oder vielmehr eine bedrückende Bitternis, weil das Schicksal mir das Privileg sorgloser Spaziergänge auf dem Lande verliehen hatte, während andere noch immer hinter Stacheldraht saßen. Ich dachte sehr viel an sie, also auch an alle damaligen Umstände. Doch im Laufe des Sommers entfernten sich diese Gedanken, bestimmt unter meiner unbewußten Mitwirkung, und immer seltener wurde dieses Nicht-Denken von dem Gefühl begleitet, ich ließe mir vielleicht eine Illoyalität zuschulden kommen.

Als Janek G. nach meinem dramatischsten Erlebnis fragte, mußte ich dennoch mein Gedächtnis nicht anstrengen und eine Auswahl treffen. Im Grunde war die ganze Erfahrung Jaworze auf monotone Weise dramatisch, am meisten setzte mir damals eine innere Leere zu, eine entsetzliche Nüchternheit, und vorherrschend war das Gefühl der Ohnmacht, der Demütigung und des Schmerzes. Für ein echtes Drama fand sich dort kein Material. Und ein echtes Drama – nach den landläufigen Kategorien des Dramatischen – war nur ein einziger Abend. Heute, aus der Perspektive von Monaten, ist der Sinn dieses Erlebnisses bereits ein anderer als in Wirklichkeit. Heute habe ich jene Nacht ganz einfach im Kopf, damals hatte ich sie in jedem Muskel und jedem Atemzug. Das ist der beste Beweis dafür, daß man wirklich dramatische Augenblicke nicht beschreiben kann. Immer wird in einer solchen Beschreibung zuviel Phantasie und zuwenig Wahrheit sein. Denn Wörter sind eben nur Wörter.

Eigentlich geschah damals gar nichts. In der Militärsprache heißt das Verlegung. Der Wächter holte mich aus der Zelle, in der elf Schicksalsgenossen zurückblieben. Sie glaubten, ich würde entlassen. Es war Dienstag, der 15. Dezember, am frühen Abend, vermutlich gegen achtzehn Uhr. In Białołęka wußten wir damals buchstäblich nichts. Wir hatten keine Ahnung, was in Warschau und in Polen vorging. Natürlich waren die Leute erregt und redeten viel. Jeder hatte tausend Konzeptionen und tausend Prognosen. Doch in der Sache selbst waren wir von jeglicher Information völlig abgeschnitten. Diese Einzelheit ist wichtig, denn heute, aus der Perspektive vieler Monate, ja schon Ende Dezember, aus der Perspektive von zwei Wochen Kriegszustand, konnte man sich von der Situation einen Begriff machen, wenn schon nicht von allen Details, so doch vom allgemeinen Klima der Geschehnisse. Damals jedoch, am Abend des 15. Dezember, war noch nichts klar, es konnte alles mögliche geschehen. Immer noch dauerte der Schock der Nacht von Sonnabend auf Sonntag an, die Entwicklung der Lage war unbekannt, alle Vorstellungen mangelhaft, und was die Erinnerung den Menschen meiner Generation vor Augen rückte, war nicht sehr tröstlich.

Sie holten mich aus der Zelle und führten mich durch einen Korridor in ein kleines Zimmer. Dort waren wir zu siebt: Władek G.-K., Andrzej K., Andrzej W., Jerzy J., Olek M., Dr. T. und ich. Man stellte uns in eine Reihe. Bewaffnete Wächter in Felduniformen traten ein. Maschinenpistolen im Anschlag. Ein Oberleutnant, riesengroß, schwarzhaarig, auf gespreizten Beinen stehend, sagte kurz und nachdrücklich: »Flucht bedeutet Tod«, wir sollten absolutes Schweigen bewahren und uns nicht rühren. Jemand fragte: »Was heißt das?« Der Oberleutnant entgegnete: »Nicht rühren heißt nicht rühren.«

Man führte uns im Gänsemarsch hinaus. Hinter jedem ging ein Wächter mit Pistole. Wir stiegen in einen Gefängniswagen. Schreckliche Kälte. Strenger Frost, der Wagen aus Metall, ohne Heizung. Olek M. sagte, es sei kalt, oder so etwas, doch der Wächter befahl ihm scharf zu schweigen. Schließlich startete der Wagen. Wir fuhren langsam. Durch die bereifte Scheibe sah ich eine Schonung.

Heute klingt das seltsam, aber damals, gerade in dieser Schonung kam eine große Ruhe über mich. Die endgültige Ruhe. Und ich dachte, in dem Augenblick, der nun unweigerlich nahte, sollten wir uns bei den Händen fassen. Ich wünschte mir das sehr. Gerade die Berührung mit Andrzej K.s Hand, Oleks oder eines der übrigen Kollegen.

Das dauerte einige Minuten. Dann verschwand die Schonung, wir fuhren über eine Brücke, und ich erblickte die Lichter einer Stadt. Da kehrte sich etwas in mir um. Die

Hoffnung dröhnte mir in der Brust, ich spürte sie physisch, sie würgte mich in der Kehle. Und gleichzeitig empfand ich Zorn über diese ganze Absurdität, ich hatte Lust, einen Packen Flüche auszustoßen.

Wir fuhren durch fast leere abendliche Straßen. Frost, ein Passant, in der Ferne das Klingeln einer Straßenbahn. Und dann wieder eine Viertelstunde in der Dunkelheit; Kälte, Müdigkeit, schwarze Hoffnungslosigkeit und wahnwitzige Unbesorgtheit, verworrene, fiebrige Gedanken, an die ich mich heute nicht mehr erinnere.

Schließlich hielten wir, die Metalltür ging auf. Eine Welle roten Lichts. Oben auf dem Hubschrauber drehte sich ein Reflektor. In seinem Schein – viel Schnee und die Silhouetten der bewaffneten Wächter.

Im Hubschrauber herrschte Hitze, das Dröhnen des Motors war betäubend. Wir nahmen, durch die Wächter getrennt, auf einer Metallbank Platz. Immer noch hielten sie die Waffen im Anschlag.

Der Hubschrauber stieg auf. Es war eine Maschine ohne Fenster, oder die Fenster waren verhängt. Auf jeden Fall war an Hinausblicken nicht zu denken. Ich überschrie den entsetzlichen Lärm und rief meinem Wächter zu: »Sagen Sie wenigstens, in welcher Richtung wir fliegen.« Aber er reagierte nicht.

Zwei Flugstunden lang fiel kein einziges Wort. Irgendwann bemerkte ich, daß in der Nähe meiner Füße unordentlich hingeworfene Pakete lagen. Auf einem von ihnen las ich Andrzej K.s Namen. Ich wollte ihm dieses Paket zeigen, doch er saß gegenüber, und ich konnte ihn nicht heimlich darauf aufmerksam machen. Die Tatsache, daß zusammen mit uns einige Sendungen flogen, stimmte mich sehr optimistisch. Ach, heute klingt das ganz dumm, damals aber...

Schließlich landete die Maschine sanft, und man hieß uns aussteigen. Schrecklicher Frost herrschte. Unter meinen Füßen spürte ich Beton. Dunkelheit. Der Offizier sagte, jetzt könnten wir alle austreten. Da ertönte Olek M.s schallende Stimme: »Wir werden pinkeln wie ein Pole mit einem Polen.«

Mein Gott, was für ungeheure Bedeutung haben Wörter. Mit diesem einzigen Satz schuf Olek M. eine neue Situation. Große Erleichterung in mir, aber auch im Gesicht meines Wächters. Olek M. hat verdient, in die moderne Geschichte einzugehen, und zwar dank dieser fast shakespearehaften Pointe.

Auf dem Beton des Flugplatzes stellte sich bald heraus, daß wir nicht nur zu siebt waren. Mit anderen Maschinen kamen weitere Leute, zusammen ein gutes Dutzend, die Gruppe der Pioniere aus Jaworze. Als ich Halina M. erblickte, Władek und die Handvoll anderen, fühlte ich mich schon besser...

Heute ist das alles eine kurze Geschichte, eine von meinen zahlreichen Erinnerungen. Damals war es die Grenze des Lebens.

Abschied

Außer diesen Notizen schreibe ich nichts. Der Stand der Dinge quält mich immer mehr. Doch selbstverständlich wird der Tag kommen, da ich mich an die Arbeit mache. Noch ist er nicht gekommen, daher mein inneres Zögern, ich bin auf der Suche, ich warte auf etwas, ohne zu wissen, worauf. Es fällt mir schwerer als je, mich zur Arbeit aufzuraffen. Aber vielleicht ist das gut...

Wir packen unsere Siebensachen. Es ist schade, sich von dieser kleinen, sicheren Welt auf dem Lande zu trennen. Heute früh habe ich lange den See betrachtet. Ich saß am Abhang unseres Hügels, in der schwülen Luft der Kiefern.

Und ich überlegte, wie ich bei mir selbst noch einen oder zwei Tage Aufschub heraushandeln könnte.

Geschrieben in Gorzewo, Juni/August 1982

Der Alptraum des Urlaubs

Ich kann die schmerzliche Unfruchtbarkeit nicht beschreiben, die mich während des Urlaubs aus Jaworze erfüllte. Manchmal rede ich darüber mit Witek, er hat ja einen solchen »Urlaub« zweimal erlebt.

Ich hätte das voraussehen müssen. Denn ich war gewarnt. Als Witek vom Besuch bei seiner Frau Janka zurückkehrte (das war wohl im Februar), packte mich die Wut. Wir frühstückten gerade. Ich sah durch das Fenster, wie er auf dem Fußweg herankam. Alle erhoben ein freudiges Geschrei, und als er den Speiseraum betrat, begrüßte ihn Applaus. Ich küßte ihn, doch dieser Kuß war heuchlerisch. Am liebsten hätte ich geschrien vor Verzweiflung und Wut. Seine Rückkehr nahm mir die Hoffnung. Als er abreiste, waren wir beinahe sicher, daß er nicht zurückkehren würde.

Mit seiner Rückkehr demonstrierte er (wie ich damals meinte!) jene Unbeugsamkeit, Leidensbereitschaft und Seelenstärke der Intelligenz, die ich stets zweideutig finde, weil Eitelkeit ihre Quelle ist.

An diesem Tage sagte ich zu Stefan N., ich hasse unsere Snobismen. Im Grunde beschuldigte ich Witek wegen seiner Rückkehr. Ich war überzeugt, er habe einfach zurückkehren wollen und buchstäblich nichts getan, um sich dem zu entziehen!

Wir sprachen nicht darüber. Nach zwei Tagen verfiel alles wieder in die »Norm von Jaworze«, und ich empfand keine Enttäuschung und keinen Ärger mehr.

Erst als ich auf Urlaub ging, sagte er im Durcheinander der letzten Minuten, fast schon beim Abschied, einige Worte, die damals seltsam klangen. »Das Schwierigste ist die Rückkehr. Du mußt dich darauf vorbereiten. Das ist eine furchtbare Überanstrengung...«

Ich war also gewarnt!

Stefan K. hatte, als ich mich von ihm verabschiedete, ein blasses Gesicht, er litt unsäglich. Wir standen auf dem Pfad in der Nähe des Stabs. Er sagte leise: »Tu alles, um nicht wiederzukommen! Wenn du zurückkehrst, nimmst du uns die letzte Hoffnung!« Und Marek C. sagte laut mit Gassenjungentrotz und Eifer: »Schneiden Sie sich ein Bein ab, mein Teurer! Kriegen Sie einen Herzinfarkt. Hauptsache, Sie kehren nicht zurück!« Einzig und allein Witek meinte leise, er habe ein bißchen Hoffnung, vielleicht gelinge es mir, fügte dann aber hinzu: »Mein Lieber, das wird ein schwerer Druck...«

Ich war mir nicht bewußt, wie schwer! Die ersten Tage vergingen in angeregter Atmosphäre. Menschen, Gespräche, Meinungsaustausch, etwas Euphorisches und Künstliches, ständig in psychischem »Rausch«, in unerhörter Anspannung. Die Stunden verflossen im Nu, und ich machte mir das nicht klar. Alle wiederholten bis zur Erschöpfung, ich würde nicht nach Jaworze zurückkehren, unweigerlich würde etwas passieren, darüber gebe es nichts zu reden, es müsse ja etwas passieren...

Plötzlich trennten mich nur noch drei Tage von der Rückkehr. Ich machte mir klar, daß nichts passieren würde, was den Ablauf der Ereignisse wenden könnte. Ewa war wundervoll ruhig und beruhigend. Einmal nur sagte sie, wir hätten die Urlaubszeit für Kontakte mit verschiedenen Menschen, für Gespräche, für Besuche außer Hause vertan, und plötzlich seien uns nur noch wenige Stunden geblieben. Wir beschlossen, daß sie mich nicht hinbrächte. Ich würde allein zurückkehren, und sie würde am folgenden Sonntag zu Besuch kommen. Ich kaufte die Fahrkarte. Schon drei Tage vor dem Termin packte ich meine Sachen. Niemand besuchte uns mehr. Die Leute bewiesen viel Takt und ließen uns in Ruhe.

Nachts schlief ich nicht. Ich stellte mir den Augenblick der Abfahrt vor. Wenn das doch schon hinter mir läge! Ich glaubte, sobald der Zug anführe und Ewa und Adam auf dem zurückbleibenden Bahnsteig außer Sicht gerieten, würde ich mein Gleichgewicht wiederfinden. Das wäre das Ende dieses wilden Auf und Ab, die Rückkehr zur »Norm von Jaworze«.

Ich wußte jetzt, die Rückkehr war unumgänglich, es gab keine Alternative. Vom ersten Urlaubsmoment an hatte ich die Möglichkeit der Flucht in die Krankheit verworfen, es wäre nur eine Ausflucht, ein Versuch, die Wirklichkeit zu belügen und mich vor der bewußten Entscheidung zu drücken. Die Krankheit wäre ein Zeichen meiner Schwäche, ein Ausweichen, der Versuch eines Handels mit dem Schicksal, vielleicht auch eine Art von Angebot!

Was ich in Jaworze für einfach gehalten hatte, mehr noch, für meine Pflicht, erwies sich jetzt als eine Art Kapitulation. Ich wußte, man mußte einfach zurückkehren, man mußte diese Last auf sich nehmen – und an einem duftenden Aprilnachmittag vor das Tor von Jaworze treten und um Einlaß bitten.

Im Dezember hatte ich mich unter Zwang dort befunden, mitten in der Nacht herausgeholt aus dem heimischen Bett, umgeben von Wächtern. Jetzt sollte ich von selbst kommen, bewußt eine freie Wahl vornehmen. Ich sollte von allein kommen, um wer weiß wie lange hinter Stacheldraht zu sitzen, das Schicksal herausfordern, das mich womöglich schmerzhaft prüfen, mir schlechtere Bedingungen bereiten, mir die Erniedrigungen der Angst und Verzweiflung nicht ersparen würde.

Aber ich wußte, es gab keine Wahl, keine Optionen. Und genau das war schrecklich! Und genau das hatte Witek gemeint! Denn die Nacht vom 12. zum 13. Dezember war nicht meine Wahl gewesen. Damals hatte mich niemand gefragt, was ich wünschte, was ich wollte, wie ich mich zu verhalten beabsichtigte. Jene Situation wurde mir auferlegt, jetzt sollte ich selbst wählen und die Situation schaffen!

Ich glaube, nur Tadeusz K., der eine unheimliche schriftstellerische Sensibilität und den Instinkt eines Hundes besitzt, hat damals meinen Zustand begriffen. Vier Tage vor der Rückkehr war ich im Café des Verlages *Czytelnik*. Beim Hinausgehen verabschiedete ich mich von Irena, Arnold und Tadeusz. Da murmelte er auf seine Weise: »O Gott, was für ein Land! Wir sitzen im Café, und hier sagt uns einer auf Wiedersehen, um freiwillig in den Knast zurückzukehren. Ein Alptraum!«

Auf dem Sofa in meinem Zimmer lagen die gepackten Sachen. Zwei Taschen mit Kleidung, Lebensmitteln, Karten und Briefmarken. Am Tag vor der Rückkehr sprachen wir bis spät in die Nacht über die Zukunft. Ich sagte zu Ewa, wir sollten noch ein wenig abwarten, etwa drei, vier Wochen. Dann müßten wir unsere Ausreise in Gang setzen.

Diese Ausreise war meine geistige Stütze. Das Tor schien nicht verschlossen. Ein Spalt war offen geblieben, und das gab ein Gefühl von Ungebundenheit. Ich dachte mir, wenn ich es eines Tages nicht mehr länger aushalte, dann werde ich Jaworze einfach mit einem Auswandererpaß in der

Tasche verlassen. Solange die Möglichkeit der Wahl besteht, kann man es hinter dem Stacheldraht aushalten. Ich dachte an die Emigration gleichzeitig voller Entsetzen und voller Sehnsucht. Ich stellte mir mein Schicksal vor, meine Phantasie malte mein Bild in der Zukunft, ein armseliges und unglückliches oder ein herrliches und triumphierendes. Wie dem auch sei, das war mein Rettungsring, die Chance, meine Subjektivität zu wahren. Doch vorläufig lenkte mich diese Subjektivität, die sich als das Wichtigste im Leben herausstellte, auf den Bahnsteig, von dem der Zug nach Jaworze abfuhr. Der Zug ging am späten Abend.

Um acht Uhr fünfzehn früh klingelte das Telefon aus K.s Sekretariat.

Bei Freunden

Ich erinnere mich an einen Abend, irgendwann um die Mitte des Urlaubs. Essen bei Herrn und Frau R. Die ganze Zeit über hatte ich das Gefühl des Unrealen. Der Herr des Hauses im dunklen Anzug, die Dame im Abendkleid, Kerzen in den Leuchtern, Porzellan, Silberbesteck. Vor dem Abendessen tranken wir im Salon einen Campari. Ich erzählte über Jaworze auf eine Weise, als wäre ich von einem Ausflug zurückgekommen. Jaworze, Salzburg, Venedig ... Dort Kanäle und Gondeln, hier Stacheldraht, Sitzbretter, Klopse aus Innereien. Ich betonte die anekdotische Seite meines Erlebens. Allerlei Aussprüche der Kollegen, ihr Verhalten, ihre Gewohnheiten und Gesten. Ein ungezwungener Ton, alles gleichsam mit zwinkerndem Auge, ein bißchen humoristisch.

Und die ganze Zeit über spürte ich einen Druck in der

Brust, ich sagte mir, du machst dich eines Verrats schuldig, an den anderen, aber auch an dir selbst, denn das ist doch Leiden, für viele sogar Qual, und wenn wir die Fassung bewahren, wenn wir Witze erzählen, dann im Namen der Solidarität und Gemeinsamkeit, in der Überzeugung, so müsse es sein, weil nur dieser Stil uns geistig aufrechterhält, uns erlaubt zu überdauern und die Nerven zu zügeln. Doch hier, im Licht dieser Kerzen, beim Klirren der kristallenen Weingläser, beim Anblick von Herrn R.s weißer Hemdbrust, des schmalen, konzentrierten Gesichts eines Intellektuellen und Menschen von Welt, müßte ich ganz einfach in Tränen ausbrechen, die Wahrheit sagen, die ganze Wahrheit, das ist: »Ich bitte Sie, entsetzlich, unerträglich, diese grauen, elenden Tage, wenn wir zum Fenster hinaus in die verschneite Ebene starren, wenn wir auf dem Korridor hin und her laufen, unserer Einschließung bewußt, immer hinter dem Stacheldraht, das ist nicht auszuhalten, Teuerste, tut etwas für uns, trinkt nicht diesen verdammten Wein, zündet nicht diese eleganten Kerzen an, denn wir quälen uns dort, wir laufen auf dem Korridor in Wattejacken, in Schals, in Mützen, überall diese beschissene Kälte, überall Kerle mit Schießeisen, ziehen Sie den dunklen Anzug aus, ich kann die dunklen Anzüge nicht ertragen, das Porzellan und das Silber, in Kürze muß ich hinter den Stacheldraht zurückkehren, redet nicht so glatt und geistreich, sondern tut etwas für mich und für die anderen, ihr müßt etwas tun, denn das ist eure verdammte polnische und menschliche Pflicht...« und so weiter und so weiter, immer ungerechter und heftiger, denn ich wußte durchaus, daß dieser Mann sich schier umbrachte, um etwas für uns zu tun, aber ebenso machtlos war wie wir, bedrückt, gedemütigt und unglücklich, mehr noch, er wollte während dieses Abendessens ein wenig Kraft, Glauben, Hoffnung schöpfen durch den Kontakt mit mir, dank meiner Anwesenheit in seinem Hause! Für mich hatte Frau R. die Kerzen angesteckt, sich festlich gekleidet, den Tisch schön gedeckt, nicht nur um mich zu bewirten und zu ehren, sondern auch um mich aufzurichten, mir Hoffnung einzuflößen, mir zu versichern, daß sie alle hier bei mir sind, daß ich mich auf sie verlassen kann . . .

Als Ewa und ich gingen, sagte ich: »Was für großartige Leute.« Und ich sagte die Wahrheit. Aber es gab einen Augenblick auf der Treppe gleich nach unserem Fortgang, da ich sie haßte. Und Ewa verstand das ohne Worte. In jener Nacht streichelte sie mein Gesicht und sagte flüsternd, wir sollten während meines Urlaubs nirgendwo mehr hingehen, sondern lieber Kontakte meiden, das sei doch so anstrengend . . .

Die übergroße Mehrheit der Leute hat neben sich keinen zweiten Menschen, der ihnen näher ist als sie sich selbst. Ich habe einen solchen Menschen!

Der Sinn der Internierung

Das kam ganz plötzlich, beim Morgenspaziergang vor zwei Tagen. Und überwältigte mich total. Es geht um die Antwort auf die Frage, was mich während der Internierung am meisten bedrückt hat.

Zunächst meinte ich, die Sache sei einfach. Das Schlimmste war natürlich der Entzug der Freiheit. Doch bald befielen mich Zweifel. Jaworze war nicht meine erste Erfahrung dieser Art. Ich habe Sachsenhausen in den Knochen, und die Bedingungen dort lassen sich mit denen von Jaworze überhaupt nicht vergleichen. Selbstverständlich – in Sachsenhausen war ich sehr jung, jetzt rücke ich langsam ins Alter vor. Jugend gibt eine andere Perspektive, sie läßt Zweifel nicht zu. Deshalb ist es wohl verständlich, daß ich damals die Gefangenschaft bei allen Scheußlichkeiten, die mit ihr verbunden waren, anders aufnahm.

Und doch scheint mir nicht der Mangel an Freiheit das Unerträglichste der Monate in Jaworze gewesen zu sein. Was dann?

Ich erinnere mich sehr genau, mit einer gewissen Grausamkeit mir selbst gegenüber, an den Winter 1944 auf 1945. Diese eisigen Tage, die Latrinen, die ss-Männer, die Schüsseln mit zerkochten Kohlblättern, das Rübenstehlen, das Schlagen, der Galgen auf dem Appellplatz, das Antreten der Kommandos in der Dunkelheit des Wintermorgens, das Klappern der Holzschuhe, die durchdringende Kälte, der durchdringende Gestank, den ich damals wohl nicht so spürte und erst heute aufgrund breiteren Wissens um unsere Lage damals rekonstruiere. Ich erinnere mich an die kleinsten Einzelheiten des Lagerlebens – aber ich wußte schon, worauf ich abzielte, und schob diesen Gedanken an den Schluß, er sollte die Krönung des ganzen Erinnerungsprozesses sein, denn dort war die Antwort und die Lösung des Rätsels.

Als man uns im September 1944 mit Gewehrkolben aus den Viehwaggons auf den Bahnsteig in Oranienburg trieb, um uns dann zu Fuß in das Lager Sachsenhausen zu hetzen, wußte ich, daß die Russen an der Weichsellinie standen und die westlichen Verbündeten den Rhein erreicht hatten. Das Reich ging seinem Ende entgegen. Wenn wir nachts auf den verlausten Pritschen lagen, hörten wir das ferne Grollen britischer Bomber und ein scheinbar unterirdisches Dröhnen. Da erhielt Berlin seinen Teil.

An heiteren Frosttagen, wenn die grelle Sonne über unseren Köpfen stand, ohne uns auch nur die geringste Wärme zu bieten, sahen wir die amerikanischen Flugzeuge unendlich fern am Himmel, wie Schwärme kleiner Fische im durchsichtigen, blauen Wasser. Schon Anfang Dezember, als man mich zur Arbeit auf dem Bahnhof Oranienburg führte, sah ich die endlose Ruinenlandschaft, sah ich Warschauer Bilder aus dem August, auf den Trümmern herumirrende Menschen, Rauchsäulen über der Stadt und die Flammen der Brände. Und im Januar fing irgendwo im Osten an der Oderfront die russische Artillerie an zu feuern. Dann aber liefen die Tage, gemessen am Dröhnen der Geschütze, schneller und schneller ab. Leute mit mehr Erfahrung im militärischen Bereich lauschten eifrig dem Kriegslärm und informierten uns über ihre ermutigenden Beobachtungen. Erst sprach die schwere Artillerie, dann die leichtere, schließlich hörte man die Panzergeschosse explodieren und die Maschinengewehre rattern. In der zweiten Aprilhälfte, als der Lageralltag vor unseren Augen zerbrach, vernahmen wir aus den Wäldern rings um das Lager die Schüsse der Karabiner und Maschinenpistolen.

Vom ersten Augenblick in Sachsenhausen an waren wir also sicher, es würde nicht lange dauern. Natürlich konnte jeder Tag uns den Tod, Krankheit oder Verletzungen bringen, doch trugen wir im Herzen stets die Hoffnung, es bedürfe nur noch ein wenig Stärke, ein bißchen Kraft, um die Freiheit zu erleben. Der Termin der Vernichtung des Dritten Reiches und damit unserer Befreiung nahte, er rückte von Tag zu Tag näher – das hielt uns am Leben.

Jaworze war etwas ganz anderes. Mein seidenweiches Leben in Jaworze (natürlich im Vergleich mit jener Erfahrung) war vergiftet vom Gedanken an die Zukunft. Anders als während jener Gefangenschaft brachte jeder Tag Beweise für Bestand und Dauer mit sich, und wenn es auch im allgemeinen keine physische Bedrohung gab, war das im geistigen Sinn unermeßlich anstrengend.

Wir sprachen miteinander darüber. Stefan N. erzählte, Häftlinge, die ihr Urteil absitzen, streichen jeden Abend den vergangenen Tag aus und zählen die noch vor ihnen liegenden Tage. Sie haben eine Perspektive, eine Schwelle, näher oder ferner, doch immer genau gekennzeichnet auf der Karte der Zeit; das mobilisiert sie und steigert ihre inneren Kräfte. Sie können planen, streben, verzichten, sie sind im Grunde Herren ihrer Zeit, sie haben diesen Bildschirm vor sich, sie sehen eine konkrete Zukunft.

Der Internierung in Jaworze fehlten die Perspektiven, weil das Unbefristete dieses Zustandes die gesamte Zukunft in ein graues Gallert verwandelte, dem jegliche Konturen fehlten. Die Internierung konnte drei Tage dauern, drei Wochen, drei Monate, drei Jahre, aber vielleicht auch zehn Jahre... Einen derartig unvernünftigen Pessimismus bezeugte zwar niemand, trotzdem schloß der Status der Internierung auch die schwärzeste Möglichkeit nicht aus. Der Häftling, der sein Urteil absitzt, hat einen Bezugspunkt. Der Internierte hängt im Leeren.

Es ist klar, ich rechnete nicht mit einer langen Isolationszeit. Ich glaubte, sie würde ein paar Monate dauern, vielleicht ein Jahr, obwohl schon das unglaublich klang. Doch was nützte das, es war ja nur meine eigene Vermutung und Berechnung, die keinen Einfluß auf den Ablauf der Geschehnisse hatte, weil ich nicht Herr meines Schicksals war. Mehr noch – jeden Tag konnten sie mich zum Stab rufen und mir befehlen, innerhalb einer Viertelstunde reisebereit zu sein. Wohin? In ein anderes Zentrum? Nach Hause?

Im Dezember, Januar, Februar, März wurden verschiedene Kollegen in die Freiheit entlassen, doch bis zum letzten Augenblick war nicht bekannt, welches Los sie erwartete. Wir versammelten uns an den Korridorfenstern, um das verabredete Zeichen derer zu registrieren, die man per Auto aus Jaworze irgendwohin ins Land brachte. Erst später erlangten wir Gewißheit, daß sie heimgekehrt waren.

Es konnte passieren, daß ich am nächsten Tag, in einer Stunde, in einem Augenblick entlassen wurde. Aber es konnte auch passieren, daß der Augenblick der Entlassung irgendwann eintrat, in einer unbestimmten Zukunft. Das erzeugte einen seltsamen Geisteszustand, eine Trübung, Unfruchtbarkeit und anstrengende Vibration. Die Ungewißheit, aber nicht nur sie. Auch das Gefühl der Leere, des Schwebens in der Zeit, was eine neue, unbekannte Dimension der Zeit zur Folge hatte und sie zu einer schwammigen, weichen Materie machte wie einen sumpfigen Morast.

Hinzu kommt, daß jede Bewegung auf der Strecke zwischen Stab und Internierten eine psychische Überlastung hervorrief. Zum Stab befohlen zu werden, verband sich stets mit ein wenig Hoffnung, es könne sich diesmal um die Entlassung handeln. Deshalb dankte ich Gott, daß man mich nicht holte. Ich konnte diese Rückwege mit einem eingeschriebenen Brief in der Tasche oder mit der Nachricht, ich führe morgen zum Zahnarzt, nicht leiden.

So beantwortete ich mir nach kurzem Überlegen und ohne große Mühe die Frage, was die schlimmste Qual in Jaworze gewesen sei.

Goldsztajn

Ich habe einen Brief von Felek erhalten. Er schreibt, wie gewöhnlich mit Humor, von seiner Reise nach Israel, wo er eine neue Enttäuschung erlebt hat.

Es gibt nur wenig Menschen mit einer so vernünftigen, toleranten Weltanschauung. Unsere Freundschaft begann recht eigenartig – mit einem heftigen öffentlichen Streit. Gerade dieser Streit zeigte, wie klug und loyal Felek ist. Man erkennt an ihm ein halbes Jahrhundert britischer Sitten, natürlich nicht in der Art, sich zu kleiden, sondern in der feinen englischen Art zu denken, die auf dem Kontinent kaum irgendwo ihresgleichen kennt.

Doch Feleks Brief lenkte meine Gedanken auf einen meinem Herzen teuren, aber doch sehr weit entlegenen Bereich, die Erinnerung an die Juden und das Judentum. Sooft die Post mir einen Brief mit Feleks Londoner Absender bringt, setzt alsbald eine Zaubermacht in mir den schwarzweißen, aber sehr ausdrucksvollen und ergreifenden Film der Vergangenheit in Bewegung.

Zum Beispiel die Gęsia. Schiefe, unsymmetrische Häuser, teils Mietshäuser, teils Hütten, eine in meiner Erinnerung stets feuchte Fahrbahn, als hätte es gerade geregnet, kleine Läden, Obststände, Schusterwerkstätten, Kneipen, Konditoreien, Schilder mit sonderbaren Inschriften, Dachtraufen vor dem Hintergrund des bewölkten Himmels, vor allem aber die Silhouetten der Menschen, die riesengroße Menschenmenge, dunkel, irgendwie struppig, faszinierend. Dieser Film von der Gęsia ist stumm, auf der Gęsia herrscht Schweigen, die Leute bewegen sich lebhaft, aber lautlos, man hört sie nicht reden, man hört auch nicht das Rattern der Pferdewagen, das Dröhnen der Schaftstiefel, das Bimmeln der Glöckchen an den Ladentüren. Auf den Bürgersteigen sieht man irgendwelche Tonnen, hier und da kleine Stände oder einen Holzstuhl, auf dem ein Händler süße, rosa Karamellen für die Kinder ausgelegt hat oder ein paar Zwiebeln und Knoblauchzehen.

Anders ist der Film von der Miodowa. Dies ist schon ein Tonfilm. Die Straßenbahn, die Kirchenglocken, der Hufschlag des Droschkengauls, das Knattern eines Motors, die Stimmen der Menschen. Und natürlich die Firma Goldsztajn-Złotykamień mit ihren in schöne Damenpelze gekleideten Schaufensterpuppen. Dieser Złotykamień berührt eine andere Zeit meines Lebens und ist vielleicht deshalb immer noch der Held des früheren Films, weil er auch in einem anderen, späteren Film eine Rolle spielt...

Ich ging auf der Chaussee in Richtung Bernau. Ende April 45. Es roch nach der feuchten, mit Regen vollgesogenen Erde und nach dem bitteren Rauch der Brände. Der Frühling der großen Abrechnung mit dem Reich. Ich ging am Rand der Chaussee, denn von Osten kamen die Militärfahrzeuge der Roten Armee und rollten nach Berlin. Die Chaussee führte durch Wälder, und in den Wäldern rasselten Maschinengewehre. Die einst sauberen deutschen Häuschen waren von der Kriegsfurie versengt. Manchmal sah ich hinten in einem Gehöft Frauen mit entsetzten, blassen Gesichtern, die alten bereit zu sterben, die jungen bereit zu allem, nur um dem Tod zu entgehen.

Und plötzlich, in dieser Szenerie des Weltendes und Weltanfangs tauchte vor mir ein junger Mann auf, dunkelhaarig, dunkeläugig, mager wie ein Schwindsüchtiger. Ich blieb stehen. Irgend etwas in mir rauschte, eine unbeschreibliche, süße Schwäche lähmte meinen Körper, Tränen liefen mir über das Gesicht, ich stammelte sinnloses Zeug. Denn dieser Mann trug eine polnische Uniform, schlecht geschnitten zwar, schmutzig, zerdrückt, aber polnisch, und auf dem Kopf eine Feldmütze mit dem polnischen Adler ohne Krone. Es war der erste polnische Soldat, den ich seit dem Verlassen des Stacheldrahts von Sachsenhausen erblickte, und der amputierte kleine Adler schreckte mich keineswegs.

Der Soldat war bewegt von meiner gestreiften Lagerkleidung. Er sagte, er heiße Sienkiewicz, und führte mich von der Chaussee auf einen Weg zu seinem nahe gelegenen Quartier. Dieser Sienkiewicz sprach mit starkem jiddischem Akzent, was mich noch mehr rührte, denn einen solchen Juden hatte ich seit einigen Jahren nicht mehr gesehen, seit die Mauer um das Warschauer Ghetto errichtet worden war.

Wir gingen in ein Häuschen mit einem kleinen Garten rundherum. Dort hatte Sienkiewicz sein Quartier. Ich saß unter dem Apfelbäumchen, und er nährte mich mit seiner Feldküchensuppe, direkt aus dem großen Eimer. Er fragte, woher ich stamme. Aus Warschau. Und von welcher Straße? Kapucyńska, an der Miodowa. Sie, rief er, Sie kennen die Miodowa? Mein Papa hatte dort eine Firma, sie werden sich wohl erinnern, Goldsztajn-Złotykamień. Gewiß erinnere ich mich, antwortete ich und brach in Tränen aus. Und Sienkiewicz-Goldsztajn-Złotykamień brach gleichfalls in Tränen aus.

Wir saßen unter dem Apfelbäumchen, in der Nähe dröhnten die Panzer, Berlin stand in Flammen, die Erde bebte unter den Explosionen der Bomben, im Walde lagen Leichen von ss-Männern, und wir streichelten uns weinend die Gesichter wie Liebende, zwei Warschauer Jungen von der Miodowa, Schiffbrüchige, deren Dampfer vor ihren Augen versunken war.

Und wohl damals, unter diesem Apfelbaum, dachte ich, mich an den geliebten Juden schmiegend, zum ersten Mal, dieser Sieg und diese Auferstehung würden mir nichts nützen, denn unser gemeinsamer Dampfer war versunken ...

Antisemitismus ohne Juden

Am 12. Dezember 1981 gegen Mittag, als ich auf dem Kulturkongreß eine Rede hielt, sprach ich vom Antisemitismus ohne Juden als der am meisten schizophrenen und verrückten Konzeption, die bei uns aufgetreten ist. Ich sprach darüber voller Leidenschaft, weil nichts mich so aus dem Gleichgewicht bringt wie die Dummheit.

Natürlich kann man dagegen polemisieren. Die große Mehrheit der demokratisch denkenden Menschen hält den Antisemitismus für eine Niedertracht. Ich habe in dieser Frage eine etwas andere Ansicht, aber nur eine etwas andere, denn alles Dumme ist meiner Meinung nach auch niederträchtig oder kann zumindest niederträchtig werden. Der Antisemitismus ist entsetzlich dumm, ist ein Zeugnis der Verblödung. Die Antisemiten haben ein Gehirn von der Größe einer Walnuß. Das habe ich dutzendfach festgestellt. Der Antisemit ist nicht nur ein Antisemit, sondern zugleich ein Idiot auf dem Gebiet der einfachsten Dinge des Lebens. Er vermag kein hartes Ei zu kochen, er weiß nicht, wie man ein Telefonbuch benutzt, er ist nicht imstande, seine eigenen Finger zu zählen. Der Antisemit redet schludrig, selbst wenn er vom Wetter spricht, seine Bemerkungen sind die eines Geistesschwachen. Eine Diplom-Ingenieurin behauptete mir gegenüber, zweifellos sei ein Mädchen aus der Nachbarschaft Jüdin. »Woher wissen Sie das?« fragte ich. »Sie ist in einem rosa Kleid zur Erstkommunion gegangen«, entgegnete die Ingenieurin. In Ordnung, stimmt. Jüdische Kinder gehen bekanntlich in Rosa zur Kommunion ...

Ich bin nicht davon überzeugt, daß die Ingenieurin geneigt wäre, dem Mädchen aus der Nachbarschaft oder einem anderen Juden auf der Welt Unrecht zu tun. Die Ingenieurin ist keine Verbrecherin. Sie ist geistesschwach. Aber unter bestimmten Umständen, entsprechend vorbereitet, entsprechend dressiert wäre sie zu jeder Niedertracht fähig. Weil ihr Gehirn in der Entwicklung stehengeblieben ist, und ein walnußgroßes Gehirn kann man manipulieren.

In diesem Sinn bin ich der Ansicht, daß Dummheit eine moralische Kategorie ist.

Der beste Beweis für diese Dummheit ist das Problem, das ich beim Kulturkongreß aufgegriffen habe.

Polen ist ein Land ohne Juden. Jeder, der Polen liebt und dem an Polen liegt, ist sich darüber im klaren, daß uns vor Jahren ein gemeinsames großes Unglück getroffen hat. Die polnischen Juden sind fast vollzählig umgekommen, und die wenigen, die den Krieg überlebten, sind zum Teil in den vierziger Jahren emigriert, zum Teil aber im Jahr 1968 aus ihrer Heimat vertrieben worden. Und weil es keine Juden mehr gibt, sind die Polen verstümmelt, denn durch das Fehlen der Juden ist uns ein wichtiger und bedeutsamer Teil unseres Polentums amputiert worden.

Polen ist ein Land ohne Juden, und das bedeutet, Polen ist verarmt, Polen ist Unrecht widerfahren, Polen hat an seiner Identität Schaden gelitten, denn diese hat sich seit Jahrhunderten unter Mitwirkung der Juden geformt, mit den Juden und gegen sie, immer aber gemeinsam.

Und nun gibt es keine Juden mehr, doch die Antisemiten sind geblieben. Es sind nicht viele, sie schreien aber so laut, daß man ihr Gestammel auf allen Kontinenten hört. Was ist das anderes als Dummheit in chemisch reinem Zustand, Dummheit ohne alle Nebenbedeutungen, Dummheit als emporstrebender Akt der Existenz?

Die Verhaftung

Die Zeit ist gekommen, eine Rekonstruktion zu versuchen. In leidenschaftloser Weise, getreu den Details, die das Gedächtnis festgehalten hat. Und ohne die literarischen Beigaben, die stets Unordnung in die Wahrheit des Lebens bringen.

Vor Mitternacht, als ich mich mit Ewa über den tendenziösen Kommentar unterhielt, mit dem das Fernsehen meine Rede auf dem Kulturkongreß versehen hatte, ertönte kurz die Türklingel. Draußen standen zwei Zivilisten und ein Funktionär der Verkehrsmiliz. Sie fragten, ob sie eintreten dürften. Das war sehr höflich. Sie verhielten sich leise und zurückhaltend. Ein junger Mann mit Bart in wasserdichter Jacke und Rollkragenpullover zeigte mir ein amtliches Papier, den Internierungsbefehl. Ich dachte, sie nähmen mich jetzt einfach fest, und ging, um mir warme lange Unterhosen anzuziehen. Einer der Zivilisten folgte mir diskret in die Wohnung. Der zweite teilte Ewa mit, die Sache werde sich schnell aufklären. Alles lief schweigend ab, fast ohne Worte, wie der Einbruch in einem eleganten Hotel.

Als sie mich zum Auto führten, sagte ich, ich hätte meine

Zigaretten vergessen. Der Zivilist mit dem Bart antwortete, er gehe gern mit mir zurück. Noch einmal küßte ich Ewa. Dann gingen wir wieder auf dem Bürgersteig am Haus entlang, ich setzte meine Füße so, daß ich in meine Spuren von vorhin trat. Schon im Auto auf der Fahrt durch die schlafende, verschneite Stadt fragte ich den Zivilisten, was denn vorgefallen sei. »Seit Mitternacht haben wir Kriegszustand«, antwortete er. Ich blickte auf die Uhr. Drei Minuten vor zwölf. Ich sagte, da hätten sie sich sehr beeilt. Er sah auf seine Uhr und schüttelte den Kopf. »Ihre Uhr geht falsch«, sagte er mitleidig. »Und wir werden uns doch wohl nicht um die paar Minuten streiten . . .«

Er hatte recht. Ich beabsichtigte nicht, mich mit ihm zu streiten, weder darum noch um irgend etwas anderes.

Im Milizgebäude herrschte lebhafter Betrieb. Man führte mich durch den Korridor in ein Zimmer, wo es stickig war und eine schwache Glühbirne abgenutzte Möbel beleuchtete. Ich setzte mich auf einen Stuhl. Ein uniformierter Milizionär erschien und saß in absolutem Schweigen eine Stunde in diesem Zimmer. Anschließend führte er mich auf den Korridor hinaus und befahl mir, mich an die Wand zu stellen. Auf dem Korridor war es kühler. Draußen vor dem Fenster fiel dichter Schnee. Im ganzen Gebäude erklangen die Stimmen und Schritte zahlreicher Menschen. Plötzlich wurde Michał K. aus einem anderen Zimmer geführt. Wir tauschten einen Blick und ein gezwungenes Lächeln aus. Michałs Anblick erleichterte mich. Ich war im Unglück nicht allein. Ich war sogar besser dran, denn mein Betreuer stieß mich nicht gegen die Schulter, als wir über den Korridor zur Treppe gingen.

Ich befand mich auf dem Hof und anschließend im Gefängniswagen. Die Metalltür schloß sich knirschend. Ich war ganz allein im Auto. Nach einer Viertelstunde durchdrang mich die Kälte. Ich begann, mit den Füßen zu trampeln. Eine Stimme von draußen empfahl mir, still zu sitzen. Ich sagte der Stimme, red keinen Unsinn, und trampelte weiter, die Stimme ließ sich nicht mehr vernehmen.

Wieder verging einige Zeit, dann stiegen gruppenweise weitere Verhaftete in das Auto. Unter ihnen Andrzej D., Jurek J. und mehrere andere Bekannte. Der Gefängniswagen füllte sich schnell. Über ein Dutzend Leute saßen auf einer Metallbank, andere mußten Schulter an Schulter gepreßt stehen.

Endlich fuhr der Wagen langsam an. Wir erzählten uns die Erlebnisse der letzten Stunden. Ich schloß aus diesen Berichten, daß man die jungen Leute hart, ja sogar brutal behandelt hatte, die älteren mit einer gewissen Rücksicht. Manche wurden gefesselt, andere nicht. Manchen wurden Papiere gezeigt, anderen nicht. Manche wurden gestoßen und geschlagen, andere nicht. Manche wurden mit Lärm und Gewalt verhaftet, andere – ähnlich wie ich – mit einer gewissen Mäßigung.

Im Wagen wurde es stickig und heiß. Wir alle waren warm angezogen, es herrschte drangvolle Enge, das Auto war fest geschlossen. Nach einiger Zeit rann uns der Schweiß von Nacken und Gesicht.

Schließlich hielt der Wagen an, die Tür wurde geöffnet, und ein eisiger Lufthauch drang herein. Es schneite immer noch heftig. Wir waren auf dem Gefängnishof in Białołęka. Man befahl uns auszusteigen und in das nahegelegene niedrige Gebäude zu gehen. Wir gingen zwischen Reihen von Milizionären mit Kampfhelmen auf dem Kopf, Schutzschildern am Arm und langen Schlagstöcken in der Hand. Der Spaziergang war unangenehm, obwohl nichts passierte. Nur konnte das jeder von uns erst ganz am Ende des Weges feststellen.

Man brachte uns in einer kleinen, vermutlich für sechs Personen berechneten Zelle unter. Die mehr als dreißig Menschen in Winterkleidung, beladen mit Rucksäcken und Koffern, die fast jeder von uns bei der Verhaftung mitgenommen hatte, fanden nur mühsam in dieser Zelle Platz. Gleich war es wieder stickig, und wir schwitzten schrecklich.

Dann führte man uns gruppenweise durch ein Labyrinth von Korridoren in einen kleinen Saal, der, wie ich vermute, unter normalen Gefängnisbedingungen als Sprechraum diente. Hier mußte ich meine Papiere abgeben und die Frage beantworten, welcher Organisation ich angehöre. Ich antwortete, ich sei Mitglied des Schriftstellerverbandes und des PEN-Clubs. Das wurde auf irgendeinem Blatt notiert.

In dem kleinen Saal herrschte munterer Betrieb. Verhaftete kamen und gingen. Wieder bemerkte ich die Gesichter einiger Bekannter. Plötzlich ergab sich ein seltsames Zwischenspiel. Es waren auch einige Frauen da, eine von ihnen kannte ich flüchtig vom Sehen, sie reichte mir Feuer, ich nahm natürlich höflich das Streichholz und steckte erst ihre Zigarette an. Es fehlte nur noch ein Drink, und man hätte in aller Seelenruhe völlig verrückt werden können. Doch dauerte das nur wenige Augenblicke. Funktionäre erschienen und trennten uns lautstark und mit Hilfe ihrer Schultern, sie führten uns durch niedrige Korridore in verschiedene Zellen. Und wieder brachte man uns nach einiger Zeit in einen Raum, wo man seine Wertsachen hinterlegen sollte. Ohne Überlegung gab ich meine Uhr ab – das war alles.

Schließlich befand ich mich in einer Sechs-Mann-Zelle im vierten Stock. Meine Genossen waren Janusz P., Jerzy W., Władek K., Janusz K. und ein sehr netter, redseliger Mechaniker, an dessen Namen ich mich nicht mehr erinnere, weil ich nach wenigen Stunden den Kontakt mit ihm verlor.

Im Raum gab es drei doppelstöckige Pritschen, vier Hocker und einen kleinen Tisch. In der Ecke der Ausguß, neben ihm die Klosettmuschel. Der Gestank der Exkremente kratzte in der Kehle. In der Zelle war es kalt, weil das vergitterte Fenster nicht richtig schloß. Die starke Glühbirne unter der Decke brannte ununterbrochen. Vor dem Eintritt in die Zelle hatte jeder von uns Becher, Blechnapf und Löffel erhalten.

Als der Morgen des 13. Dezember graute, schlief ich ein, worüber ich mich heute wundere.

Die erste Mahlzeit verabreichte man uns am Sonntag in den Mittagsstunden. Sie bestand aus einer großen Portion Brot und Schmalz. Später erhielten wir eine schlecht schmeckende Suppe. Im Laufe des Tages warf ein krimineller Gefangener, der auf unserem Stockwerk irgendeine Funktion ausübte, diskret zwei Päckchen Zigaretten in die Zelle. Gegen Abend wurden uns Decken ausgegeben, deshalb war die folgende Nacht erträglicher, doch der scharfe Klosettgestank erlaubte uns nicht, ohne lautstarke Unterbrechungen und Störungen zu schlafen.

Am Montag vormittag wurden wir mit der Weisung, alles mitzunehmen, hinausgeführt. Auf dem Hof glitzerte frischer Schnee im Sonnenschein. Frost lag in der Luft. Wir gingen zwischen zwei Reihen mit Schlagstöcken und Schilden bewaffneter ZOMO-Funktionäre hindurch. Der Weg war lang, er führte über den weiten Gefängnishof. Wir wateten durch tiefen, lockeren Schnee. Absolute Stille, nur das Knirschen des Schnees, Atemwölkchen, die grelle Sonne am Himmel, ihr Glanz auf den Schilden und Helmen der Milizionäre.

Später sagte mir jemand, das sei für ihn der dramatischste Augenblick während der Internierungsmonate gewesen. Er vertraute mir an, er habe das Schlimmste befürchtet. Im Gegensatz dazu erlebte ich diesen Marsch ganz ruhig. Warum, weiß ich nicht, doch seit Jahren hege ich die Überzeugung, im hellen Sonnenschein könne nichts Schlimmes geschehen. Das Böse und die Ungerechtigkeit sind Zwillingsgeschwister der Nacht.

In dem langen, einstöckigen Gebäude wies man uns geräumigere, für zwölf Personen bestimmte Zellen an. Nur zwei von meinen Genossen der letzten Nacht kamen in dieselbe neue Zelle wie ich. Die größere Anzahl bestand aus Arbeitern. Metallarbeiter, Eisenbahner, Kraftfahrer. Freundliche, gesprächige, witzige Menschen. Vermutlich weil ich der Älteste war, wurde mir eine untere Pritsche zuteil, unmittelbar am Fenster und an den Röhren der Zentralheizung. Meine Ecke war warm und hell. Ich wusch meine Socken und hängte sie zum Trocknen auf.

Wir hatten Zigaretten, wir hatten viel erlebt in den letzten Tagen, die Leute unterhielten sich unaufhörlich. In dieser Zelle fühlte ich mich besser, obwohl der Klosettgestank noch durchdringender und unerträglicher war.

Die Ecke am Fenster wurde sogleich zu meinem Gehäuse. In dieser Zelle erhielten wir auch Bettwäsche. Sie war rauh und steif und grau vom vielen Waschen. Blechnapf, Becher und Schuhe brachte ich auf dem Fensterbrett unter. Das war mein Reich, und jeder achtete seine Grenzen. Wer nicht im Gefängnis gesessen hat, wird diese feinen und zugleich düsteren Zusammenhänge nicht verstehen, die den Menschen mit den ihm vom Schicksal gegebenen Gegenständen und dem Raum verbinden.

Am Dienstag holte man mich aus der Zelle, ich begab mich unter Bewachung zur Gefängniskanzlei. Nach einigem Warten wurde ich in das Chefzimmer gerufen. Ein Oberst in Militäruniform mit zahlreichen Kampfauszeichnungen trat mir entgegen. Das Gespräch war kurz. Der Offizier informierte mich, wir würden in ein Zentrum für internierte Personen überstellt. Er bot mir eine Zigarette an und schenkte mir, ein wenig befangen, alsbald die ganze Packung, die ich sofort in die Tasche schob, ohne seine Befangenheit im geringsten zu teilen. Schließlich war ich Gefangener und hatte in meiner Zelle elf Kollegen!

Der Oberst sagte, der Kriegszustand sei eine unvermeidliche Notwendigkeit. Ich ließ mich auf keine Diskussion ein. Während er sich aus seinem Sessel erhob, fügte er hinzu, er bedauere meine Lage. Ich nahm diese Erklärung zur Kenntnis.

Als man mich von der Kanzlei ins Gefängnisgebäude führte, versammelten sich an den Zellenfenstern die Verhafteten. Ich hörte, wie mein Name an andere weitergegeben wurde. Ich selbst rief ein paar Namen meiner Zellengenossen aus. Selbstverständlich notierte sie dort jemand. Auf diese Weise entstand die Häftlingsliste von Białołęka.

In meine Zelle zurückgekehrt, informierte ich die Kollegen, daß uns die Fahrt in ein anderes Zentrum bevorstehe. Wir glaubten, das betreffe alle, und der Oberst holte sich aus jeder Zelle einen, um die Information zu übermitteln.

Eine Stunde später öffnete ein Wächter die Tür und befahl mir, mich mit allen Sachen bereitzuhalten, worauf er hinausging und die Zelle zuriegelte. Wir waren konsterniert. Die Kollegen folgerten schnell, sie seien es, die verlegt würden, ich dagegen würde nach Hause entlassen. Das war ihrer Ansicht nach das Ergebnis der Bemühungen des Primas, der schon am Sonntagmorgen der Nation mitgeteilt habe, er bemühe sich um die Freilassung einiger Schriftsteller! Ganz als wären die Schriftsteller aus anderem, besserem Lehm geformt und müßten besonders beschützt werden! Sogar im Kriegszustand sollte Polen ein Land der »heiligen Kühe« bleiben, doch was wie ein unabtrennbarer Bestandteil der Natur des Systems wirkt, hätte sich dem Denken unserer geistlichen Anführer eigentlich nicht so stark einprägen dürfen. Die Worte des Primas klangen in Białołęka nicht tröstlich, jedenfalls nicht für mich und meine Freunde von der Feder...

Damals in der Zelle glaubte ich beinahe der Ansicht meiner Kollegen, ich würde nach Hause entlassen. Fieberhaft lernte ich ihre Adressen auswendig, die Vornamen ihrer Frauen, Mütter und Brüder. Ich glaubte, einige Tage Herumlaufen in Warschau vor mir zu haben, mit Nachrichten für die verzweifelten Familien meiner Kollegen, die man in der Nacht von Sonnabend zu Sonntag aus ihren Wohnungen geholt hatte, ohne den Grund zu nennen, ohne den Gefängnisort anzugeben, ohne einen Termin für ihre Rückkehr zu bestimmen.

Es dämmerte bereits, als man mich auf den Korridor rief.

Das war das Ende meines Aufenthalts in Białołęka. Ein neues Kapitel begann. Der Flug mit dem Hubschrauber nach Jaworze.

Die »schweigende Mehrheit«

Da haben wir nun die Suspendierung des Kriegszustandes. Die Prognosen zahlreicher Gesprächspartner – und meine eigenen auch – waren falsch! Es zeigt sich nicht zum ersten Mal, daß die der Politik und dem öffentlichen Leben fernstehenden Menschen die beste, weil intuitive Kenntnis der Situation haben. Die Frau von der Wäscherei hat schon vor einem Monat zu Maryla gesagt, von irgendwelchen Änderungen wird nicht die Rede sein. Ich habe diese Offenbarung damals mit einem Achselzucken hingenommen. Bitter und zornig habe ich gedacht, bei uns ändert sich alles langsam, ständig dieses Wäschereigeschwätz, immerzu Wäschereigeschwätz, die Leute denken apolitisch, sie erliegen Illusionen und Vorurteilen, ihr Mißtrauen macht alle Bemühungen zunichte. Ich habe mich damals von meiner Neigung zu Verallgemeinerungen hinreißen lassen, ich habe im Zusammenhang mit der Frau von der Wäscherei innerhalb einer Viertelstunde das Gebäude unseres Konservativismus, unserer Schwerfälligkeit im Denken über öffentliche Angelegenheiten errichtet. Ich hatte sogar einen Augenblick lang herzliches Mitgefühl mit der Staatsmacht, die kopfstehen kann – und die Menschen dennoch nicht überzeugt! Was soll man nur machen mit einer derart mißtrauischen Gesellschaft, wie soll man sie erreichen, um eine Prise Glaubwürdigkeit zurückzugewinnen?

Selbstverständlich war ich überzeugt, der Kriegszustand würde in die Geschichte eingehen, es würde eine andere, sehr schwierige Etappe voller Fallen und Gefahren beginnen, aber nicht ohne gewisse optimistische Perspektiven. Sprach ich mit nahestehenden Menschen über solche Prognosen, fand ich natürlich Bestätigung. Die sogenannte

»Straße« dagegen, die Frauen von den Wäschereien, die Ladenverkäuferinnen, die Rentner und ehemaligen Arbeiter, meine Nachbarn auf dem Dorf, Personen also, die dem Lauf der politischen Geschehnisse auf Distanz zuschauen, die mit ihrem eigenen Alltag beschäftigt sind, für die die regierende Partei schon lange fern, exotisch und fremd war, die »Solidarność« ein schönes, aber sonderbares Phänomen, typisch für unseren nationalen Wahnwitz, und nicht so sehr eine Bewegung, fähig, unser polnisches Leben wesentlich zu ändern – diese apolitischen, müden, erschöpften Menschen, unsere »schweigende Mehrheit«, von der die Repräsentanten der Staatsmacht so gern reden, wobei sie annehmen, Müdigkeit und Passivität seien gleich Unterstützung, diese Menschen hatten keine Illusionen! Jene »schweigende Mehrheit« scheint sich vom Instinkt leiten zu lassen, der aber flüstert ihr zu, die Staatsmacht sei ein einziger großer Betrug, Gaunerei und Schwindel.

Lange Jahre hindurch konnte ich solche Ansichten nicht ertragen. Ich hielt sie für eine Art Irrweg, für das Zeugnis geistiger Enge, für den Ausdruck entsetzlicher Rückständigkeit. Immerhin kannte ich eine Menge hochgestellter Persönlichkeiten, hatte mit ihnen viele Kontakte, führte zahlreiche Gespräche, erledigte allerlei Angelegenheiten. Ein Minister, für die Ladenverkäuferin eine mystische Figur auf den unerreichbaren Gipfeln der Staatshierarchie, schien in meinen Augen ein gewöhnlicher Mensch zu sein. Ich beurteilte die hochgestellten Persönlichkeiten, wie wir das üblicherweise mit unseren Bekannten tun. Manche erzeugten bei mir Sympathie, manche Abneigung. Die einen hielt ich für klüger, die anderen für dümmer. Ich nahm für meinen eigenen Gebrauch eine Auswahl unter dem Gesichtspunkt ihrer Nützlichkeit oder Schädlichkeit vor, meinte also, x könne in einer bestimmten Stellung besser sein als y, weil er diese oder jene Qualifikationen, Charaktereigenschaften und Intelligenz besitzt.

Manchmal kam es (in jenen früheren Jahren!) vor, daß jemand von außerhalb des mir vertrauten Milieus an der Diskussion über die Vertreter der Staatsmacht teilnahm. Dann trafen meine Argumente fast regelmäßig ins Leere. Die Repräsentanten der »schweigenden Mehrheit« schauten mich an wie einen Idioten. Es schien ihnen unbegreiflich zu sein, daß jemand, der immerhin im Ruf eines relativ vernünftigen und in öffentlichen Dingen bewanderten Menschen stand, allen Ernstes über die Qualifikationen und die geistigen Fähigkeiten der Leute vom Establishment sprach. Denn nach Ansicht der »schweigenden Mehrheit« war es immer so wie in der Redensart: Gehupft wie gesprungen. Es gab ganz einfach keine klugen und dummen, kompetenten und inkompetenten, guten und schlechten Minister. Minister waren eben Minister, folglich eine ganz andere Sorte »homo«, fremd und bedrohlich wie Tiger oder Heuschrecken... Die hochgestellte Person war immer ein ideenloser Schlaumeier, Blutsauger, Lügner, Feind. Und zu allem Übel auch noch – ein Dummkopf.

Das war kein konsequentes und psychologisch stichhaltiges Porträt. Wenn er nämlich ein Dummkopf ist, wie dann zugleich ein Schlaumeier? Doch die Leute wußten auch darauf eine Antwort: Schlaumeier nämlich für ihn selbst und Dummkopf für Polen!

Am meisten regte mich die Anschauung auf, alles, was die Regierung in Polen tue, sei auf diabolische Weise geplant und gegen das Interesse der Nation gerichtet. Die »schweigende Mehrheit« hielt die wirtschaftlichen Fehler der Staatsmacht für ein Programm zur Ruinierung Polens. In den Windungen der Innenpolitik, die für mich Zeugnisse des Zusammenstoßes verschiedener Konzeptionen, aber auch verschiedener *pressure groups* im Machtapparat selbst waren, sah die »schweigende Mehrheit« eine Methode zur Vernichtung des lebendigen sozialen Gewebes.

Diese Vorurteile fanden nie direkt Ausdruck. Sie taten sich kund durch entsetzlich niedrige Arbeitsproduktivität, entsetzliche Geringschätzung der öffentlichen Angelegenheiten, entsetzliche Sorgen um die eigenen Interessen. Im Grunde hielt die »schweigende Mehrheit« jahrzehntelang die Staatsmacht nicht für ihre eigene Staatsmacht und den polnischen Staat nicht für ihren eigenen Staat. Die Volksrepublik Polen war ein gemeinsamer Nachkriegsschwindel der Russen, Amerikaner und Engländer. Diese Beurteilung des Verlaufs der historischen Ereignisse implizierte natürlich die Überzeugung, nichts, was in Polen geschehe, sei authentisch, echt polnisch und vom polnischen nationalen Interesse gezeugt!

Selbstverständlich heißt das nicht, daß die »schweigende Mehrheit« das System sabotiert hat. Dieser Schluß wäre absurd, denn das System zu sabotieren, bedeutet, das eigene Leben zu sabotieren. Man kann nämlich nicht außerhalb des herrschenden Systems existieren, ihm zum Trotz, in dauerhafter Opposition. Vielmehr muß man sich mit dem System verschmelzen und so sein persönliches Interesse weitgehend sichern. Man muß sich also anpassen und die Strukturen des Systems so ausnützen, daß seine scharfen Kanten nicht allzu schmerzhaft drücken, man muß im Schatten bleiben und sich nicht vorwagen, man muß sich in einer Ecke oder Nische ein möglichst sicheres Nest bauen. Weil aber das System wunderlich ist, erinnert es überhaupt nicht an die »gläsernen Häuser« von Żeromski, wo alles funktional wäre, öffentlich und modern, sondern ist eher einem mittelalterlichen Märchenschloß ähnlich, wo es von dunklen Gängen, Türmen, Korridoren, Verstecken, Dachböden, Kellern, Einstiegen, Durchlässen, Stufen wimmelt, wohin die Sonne nie vordringt und wo sich seit Jahrzehnten Schimmel und Staub des Vergessens absetzen – deshalb kann man sich in diesen Winkeln einrichten, möglichst weit weg von den Kemenaten der Mächtigen, am besten dort, wo die Mächtigen auf ihren herrschaftlichen Spaziergängen nie hinkommen! Gerade so hat unsere »schweigende Mehrheit« vierzig Jahre lang gehandelt. Von der Entwicklung des Nationalbewußtseins her gesehen, ist die Tatsache besonders trostlos, daß der zivilisatorische und kulturelle Fortschritt des Staates in der Nachkriegszeit doch vor allem ein Verdienst jener »schweigenden Mehrheit« ist, während sie selbst aus diesem Grunde weder Stolz noch Zufriedenheit oder Genugtuung empfindet.

Die Vertreter der »schweigenden Mehrheit« erhalten manchmal Orden, Prämien, Beförderungen. Ein Teil von ihnen, allerdings ein unbedeutender, gehört der Partei an. Die Mehrheit nutzt bestimmte soziale, bildungsmäßige und zivilisatorische Wohltaten des Systems, behandelt aber diese Wohltaten als Selbstverständlichkeit und hegt den Verdacht, daß auch im Rahmen dieser Selbstverständlichkeit Betrug und Hinterlist vorherrschen.

Im Lauf der Jahre ist die Anschauung entstanden, da das Regieren auf Heuchelei, Verschlagenheit und dem Diebstahl am Bürger beruhe, müsse sich auch die Bewältigung des Lebens auf Heuchelei, Verschlagenheit und Diebstahl stützen. Da die Staatsmacht den Bürger belügt und bestiehlt, sei es sein heiliges Recht, den Staat zu belügen und zu bestehlen.

In diesem Sinne ist die »schweigende Mehrheit« nicht moralisch und rein wie eine Träne. In diesem Sinne verteilt sich die Mitverantwortung für unsere Niederlagen proportional – auf alle Polen. Die Sache ist die, daß die Staatsmacht sehr eifrig aus der Menge der »schweigenden Mehrheit« fast jeden herausfischt, der sich eines Vergehens schuldig gemacht hat, aber mit großer Verzögerung die Vertreter des Establishments zur Verantwortung zieht. Das vertieft die Überzeugung, das Land befinde sich in einem Teufelsnetz und die Staatsmacht sei ganz einfach eine einzige große Clique!

Und die Clique kümmert sich ausschließlich um ihre eigenen Interessen! Aus diesem Grunde zweifelte die Frau von der Wäscherei keinen Augenblick daran, daß die Aufhebung des Kriegszustandes sich als Fiktion herausstellen werde. Sie hätte meine Illusionen als Gefasel eines Idioten behandelt. Für sie, für den gesamten Ozean der »schweigenden Mehrheit« ist es ein Beweis der Dummheit oder – schlimmer noch – des Renegatentums, von der Staatsmacht irgend etwas zu erwarten, was den nationalen Interessen und Forderungen entspräche!

Ich weiß nicht, ob ich ein Dummkopf bin. Ich weiß ganz sicher, daß ich kein Renegat der nationalen Sache bin. Doch die Frau von der Wäscherei bekundete wieder ihren schärferen Durchblick. Der Kriegszustand wurde nicht aufgehoben! Die vom Sejm beschlossenen Rechtsvorschriften für die »Übergangsphase« führen unbedeutende Erleichterungen am Rande des täglichen Lebens ein, verschärfen aber in Wirklichkeit die Bestimmungen und vertiefen die Abhängigkeit des Bürgers vom Staat.

So war der Zug abgefahren, und ich blieb am Bahnsteig stehen...

Die Regierung indessen erwies sich als vorausschauend. Sie erfüllte nämlich die Erwartungen der erdrückenden Mehrheit. In dieser Beziehung kann man sagen, sie ist eine ungewöhnlich demokratische Regierung.

Gibt es eine Grenze des Absurden?

Mit immer größerer Unruhe beobachte ich unsere Isolierung von der Welt. Es geht hier nicht um Probleme wirtschaftlicher Natur, die einen fatalen Einfluß auf den Warenmarkt, die Versorgung und die Produktion haben. Der Mangel an wirtschaftlichem Austausch mit den Ländern des Westens führt zu einer Auszehrung des polnischen Potentials, vertieft die Krise, macht eine Überwindung der Krise unmöglich, sogar bei fruchtbarster Hilfe von seiten des RGW. Giereks Regierung hat Polen um neue Industriebetriebe und Technologien bereichert, aber das alles war durch tausend Fäden mit dem Westen verknüpft, darum führt das Ausbleiben von Lieferungen, Krediten, Ersatzteilen, Vorfabrikaten usw. usw. zu einem kompletten Ruin dieses Potentials, das sich in wenigen Jahren als veraltet erweisen kann, aber immer noch nicht bezahlt ist.

Doch die Isolierung von der Welt betrifft nicht nur die Wirtschaft, sondern auch die Bereiche der Wissenschaft und Kultur, also geistige, intellektuelle Dinge, deren Einfluß auf die Weiterentwicklung der Gesellschaft mir wichtiger zu sein scheint als die herrlichsten technischen Errungenschaften.

Seit vielen Jahren wiederhole ich mit närrischem Eifer, die französische oder die amerikanische Kultur wird sich ohne polnischen Anteil entwickeln und keinen Schaden nehmen, unsere Kultur aber wird bei Isolierung von der westlichen Welt verkümmern! Das ist kein Minderwertigkeitskomplex, sondern eine Feststellung offenliegender Tatsachen.

Zu Łukaszewicz' Zeiten tauchten, lanciert von allerlei Karrieremachern, die darin ihr kleinkrämerisches Geschäft sahen, mehrfach Ideen auf, z. B. mit den Amerikanern und Franzosen einen Austausch literarischer Verlagserzeugnisse auf der Basis angeblicher Gleichheit auszuhandeln. In der Praxis sollte das eine Hemingway-Edition in Polen bedeuten als Gegenleistung für eine amerikanische Ausgabe des Werks der Kollegen x oder y oder eine kleine Balzac-Bibliothek bei uns als Gegenleistung für Kraszewski oder die Orzeszkowa in Frankreich.

Es geht keineswegs um den Streit, ob Kraszewski besser oder schlechter war als Balzac, sondern um das Körnchen Wahnsinn, das in solchen Konzeptionen steckt. Die französische Literatur hat sich üppig entwickelt und wird sich weiter entwickeln – nicht nur ohne Kraszewski und die Orzeszkowa, sondern auch ohne Norwid und Wyspiański. Das polnische Geistesleben jedoch würde ohne Balzac, Zola und Maupassant krepieren wie ein Fisch ohne Wasser. Die Amerikaner werden den Verlust des Werks von y überleben, aber ein polnischer Leser ohne Hemingway wäre geistig ungeheuer verarmt. Mag sein, y erweist sich künftig als großer Schriftsteller. Gott geb's. Das ändert nicht die Tatsache, daß die amerikanische Kultur auch dann ohne ihn auskommen wird. Denn sie ist ganz einfach ihrem Charakter nach anders, ihre Größe stammt aus anderen Quellen.

Die polnische Originalität und Unwiederholbarkeit beruht seit Jahrhunderten gerade darauf, daß in unserer Kultur zahlreiche unterschiedliche Fäden zusammenlaufen, daß wir unterschiedliche Einflüsse vereinen, daß wir aus unterschiedlichen, einander oft scheinbar ausschließenden Elementen eine neue, bezaubernde Qualität schaffen. Die Originalität der polnischen Geistigkeit, die an den Wegscheiden des Kontinents erblüht ist, beruht darauf, daß wir uns auf eigene, wunderbare Weise verschiedene Stile, Strömungen, Konzeptionen aneignen und sie umformen können. In diesem Gewebe kann man viele Farben und Garne finden, und die Kraft der polnischen Tradition bewirkt, daß wir aus fremden Fäden etwas sehr Eigenes weben, was man so nirgends auf der Welt antreffen kann. Doch an original polnischen Fäden, an ganz und gar polnischem Rohstoff gibt es in dem fertigen Stoff sehr wenig. Unsere Erfindungsgabe beruht nämlich nicht auf dem Entdecken, sondern auf einem so meisterlichen Vereinigen und Umgestalten, daß eine völlig neue und bezaubernde Qualität entsteht.

Doch eben deshalb benötigen wir immer neue Reize, Werte und Werke. Wir bedürfen der Öffnung zur gesamten Welt, des Zugangs zu den anderen Kulturen, aus denen wir Inspirationen schöpfen. Der Pluralismus der polnischen geistigen Tradition läßt sich nicht nur auf die Frage freundschaftlichen Zusammenlebens verschiedener Weltanschauungen zurückführen, sondern auch oder vielleicht vor allem auf diese Öffnung, auf das unbeschränkte Eindringen immer neuer Impulse, die wir umzuformen und zu nützen verstehen, in unser Denken.

Im Bereich der Wissenschaft ist die Sache genauso wichtig. Besonders in heutiger Zeit. Medizin, Chemie, Physik, Mathematik, Biologie sind Gebiete, auf denen Amerikaner, Engländer, Deutsche große Erfolge erzielen, und bei der modernen Organisation des wissenschaftlichen Lebens zieht jeder Erfolg weitere nach sich, genauso wie das Aufhalten der Entwicklung in einem Sektor die Entwicklung auf dem gesamten Wissensgebiet desorganisiert und zerstört. Unsere Medizin, die ganz einfach sowohl im Forschungs- wie im klinischen Bereich vernachlässigt ist, muß ohne Öffnung zum Westen unweigerlich zugrunde gehen! Wir haben sehr gute Ärzte, sehr gute Wissenschaftler. Doch, eingeschlossen in die vier Wände ihrer Kliniken, Labors und Forschungsstätten, ausschließlich auf sich und ihre Kollegen aus dem Osten angewiesen, werden sie immer weiter zurückbleiben, und schon nach wenigen Jahren werden solche Verluste und Rückstände in der Wissenschaft nie wieder ausgeglichen.

Darum ist die Politik der Isolierung Polens von der Welt nicht nur kleinlich, sondern katastrophal. Kläglich sind die Miniambitionen unserer Behörden, die beschlossen haben, den widerspenstigen Reagan zu bestrafen und zu diesem Zweck die wissenschaftlichen und kulturellen Kontakte Polens mit den USA auf ein Minimum zu begrenzen. Ich sehe schon die Panik jener Ärzte in Houston, die ausgerechnet im Krankenhaus von Radom zu operieren gelernt haben und plötzlich Polen verlassen müssen, um in ihre elenden texanischen Kliniken zurückzukehren!

Doch das ist kein Thema, das zu übermütigem Spott verleitet. Wir werden dafür mit Krankheiten und mit der Bedrohung menschlichen Lebens bezahlen. Denn das schlägt sich fatal auf die Gesundheit unserer Bürger nieder, auf das Niveau unseres Lebens, auf unsere gesamte Zukunft.

Rußland ist eine Großmacht. Die Russen haben ein Imperium errichtet, in dem die Sonne nicht untergeht. Gegen Rußland ist Polen ein kleines, schwaches Land. Und doch kann sogar dieses riesige, mächtige Rußland, vor dem Millionen von Menschen auf allen Kontinenten beben, nicht existieren ohne westliches wissenschaftliches Denken, ohne westliche Technik und Erfindungen. Die Russen haben ungeheure Erfolge auf militärischem Gebiet, sie haben die mächtigste Armee der Weltgeschichte geschaffen, aber im Bereich des Fortschritts von Wissenschaft und Technik liegen sie weit hinter der westlichen Welt, weil das sowjetische System äußerst schwerfällig ist und mit dem westlichen nicht konkurrieren kann. Wenn sich also Rußland den Luxus der Isolierung nicht erlauben will, was soll man dann von Polen sagen!?

Ein Problem für die Arbeit der Politologen und Philosophen: Gibt es eine Grenze des Absurden?

Januar

Eine seltsame Aura hat dieser Januar. Jeder neue Tag entspricht klimatisch der Stimmung der weitaus meisten Passanten. Nebel, Nieselregen, grauer Himmel, Halbdunkel; die Prognose für morgen ist ungewiß und widerspricht im Grunde der Aura.

Der Januar pflegt bei uns frostig zu sein, die Welt ist dann weiß, Schneehauben auf den Bäumen, Schneewehen auf den Bürgersteigen. Die Luft wirkt rein und frisch, sogar in einer Stadt mit dermaßen verwüsteter natürlicher Umwelt wie Warschau. Die Teiche im Łazienki-Park sind eisbedeckt, morgens sieht man an den Baumstämmen und den blattlosen Zweigen silbrigen Reif. So pflegt der Januar in Masowien zu sein.

In diesem Jahr nieselt ein feiner warmer Regen. Der gespenstische Warschauer Smog hängt über den Straßen wie ein schmutziges Scheuertuch, die Bürgersteige glänzen feucht, alles rundum ist matschig, unbestimmt, unentschieden, modrig. Es ist kein windiger Oktober mit Herbstdüften und märchenhaften gold-roten Sonnenuntergängen. Es ist auch kein März, gewöhnlich wolkig und feucht, aber doch das herrliche Vorgefühl neuen Lebens in sich tragend. Das Morgenlicht im März ist fröhlich und heftig, die Sonne steht schon früh ziemlich hoch am Himmel, ihre Gegenwart dringt durch die vom schnellen und immer wärmeren Wind getriebenen Wolken. Im Oktober und März weiß der Mensch, was ihn erwartet, er ist auf den nächsten Tag vorbereitet. Jetzt erwachen wir in einer Welt der Hinterhalte und Überraschungen. Der Oktober ist zumeist traurig, doch seine Traurigkeit ist rein, sie entspricht unserer Natur, die ja auch im Abschiednehmen den Geschmack des Lebens findet. Die gegenwärtige Januar-Traurigkeit hat etwas Demütigendes an sich, weil es ein unechter, weil es ein beschämender Januar ist.

Ich schleppe mich einsam durch die feuchten, dunklen Straßen. Sawa leidet an Rheumatismus. Sogar der Hund riecht die Anwesenheit dieser Januardüfte, er besucht ungern seine Bäume von früher, als gehörten sie ihm nicht mehr, als hätte man ihm diese Bäume weggenommen. Zu Hause stöhnt er, zu meinen Füßen liegend, leise im Schlaf. Er träumt wohl vom Frühling, einem besseren Stück des Lebens.

Ich habe keine solchen süßen Träume. Der Januar hat mich wieder in den Morast getaucht. Und ich denke, alles liegt hinter mir, etwas unerhört Wichtiges ist für mich zu Ende gegangen.

Und gleichzeitig kommt mir jede Viertelstunde fern vom Schreibtisch, der Schreibmaschine, dem Blatt Papier vertan vor. Ich möchte schreiben. Von morgens früh bis abends spät schreiben – sonst nichts! Noch nie habe ich das Bedürfnis zu schreiben stärker empfunden. Ich habe mehrfach Zeiten des Wahnsinns erlebt und ganze Tage am Schreibtisch verbracht, aber da war ich gleichsam heiß und unbeherrscht, etwas in mir zappelte heftig, ich mußte mich dessen entledigen, was in mir steckte. Ich schämte mich, denn dieses schmerzhafte Bedürfnis zu schreiben hatte etwas Graphomanisches an sich, mich genierte damals der Mangel an Distanz und handwerklicher Kühle. Die Furie ist gewöhnlich schamhaft und nicht allzu ernst!

Jetzt spüre ich keine Furie. Mich schmerzen keine inneren Gehalte, im Gegenteil, ich fühle mich leer. Und wenn ich mich an den Schreibtisch setze, so nur, weil ich dann das Gefühl der Sicherheit habe. Es steckt eine sonderbare Ruhe in dieser mühseligen Arbeit, Wort für Wort, Satz für Satz, mit Überlegung, ohne Eile, mit geheimer Freude, wenn ich da aus Worten und Sätzen eine Schanze aufschütte, einen hohen Wall, hinter dem ich mich vor der Welt verstecke. Ich denke, früher, in den Tagen wahnsinniger Arbeit war mein Schreiben siegreich, gierig, ohne Rücksicht auf das literarische Resultat. Heute dagegen finde ich im Schreiben Schutz, es ist ein Fluchtversuch. Doch enthält es auch eine verführerische Freude, die ich früher überhaupt nicht empfunden habe. Damals ärgerten mich zwar die modischen Ergüsse verschiedener Schriftsteller, die dem Publikum ihre schöpferische Qual, ihren Haß gegen die Feder und das Blatt Papier beichteten . . . Das roch mir nach Getue. Wenn es eine so entsetzliche Qual war, konnten sie doch eine nützliche Arbeit aufnehmen wie die Tischlerei oder den Gemüsehandel. Ich habe schöpferische Qual nie kennengelernt, ich mochte meine Beschäftigung, sie schenkte mir eine Menge unschätzbarer Erlebnisse. Doch lag darin Aggressivität, Leidenschaft, Temperament. Jetzt bin ich abgekühlt. Ich setze mich ohne große Emotionen an den Schreibtisch, denn gerade in diesem Augenblick verläßt mich die innere Panik oder – bescheidener ausgedrückt – die innere Unruhe!

So ist es, der Schreibtisch ist für mich zur letzten Barrikade geworden.

Anna Seghers

Wieder lese ich *Das siebte Kreuz*. Es gibt nicht viele Bücher, zu denen ich soviel Liebe und Zuneigung empfinde. Sooft ich mich verloren oder von Hoffnungslosigkeit bedrückt fühle, greife ich zu Anna Seghers' schlichtem, schönem und klugem Roman. Wieviel Glaube an den Menschen, an das, was in ihm unzerstörbar und erhaben und gleichzeitig auch still und bescheiden ist, steckt in diesem Buch. Eine Galerie gewöhnlicher Menschen, ein Panorama der restlos zerschlagenen und atomisierten Gesellschaft; dennoch dauert sie fort dank dem stillen Heldentum und der Solidarität der Wenigen, die die eigene Würde und Loyalität den Prinzipien gegenüber höher stellen als das Leben.

Ich habe Anna Seghers vor etwa zwanzig Jahren kennengelernt, in einer etwas seltsamen und nicht authentischen Situation, nämlich auf dem von Fackeln beleuchteten Hof der Wartburg. Auf den Zinnen der Mauern hielten Hellebardenträger Wache. Beidseits der Zugbrücke standen Trompeter in Pluderhosen und Metallkürassen, flache Helme auf dem Kopf. Weiter hinten im Hof brieten auf kleiner Flamme Ferkel, Puter und Kälber. Die Regierung der DDR gab einen Empfang für die Schriftsteller der ganzen

Welt, die am Kongreß zur Verteidigung der Kultur teilnahmen. Der Empfang fand in den Sälen der Wartburg statt, mit Beteiligung der Prominenz aus Berlin, doch die eigentlichen Gastgeber waren Anna Seghers und Arnold Zweig.

Frau Seghers, sehr klein und grau, versuchte, ihren Gästen Interesse zu bekunden, fühlte sich aber vermutlich nicht recht wohl inmitten dieses neureichen Pomps und dieses unklugen Mittelalter-Spiels. Von einem ernsten Gespräch konnte man nicht einmal träumen, außerdem war niemand zu ernsten Gesprächen gekommen, das Ganze trug den Charakter einer propagandistischen Galavorstellung. Dennoch war ich froh, einige herkömmliche Worte mit Anna Seghers wechseln und ihr die Hand küssen zu dürfen. Schon damals verehrte ich ihr Werk, wußte aber nicht, daß *Das siebte Kreuz* zu einem der wichtigsten Bücher meines Lebens werden sollte.

Man muß es heute lesen. Mit den Erfahrungen von heute auf den Schultern! Im Zerschlagen menschlicher Bindungen sind wir zwar so weit noch nicht gekommen, befinden uns aber auf dem besten Wege. Immer noch vertrauen die Menschen einander, doch schon kann man jenem »furchtbaren Blick« begegnen, »der Taubstummen eigen ist oder sehr klugen Tieren, allen jenen Geschöpfen, deren Vernunft auf Lebenszeit eingesperrt ist und unmittelbar«. Doch wie bei Anna Seghers genügt ein einziger tiefer und bedeutungsvoller Blick, daß Menschen, die gestern Freunde waren und heute in Angst und Ungewißheit voneinander gingen, wieder Vertrauen gewinnen und das Gefühl der Brüderlichkeit!

Das siebte Kreuz enthält eine meisterhafte Analyse der Tyrannei, durch die Menschenherzen zerstört werden, und eine meisterhafte Analyse der menschlichen Solidarität, durch die die Tyrannei zerfällt. Vereinsamte, betrogene, verlorene, in Versuchung geführte Menschen finden, dank einer scheinbaren Kleinigkeit, plötzlich wieder, was sie einst verloren haben und was nun ihrem Leben Sinn und Würde zurückgibt. Anna Seghers ist Solschenizyn um einige Jahrzehnte zuvorgekommen; er hat die Erfahrungen des Menschen, der mit dem tyrannischen Staat ringt, in die heute berühmte Formulierung gefaßt, Freiheit sei gar nicht schwer zu erringen, es genüge nur, sie höher zu schätzen als das Leben! Trifft er diese Wahl, ist der Mensch immer und überall völlig frei.

Guter Gott! Man muß das 20. Jahrhundert erlebt haben, um diese Wahrheit zu begreifen. Die Schriftsteller des 19. Jahrhunderts haben den Geschmack solcher Entscheidungen nicht kennengelernt, nicht einmal Dostojewskij. Raskolnikow ist ein idyllischer Held im Vergleich mit den gewöhnlichen Menschen unserer Zeit. Die Hölle ist in ihm, während unsere Hölle rundum ist!

Im Kino

Fast zwei Jahre sind vergangen, seit ich zum letzten Mal im Kino war. Vor dem Dezember fehlte mir dazu die freie Zeit, die Welle der täglich neuen Angelegenheiten überschwemmte mich. Nach dem Dezember lagen mir die alten Gewohnheiten so fern, daß allein schon der Gedanke, mich ins Kino aufzumachen, mir idiotisch vorkam. Die Welt bebte in ihren Grundfesten, jeder Augenblick war dicht und schwer von echten Konflikten, und ich sollte mir den Kopf mit fiktiven Konflikten vollstopfen?

Ja, und vor nunmehr drei Tagen machte ich mich nach

langem Zureden daheim endlich auf ins Kino. Ein armseliger Kriegs- und Abenteuerfilm *Force Ten from Navarone*, ein Abklatsch der berühmten *The Guns of Navarone* und, wie üblich in solchen Fällen, mißglückt.

Dennoch tut es mir um den Abend nicht leid. Ein solcher Film füllt den Zuschauerraum bis zum letzten Platz. Ein zufälliges Publikum, aber fast ein Premieren-Publikum, weil der Film erst seit einigen Tagen läuft. Nach der langen Abwesenheit war ich ein bißchen erregt und neugierig. O du mein Gott, ich bin richtig ein wenig verwildert dort an meinem Schreibtisch . . .

Das Licht ging aus, die Wochenschau begann. Auf der Leinwand erscheint der Partei- und Regierungschef, umgeben von militärischer und ziviler Prominenz. Ein unbeschreibliches, dröhnendes Gelächter rollt durch den Saal. Die Leute heulen geradezu, manche pfeifen durchdringend, andere trampeln verbissen mit den Füßen, noch andere klatschen – und aus Hunderten von Kehlen ertönt ein höhnisches Gebrüll.

Als die Staatsmacht von der Leinwand verschwand, wurde es wieder still. Bilderchen aus unserem Leben. Ein kleines Durcheinander auf dem Bau, Schlamperei, Verschwendung, ein betrunkener Maurer schläft auf der Gartenbank. Im Saal leichtes Schmunzeln, teils wohlwollend, teils mitfühlend. Doch plötzlich schwafelt der Kommentator ironisch über das Unangemessene dieser Art von Arbeit – da bricht das Gebrüll im Zuschauerraum wieder los, man hört Pfiffe, Schreie, Gestampf.

Schließlich etwas völlig Betäubendes. Auf der Leinwand Momentaufnahmen aus der Geschichte der UdSSR. Es ist ja der 60. Geburtstag unserer brüderlichen Großmacht. Die Momentaufnahmen haben die edle Patina der Vergangenheit an sich, es sind alte Wochenschauen der zwanziger Jahre. Ausgehungerte Russen in elender Kleidung legen Eisenbahnschienen, kochen Stahl. Ihre Gesichter, Blicke, Gesten. Ich dachte, gewiß lebt keiner von diesen Leuten mehr. Ihre armen Knochen haben die Schlachtfelder des Krieges gedüngt oder liegen in den Fundamenten der Stalinschen Fünfjahrespläne. In diesen Bruchstücken alter sowjetischer Wochenschauen steckte ein unverfälschtes Pathos, das eine gestorbene Welt zeigte. Doch niemand im Kino empfand dieses Pathos. Denn wieder ertönte das höhnische Gebrüll. Es steht auf einem anderen Blatt, daß der Warschauer Kommentator Öl ins Feuer goß. Statt zu schweigen, statt den Bildern zu vertrauen, redete er dummes, flaches, kriecherisches Zeug. Alles Kriecherische aber beleidigte unsere Seelen besonders stark. Deshalb der Ausbruch wütenden Hohns.

Auf der Leinwand erscheint eine glatte, massive Felswand. Hunderte von Gestalten wimmeln wie Ameisen zu ihren Füßen. Die Russen bohren einen Tunnel der transsibirischen Eisenbahn. Doch auf dem Gipfel des Felsens sieht man ein gigantisches Relief – das Profil Lenins. Noch vollenden dort, über dem Abgrund hängend, ein Dutzend Menschen die künstlerische Arbeit. Mit riesigen Keilhauen ondulieren sie das Bärtchen des Revolutionsführers. Und der Saal brüllt, Wellen des Zorns rollen über die Köpfe der Zuschauer. Das ist der Zorn, der unsere Herzen vergiftet. Der hilflose Zorn angesichts all dieser unseligen Menschen, die längst gestorben sind, irgendwo zwischen Ural und Baikal. Doch dieser Zorn kann sich als vernichtend und schrecklich erweisen – hier und jetzt.

Sehr lehrreich war dieser Ausflug ins Kino. Später sprach ich mit regelmäßigen Besuchern. Ihre Meinung ist einhellig. Ich habe keineswegs einen besonderen Moment erlebt, solche Reaktionen des Publikums sind an der Tagesordnung, sie sind etwas Gewöhnliches.

Ich erinnere mich an die polnischen und sowjetischen Filme vom Anfang der fünfziger Jahre. Unbeschreiblicher Unsinn, flache und dumme Indoktrination. Ein Paar, junge Komsomolzen, erreicht nach gut erfüllter Pflicht auf dem Bau und nach allerlei Liebesabenteuern, die natürlich verstrickt sind in die Probleme der Arbeitsproduktivität sowie der imperialistischen Einkreisung, die Haltestelle, das heißt das Zimmerchen im neuen Wohnblock. Die jungen Leute haben keine Möbel, aber die Liebe im Herzen. Die Liebe zueinander? Wieso denn nur? Der Film endet mit einem rührenden Akkord. Der Komsomolze holt aus seiner Tasche eine Fotografie Stalins und hängt sie an die Wand des Zimmerchens. In das Gesicht des *Generalissimus* vertieft, wischt sich die Komsomolzin die Glückstränen ab. Damals gab es viel solche Filme. Und der Kinosaal nahm sie in gemessenem, demütigem Schweigen hin. Sicher, ein Teil der Jugend von damals betrachtete diese Szenen aus dem sowjetischen Leben mit einem gewissen Interesse, ja vielleicht sogar mit Faszination. Doch der überwiegende Teil wußte, daß er an einer Lüge und grausamen Absurdität teilnahm. Trotzdem schwiegen sie. Sie waren damals einige zwanzig Jahre alt, sie gehörten zur dezimierten Kriegsgeneration. Ihr heiliger Zorn wider Schande und Unfreiheit war auf den Barrikaden Warschaus und im Partisanenkrieg der Wälder ausgebrannt. Sie fühlten sich zersprengt und kraftlos.

Heute brüllen ihre Söhne vor Wut beim Anblick der Partei- und Staatsführer, und alles Sowjetische erfüllt sie mit Haß. Doch das Tragischste ist, daß sie, nach Hause zurückgekehrt, ihren alternden Vätern, die ihnen ein solches Polen erbaut haben, vor die Füße spucken. Denn ihre Väter saßen im Kino still, als der Komsomolze auf der Leinwand das Stalinporträt an die Wand heftete.

Die jungen polnischen Wölfe heulen. Jemand sollte sich hier besinnen, bevor sie zu beißen anfangen. Denn der Tag des Gerichts wird schrecklich sein. Für uns alle. Für alle ohne Ausnahme.

Aber ich habe die Hoffnung, daß noch etwas Zeit bleibt, um diesen Weg zu verlassen. Das ist Sache der Staatsmacht. Sie sollte sich demütigen, sie sollte das Volk um Verzeihung bitten. Anders gibt es keine Chancen, weder für sie noch für Polen.

Unsere Frauen

Schon ist mehr als ein Jahr verstrichen seit jener Nacht, doch immer kehren wir zu ihr zurück. Heute hat Ewa wieder davon erzählt, und ich habe aufmerksam zugehört und unendlich viel gefragt, obwohl ich doch – möchte man glauben – den Ablauf der Ereignisse auswendig weiß. Bei jedem Sich-Erinnern indessen bereichert sich das Bild, jede Schilderung Ewas setzt, je mehr Zeit vergeht, die Akzente anders. Auf diese Weise entsteht ein riesengroßes Mosaik von Fakten, Gefühlen, Gedanken, Gesten, das ergreifende Bild einer Katastrophe.

Ich denke, über diese Dezembernacht werden die Leute später Romane und Dramen schreiben. Vielleicht wird ein Film entstehen, grausam und schrecklich wie über den Ausbruch des Vesuvs und die Zerstörung von Pompeji. Und es wird schon nicht mehr die ganze Wahrheit sein, sondern nur eine Teilwahrheit, gesiebt durch die Erinnerung, durch

Erschütterungen, fieberhafte Notizen, also eine legendäre Wahrheit und auch eine ganz und gar historische, weil sie nicht individuell ist, sondern komponiert aus den Erlebnissen Tausender von Menschen, die Wahrheit über das Schicksal einer ganzen Nation.

Für mich am wichtigsten aber ist die Nacht, die Ewa erlebte. Ihre Nacht war schlimmer als meine. So ist es immer, wenn ein Mensch Entscheidungen fällen und handeln muß. Was mich betrifft, so saß ich erst in dem leeren Zimmer, später im Gefängnisauto, zum Schluß in der Zelle von Białołęka. Meine Erinnerung hat Sinneswahrnehmungen notiert. Stickige Luft, Kälte, Gestank, Stille. Im Grunde eine leere Nacht, eher absurd als gespenstisch.

Als man mich abgeholt hatte, lief Ewa zu Frau Wiesia, weil sie meinte, dort funktioniere das Telefon. Aber es funktionierte nicht. Sie fuhr zu Aniela. Aniela wußte genausowenig. Sie fuhr zu Janek. Sie weiß noch, beim Anziehen band er sich sehr langsam die Krawatte. Kazio D. erschien, sie unternahmen die weiteren Wege durch die Stadt gemeinsam.

Bei Karol alles dunkel und still. Bei Professor G. eine Gruppe verzweifelter, verlorener Menschen. Schon zu dieser Zeit, gegen drei Uhr nachts knüpften sich einige Fäden. Sie wußte, ich war es nicht allein! Für sie eine große Erleichterung. Eine ganz natürliche Reaktion. Bei Katastrophen stirbt sich's leichter, weil man nicht an seinen eigenen Tod glaubt, weil die Chancen, selbst gerettet zu werden, mit der zunehmenden Bedrohung anderer wachsen.

Der Kerl, der mich festnahm, hatte gesagt: »Wir bringen Ihren Mann zur Malczewskiego.« Folglich fuhr sie zur Malczewskiego. Janek und Kazio bestanden darauf, sie zu begleiten. Doch Ewa kann hart sein. »Ich kann es allein, ich bin seine Frau! Ihr würdet nur stören.« Sie blieben im Auto.

In der Eingangshalle standen zwei Milizionäre. Sie sagte, ich hätte meine Brille nicht mitgenommen, sie sollten sie mir geben. »Sie sind nicht mehr hier«, sagte einer der Milizionäre. »Waren es denn viele?« – »Liebe Frau, Massen...« Wieder Erleichterung. Sie fragte, was denn eigentlich vorgehe. Sie entgegneten, sie solle um sechs Uhr Radio hören. Der Kriegszustand sei verhängt.

Da fragte sie mit ihrer teuflischen Raffinesse: »Mein Gott, kommt ihr damit zurecht? Werden sie euch nicht helfen müssen?« Die Milizionäre schüttelten den Kopf. Einer von ihnen sagte: »Hol's der Schinder, liebe Frau! Wenn sie uns bloß nicht helfen wollten...«

Sie kehrte heim. Nervös saß sie im Sessel und hörte Radio. Um fünf Uhr früh wurde ein Fragment aus meiner Ansprache vor dem Kulturkongreß gesendet. Im Grunde muß gerade das für sie das Erschütterndste gewesen sein. Eine Stimme aus einer anderen Welt, die es nicht mehr gab.

Um sechs Uhr hörte sie die Ansprache von J.

Morgens standen Panzer und Panzerspähwagen auf den Straßen. Soldaten entzündeten Feuerchen. Stacheldrahtverhaue, Maschinengewehrnester, Patrouillen... Das Landschaftsbild einer belagerten, befestigten Stadt.

Und fast sofort ergriffen Menschen die Initiative. Übrigens hauptsächlich Frauen. Spontan entstanden Gruppen, die sich damit beschäftigten, Pakete für die Verhafteten zu organisieren. Andere erstellten aufgrund der von den Familien eintreffenden Informationen Namenslisten. Wieder andere liefen durch die Stadt und erkundigten sich nach dem Schicksal bestimmter Leute. Es geschah, was in Polen im Moment echter Bedrohung geschehen mußte. Soziale Disziplin, kühle Vernunft, Entschiedenheit, Arbeitsamkeit, Widerstandswille.

Sie wußte nicht, wo ich war. Die Nachrichten widersprachen sich. Die Festnahmen hatten bei Nacht stattgefunden, am Sonntag fingen die Leute erst an zu suchen. Doch schon am Montag schälte sich ein allgemeineres Bild der Ereignisse heraus.

Die ersten Tage verbrachte sie im Schriftstellerverband, wo eine gut organisierte, aktive Hilfs- und Betreuungsgruppe wirkte. Sie arbeitete an der Erstellung von Interniertenlisten. Und versteinerte langsam innerlich.

Es gibt etwas völlig Phantastisches in den Herzen der polnischen Frauen. Diese Herzen voller Liebe und Angst um die geliebten Männer ordnen sich in Momenten großer Bedrohung dem nüchternen Denken unter. Die polnischen Frauen, Geliebten und Mütter weinen nicht. In solchen Augenblicken halten sie einfach Wache, arbeiten und kämpfen.

Man kann einen Krieg gegen die Polen gewinnen. Gegen die Polinnen nie!

Und es gibt etwas Phantastisches, ein atavistisches polnisches Talent – die Präzision spontaner Organisation, wenn die Welt zusammenbricht. Dann beginnen die Menschen zu arbeiten wie Schweizer Uhrwerke. Kein Zögern, kein Zweifeln, keine Unruhe, keine Angst. Der gesamte menschliche Organismus ist einem Ziel untergeordnet, es geht um die Ausführung der anvertrauten Aufgabe! In den ersten Tagen nach dem 13. Dezember fielen die Leute um vor Müdigkeit, sie aßen nicht, sie schliefen nicht, sie liefen kilometerweit durch verschneite Straßen – weil etwas erledigt, etwas getan werden mußte im Interesse der Allgemeinheit, das ganz einfach zum Interesse Polens geworden war.

Der Kriegszustand hatte das ganze gesellschaftliche Leben desorganisiert. Die Staatsmacht, von ihrer Natur aus verworren und unfähig zu fruchtbringendem Handeln, hatte in dem Bestreben, die wankenden Strukturen des Staates in Ordnung zu bringen, sie restlos zerstört und dabei der Gesellschaft einen militärischen Schlag versetzt. Eine Lähmung hatte Warschau und das ganze Land befallen. Gerade in jenen Tagen war die Ratlosigkeit dieser blinden Kraft besonders gut sichtbar. Das Militär lagerte auf den Straßen, und die Befehle der Generäle kreuzten sich über den Köpfen von Millionen Menschen, ohne irgendein Ergebnis zu zeitigen. Wenn Privatpersonen viele Stunden, ja Tage drangeben mußten, um Informationen zu übermitteln, kann man sich vorstellen, daß sich die Hölle in der Wirtschaft auftat. Die Direktoren, gewohnt, Empfehlungen der Zentrale gehorsam auszuführen, auf selbständige Entscheidungen nicht vorbereitet und entsetzt vor der Verantwortung angesichts des Kriegszustandes – taten wortwörtlich nichts! Was sollten sie auch tun, ausschließlich angewiesen auf sich selbst, in einer Situation, da das Telefon nicht funktionierte, der städtische Verkehr krepierte und Reisen über Land ohne spezielle Genehmigungen der Militärbehörden verboten waren.

Irgendwann einmal in ferner Zukunft werden Nationalökonomen und Historiker ausrechnen, wieviele Milliarden der erste Monat des Kriegszustandes Polen gekostet hat. Schon heute aber ist bekannt: das Vielfache der Kosten aller Streiks, die von Solidarność im Verlauf der vierzehn Monate ihrer legalen Existenz verkündet worden sind.

Und in dieser Atmosphäre der Kopflosigkeit, in den Ruinen des kollektiven Lebens, unter den Bedingungen unaufhörlicher Bedrohung, als die Panzer durch die Straßen rasselten, an den Kreuzungen die Feuerchen der Soldaten brannten und nachts Menschen verhaftet wurden, als der Tag kurz war, weil es eine Polizeistunde gab, als man nichts zu essen hatte, der Schnee schüttete, der Frost zubiß und in Oberschlesien Bergleute fielen – in dieser Atmosphäre der großen Prüfung vollbrachten die Menschen einfache und gleichzeitig herrliche Taten. Das Band, das vom Militär mit einem Schlag zerschnitten werden sollte, verstärkte sich, die Fäden der Solidarität wurden zu dicken Stricken. Ich behaupte nicht, so sei es noch heute, nach vielen Monaten. Ich glaube aber, so war es damals, in den ersten Tagen. Die Nation nahm die ihr hingeschleuderte Herausforderung an! Daran glaube ich, habe ich doch ähnliche Augenblicke in der Vergangenheit durchlebt.

Am Mittwoch, dem 16. Dezember, erhielt Ewa meinen in Białołęka geschriebenen Brief. Und wie so oft in Augenblicken der Katastrophe, wenn der Mensch nicht weiß, was die nächste Stunde bringen kann, war der Brief mit einer Nachschrift versehen: »Dienstag, 23 Uhr. Ich bin irgendwo in Pommern. Die Bedingungen sind anscheinend besser. Ich küsse Dich!«

Ich weiß noch, als ich den Brief gleich nach dem Eintreffen in Jaworze abgab, fragte ich Oberst R., ob ich hinzufügen dürfe, wo ich bin. »Wenn Sie es wissen, fügen Sie es hinzu«, antwortete er. »Irgendwo in Pommern«, sagte ich. Er nickte. Ich fügte es hinzu.

Am nächsten Morgen hatte sie diesen Brief.

Geschrieben in Warschau, September 1982 bis Januar 1983

II

Aus dem Notizbuch zum Stand der Dinge

Schreckliche Verzweiflung
und süße Hoffnung

Phantome der Erinnerung. Unvermittelte Sprünge der Erinnerung.

Seit Jahren gehe ich häufig durch die Daniłowiczowska. Niemand weiß warum, aber das Stück zwischen der Senatorska und dem Dom pod Królami hieß einige Jahre vor dem Krieg Nowy Przejazd.

Früher verlief hier die Mauer (vermutlich ohne Fenster) eines Anbaus des Blanc-Palais. Hinter dieser grauen Mauer befanden sich die Magistratsämter. Rechts stand ein Haus, ebenfalls grau und nichtssagend. Dann bog die Straße ab. Dort gab es ein Tor und dahinter einen Hof mit Durchgang zur Kapucyńska. Als Junge habe ich mir hier den Schulweg abgekürzt.

Heute gehe ich recht häufig auf der Daniłowiczowska und denke überhaupt nicht mehr daran. Gestern aber – ich ging vorgebeugt und schirmte mich gegen den böigen Wind ab – blieb ich plötzlich stehen. Mein Herz schlug heftig. Ich lehnte mich an einen Baum. Eine Minute ungestümer, durchdringender Erinnerung. Hier habe ich mich verliebt. Hier an dieser seit Jahren gleichgültig begangenen Stelle habe ich mich schrecklich verliebt. Damals war ich zehn, vielleicht auch elf Jahre alt. Herbst, bewölkte, windige Tage. Das Mädchen etwas älter, vierzehnjährig. Sie trug einen dunkelblauen Mantel mit aschgrauem Kaninkragen, eine Baskenmütze und schwarze Schnürschuhe bis zu den Knöcheln. Ich habe nie ein Wort mit ihr gesprochen.

Ich bin ihr gefolgt. Sie ging mit einer Freundin, vielleicht auch mit einer Erwachsenen. Ich stand im Tor dieses Durchgangs zum Hof und schaute zu, wie sie näherkam. Wenn ich mich richtig erinnere, war das Mädchen entsetzlich mager und blaß, mit schmalem Katzenschnäuzchen und riesigen Augen. Sie wohnte irgendwo am Ende der Hipoteczna, vielleicht in dem Haus, wo sich das Kino befand. Ich ließ sie vorbeigehen und rannte dann gebeugt im Trab los wie ein Geheimagent oder ein Indianer. Mein Herz schlug, ich war äußerst erregt und unglücklich. Sie hat mich wohl nie beachtet. Vielleicht hat sie mich sogar nie gesehen. Doch lief ich ihr gelegentlich über den Weg. Dann schritt ich ihr entgegen, hoch aufgerichtet, mit entschiedenem Blick und sieggewohntem Auge. Die beiden unterhielten sich gewöhnlich. Einmal blickte sie mich an. Ich vermute, sie blickte rein zufällig auf und sah mich gar nicht. Doch dann schlief ich die ganze Nacht nicht. Ich litt. Schreckliche Verzweiflung und süße Hoffnung. Ich dachte an Entführung, an gemeinsame Flucht. Ich erschlug für sie Drachen und böse Menschen. Vielleicht zündete ich sogar Städte an. Vielleicht durchschwamm ich Ozeane.

Das war die große Liebe. Ich erinnere mich nicht, wie lange sie gedauert hat. Vermutlich einige Tage, womöglich einige Wochen. Später vergaß ich sie und sah das Mädchen nicht mehr. Wenn ich während der Okkupationszeit durch die Daniłowiczowska ging, dachte ich manchmal noch an sie. Mit einer gewissen Überlegenheit, Verachtung und der Distanz des Jungen, der keine Ozeane mehr durchschwamm, aber bereits nach Küssen jagte und in seiner Phantasie die Mädchen auszog. Sie kam mir häßlich und rotznäsig vor. Wäre ich damals einem solchen Mädchen begegnet, wäre ich gleichgültig vorübergegangen. Ich erinnere mich sehr gut, daß ich zur Okkupationszeit lange, dicke Strümpfe und Schnürschuhe verurteilte. Die Mädchen, die damals in meinem Leben auftauchten, trugen Pumps oder Holzschuhe mit dicken Sohlen. Sie machten sich sorgsam die Haare und dufteten nach Puder. Ich wusch mir damals oft die Hände und hatte keine Tintenflecke mehr an den Fingern. Ich war ein schlanker Verführer. Eines Tages fuhr ich mit einem bestimmten Mädchen in der Rikscha und hatte meine Hand auf ihr Knie gelegt. Ich dachte, die ganze Straße sehe das. Drachen erschlug ich nicht mehr. Städte zündete ich nicht mehr an.

Dann zündeten andere die Stadt an, und alles ging zu Ende. Warschau bekam ein völlig neues Gesicht. Es gab keine alten Winkel mehr. Es gab auch diesen Jungen nicht mehr.

Und dann spürte ich gestern plötzlich im Wind auf der Daniłowiczowska, wie gewöhnlich gebeugt unter der allgegenwärtigen Trivialität, auf dem Buckel meine Jahre schleppend wie einen schweren Sack, den heftigen Schlag meines Herzens. Ich erblickte das Mädchen, von dem ich nichts weiß, das vielleicht schon lange nicht mehr lebt. Sie trug wie damals einen Mantel mit Kaninchenkragen, eine Baskenmütze und Schnürschuhe. Die Täuschung hielt einen Augenblick lang an, sie erschien wie damals vor dem Hintergrund der Mauer, jetzt fehlte die Mauer, nur Luft, graue und unwirkliche Luft, und weiter die verkehrsreiche Ost-West-Ader und das Gebäude der Hypothekenbank. Sie hatte kein Ziel, es gab die Welt nicht mehr, in der sie sich einst bewegt hatte.

Ein Phantom der Erinnerung. Ohne jede Ursache.

Ich weiß nicht, ob ohne Ursache. Vielleicht gibt es etwas in der Erinnerung, das einem Transplantat gleicht. Und der

Organismus weist das ab. Die Empörungen der Seele sind unterschiedlich. Sie müssen gar nicht zornig und zerstörerisch sein. Nicht immer betreffen sie die großen Entscheidungen. Manchmal geht es nur darum, wieder für einen Augenblick, in einem minutenlangen Zwischenspiel, Drachen zu erschlagen und Städte anzuzünden.

Dann aber kehren wir zurück in Trivialität und Abwarten.

Seltsame Zeit

Noch vor einigen Monaten nannte ich so meinen gegenwärtigen Lebensabschnitt. Seltsame Zeit. Sehr viel Stille. Im Prinzip bin ich stets zu Hause, gleichsam außerhalb der Welt. Vor Jahren erschien es mir unmöglich, so zu leben. Ich schaute verschiedene Menschen an, von denen ich wußte, daß sie früher mächtig aktiv gewesen waren, dann aber abgerutscht (so empfand ich das – sie waren abgerutscht!) ins völlig Private, in die Abwesenheit. Ich kannte mehrere. Ich sah sie häufig auf den Wegen des Łazienki-Parks, einsame Gestalten, enorm ruhige Gestalten, keine Eile, keine Nervosität, wie sie typisch ist für unsere Alltagsgesten. Sie wirkten heiter, doch vermutlich nur nach außen, ein Gehabe für den äußeren Gebrauch. Ich vermutete, daß sich in dieser Situation der gesamte Organismus empört. Leberschmerzen, Probleme mit dem Kreislauf, flacher Atem. Früher strotzten sie doch von Aktivität, jeder Augenblick ausgefüllt, die Gedanken unaufhörlich im Fluß. Und nicht nur die Gedanken. Früher liefen sie immer, rannten über Bürgersteige, Fußböden, Teppiche. Plötzlich hatte das Leben sie angehalten, sie waren erstarrt vor dem

Hintergrund der Bäume im Łazienki-Park, auf den Bänken rund um das Chopin-Denkmal.

Ich hegte den Verdacht, sie hätten ein mühsames Innenleben, gleich einem vollgestellten Zimmer mit Koffern, Möbeln, altem Kram, unnötigen und abgenutzten Gegenständen, eines auf dem anderen, in Unordnung und einem Mief, der nicht erlaubt, tiefer durchzuatmen, Zimmer oder Bodenkammern, immer mehr vollgestopft, so sehr, daß man die Tür nicht mehr schließen kann. Ich hegte auch den Verdacht, daß in ihnen eine Lava ansteigt, die nicht abfließt, es kommt die Stunde, da sie ihnen in den Kehlen erstarrt – und sie sterben.

Nur eines wunderte mich. Die Menschen sind eigentlich krank, sie sind abgerutscht, und haben doch eine gesunde Hautfarbe. Ihre Runzeln haben sich geglättet, einige sind richtig verjüngt. Aber sie wirken schwerfällig. Ja, sie sind jünger geworden, aber abgerutscht. Sie sind abgerutscht, sie haben Wurzeln geschlagen, neue Säfte beginnen in ihnen zu kreisen. Es war ziemlich rätselhaft.

Da kam meine seltsame Zeit. Anders als zu ihnen, von einer anderen Seite, auf andere Weise; übrigens eine ganz andere Zeit, obwohl auch sie mir seltsam vorkam. Ich bin abgerutscht. Und doch kein Fallen, kein Gefühl fehlenden Gleichgewichts, beunruhigenden Schwindels im Kopf. Es war der Eintritt in die Stille. Viel Stille rundum, soviel, daß das Klingeln des Telefons weh tut.

Doch mein Eintritt in die Stille verlief wohl anders als bei jenen Menschen. Wesentliche Bedeutung hat der Punkt, von dem aus man in die Stille eintritt, und der Bereich, aus dem man kommt. Mein Bereich war ein Drama, aber kein individuelles oder – sagen wir – nicht nur persönliches, sondern ein allgemeineres. Ich meine nicht die Sphäre der

Werte, sondern die Reichweite dieses Prozesses, die Vielzahl der Einzelschicksale und in dieser Vielzahl auch mein Schicksal. Ich bin abgerutscht, aber anders, in anderer Verfassung.

Irgendwann einmal habe ich gehört, Menschen, die das Leben aus ihren eingefahrenen Gleisen geworfen hat, ließen sich in zwei Kategorien einteilen. Die einen sind frustriert, und jeder Tag vertieft das. Die anderen treten eine neue Spur. Bewußt, hartnäckig, manchmal geradezu heroisch, unter zahlreichen Opfern suchen sie einen neuen Pfad, finden ihn, betreten ihn und sind gerettet.

Das betrifft sicher die Enttäuschten, Verletzten, vielleicht sogar die Verlierer, die sich ihrer Niederlage bewußt sind.

Ich hatte ein anderes Bezugssystem. Rund um mich gab es nicht die Ecken und Kanten des Lebens, an denen jene, wie ich annehme, sich eines Tages recht plötzlich gestoßen haben. An die Kanten des Lebens habe ich mich längst gewöhnt, teils war es gnädig, teils hart, aber nie seidenweich, ohne tägliche Sorgen, ohne Unruhe, nicht einmal, als ich mich aus den Entbehrungen der ersten zwölf Nachkriegsjahre herausgerappelt hatte und mir nicht nur unbedingt Notwendiges erlauben konnte.

So hatte mein Eintritt in die Stille etwas Mühsames und anfangs Fremdes, Ärgerliches an sich – doch ging die alte Spur keinen Augenblick lang verloren. Ich möchte sagen, derselbe Weg, nur eine veränderte Landschaft, weil der Weg plötzlich abgebogen ist. Der Schritt verlangsamt, der Atem verlangsamt, der Gedanke verlangsamt. Zunächst beunruhigte mich dieser Rhythmus. Das war meine seltsame Zeit. Ich hatte mich noch nicht an dieses ruhige, sagen wir träge Denken gewöhnt, wozu der Mensch Zeit hat, wenn ihn nichts antreibt. Früher konnte ich die Gedanken nicht auf der Zunge zergehen lassen, sie ernährten mich gewiß (wie kann man anders leben!), aber es fehlte die Konzentration, das Verharren über einem Gedanken, einer Sache, wohl auch einem Menschen. Es hatte etwas Heidnisches gelegen in dieser Eile, in den Rationalisierungen, Objektivierungen, Generalisierungen.

Meine seltsame Zeit – heute schon die gewöhnliche, alltägliche Zeit, mit der ich verbündet bin, in der ich mich eingerichtet habe wie nie zuvor – kam im richtigen Augenblick. Ich glaube, sie wäre auch ohne das Drama zu mir gekommen. Denn schon seit langem empfand ich einen gewissen Mangel oder vielmehr eine Sehnsucht, mich über das Leben zu neigen, das Leben zu betrachten, ohne in der Strömung des Flusses zu schwimmen, mich ans Ufer zu setzen und zuzuschauen, wie das Wasser fließt.

Mein eigenes Wasser. Und das ganze polnische Wasser. Und das schwarze, schäumende, geheimnisvolle, aber doch weise Wasser der Welt.

Das Wasser zu betrachten und das andere Ufer zu betrachten. Dazu sind mir die Augen gegeben, daß ich betrachte.

Die Schweiz ist dem Himmel näher

Jede Beschäftigung ist irgendwie mangelhaft und unvollkommen. Mir scheint zum Beispiel, die katholischen Geistlichen (natürlich nicht alle!) verabscheuen die menschliche Natur. Wer aber weiß so viel von Gemeinheit und Elend unserer Herzen? Wenn man täglich von Sünden, moralischem Niedergang und bösen Absichten hört, kann man zu einer sehr schlechten Meinung über die menschlichen Neigungen kommen.

Ich beschäftige mich mit dem Schreiben, schöpfe aus der Literatur mein Wissen von der Welt. Jahrelang waren die Schweizer in meinen Gedanken von Frisch und Dürrenmatt geprägt. Also *Stiller, Homo Faber, Der Besuch der alten Dame, Die Panne, Das Versprechen.* Auf den Alpenpässen wallten Nebel. Durch die traurigen Straßen von Zürich und Bern (immer regnet es dort, immer ist es bewölkt, immer weht ein durchdringender Wind!) irrten neurotische, zweideutige Gestalten. Begüterte Barbaren, betroffen von metaphysischer Angst. Ich, der ich durch so viele Höllen gegangen bin und, fast seit ich denken kann, in so vielen Teufelskesseln geschmort habe, beobachtete eifersüchtig und bewundernd meine in ihre eigene innere Hölle getauchten Nächsten. Bei Dürrenmatt und Frisch ist stets dieses bezaubernde, köstliche 19. Jahrhundert gegenwärtig, als jeder Mensch seinen eigenen, privaten Teufel hatte, als noch die Hölle in den Menschen war und nicht die Menschen in der Hölle. Das letzte Fleckchen Europas, wo Dostojewskijs Erbe unangetastet geblieben ist.

Gewiß haben Frisch und Dürrenmatt recht. Das Böse treibt sich überall herum, die Schweiz kann da keine Ausnahme bilden. Doch was mich betrifft, so habe ich ein Glückslos gezogen. Hier also mein bescheidener Beitrag zu einem Traktat über die schweizerische Angelologie.

Im Frühjahr 1983 hielt ich in Zürich einen Vortrag. Es geht nicht um den Inhalt, in dem slawische Teufel zu Wort kamen. Nach dem Vortrag entwickelte sich jedoch eine Diskussion. Hinten im Saal erhebt sich von seinem Stuhl ein bärtiger junger Mann, sehr groß, rothaarig, mit dem Gesicht eines Wikingers oder eher eines Alemannen (doch von den Alemannen wissen wir wenig, wir können sie uns nur mühsam vorstellen!), und stellte mir eine überraschende Frage. Es geht um die Erinnerung an das KZ, um die heutige Bedeutung des KZ in meinem Leben.

Ich war konsterniert. Wie sollte ich diese Frage beantworten? Daß ich eigentlich ganz und gar von dorther komme? Daß mich das für mein weiteres Leben geprägt hat? Das wäre eine wahrhaftige Antwort gewesen, aber keine vollständige, weil sie sich auf die Sphäre der Werte bezogen hätte, aber keineswegs auf die Sphäre der Erinnerung. Ob ich mich erinnere? Eigentlich – erinnere ich mich nicht! Die Jahre verwischen die Erinnerung an Einzelheiten, man bewahrt in der Erinnerung eine Geste, einen Geruch, eine Farbe, aber keine Bilderfolge. Die Erinnerung an Sachsenhausen ist seit langem nicht mehr in mir gegenwärtig. Ich könnte nicht leben, wäre sie ständig gegenwärtig.

Es gab viel Zögern und Unsicherheit in mir, während ich über die Antwort nachdachte. Der junge Mann wartete wachsam, er stand hinten im Saal, ich sah den Fleck seines Gesichts und seinen kupferroten Bart, der auf die Jacke fiel. Er wünschte eine Verallgemeinerung, eine Synthese. Es gibt aber so viele KZs, wie es KZ-Häftlinge gibt. Ich habe in dieser Angelegenheit so viele flache, manchmal geradezu triviale Meinungen gehört, so viele scheinbare Interpretationen, aber wenig Wahrheit, nicht über den faktischen Bestand, sondern über die Mechanismen unserer Erinnerung, über das Geheimnis dieses Erlebens, wenn es sich bereits aus der Wirklichkeit in den Bereich der Erinnerung und der geistigen Erfahrung verschoben hat – daß ich dem Burschen gegenüber wehrlos war. Ich antwortete kurz, vielleicht sogar mit einem versteckten Vorwurf.

Das wäre ein Zwischenfall ohne Bedeutung gewesen,

hätte nicht an diesem Abend Frau B., eine unendlich taktvolle Dame, dreihundert Jahre Zürcher Patrizier-Tradition in jedem Wort und jeder Geste, hätte nicht Frau B. gesagt, dieser junge Mann sei ungeheuer befangen und angespannt gewesen, er sei eine sensible Natur und leide tief unter dem Krieg und Hitler. Zum ersten Mal begegnete er nun einem Menschen, der das alles selbst erfahren hat. Der Bursche kam erregt zu meinem Vortrag, er zögerte lange, ob er überhaupt um das Wort bitten und eine für ihn so wichtige, dramatische Frage stellen sollte. Frau B. war der Ansicht, meine Antwort müsse für den jungen Menschen unbefriedigend und enttäuschend gewesen sein.

Sie selbst gehört zur Nachkriegsgeneration, ihr Wissen um jene Zeiten ist folglich von Natur aus begrenzt. Sie hat mir erzählt, sie sei als kleines Mädchen zufällig in einer alten Zeitung auf ein Hitlerporträt gestoßen. Ihre Mutter habe die Zeitung vernichtet und dem Kind gesagt, es gehöre sich nicht, das Gesicht dieses Menschen anzuschauen. Als Frau B. einige Jahre später, schon in der Schule bestimmten Fakten aus dem Krieg 1939–1945 begegnete, war sie tief bewegt und erschüttert. Ich hätte deshalb den emotionalen Zustand des jungen Mannes bei meinem Vortrag verstehen müssen, es sei nicht gut gewesen, daß ich seine Frage so schroff und etwas widerwillig abgetan hätte.

Da begann ich, lange und kompliziert die Ursache meiner Hemmungen darzulegen. Es war ein besonderer Abend. Wir saßen im hellen, hübschen Salon auf weißen, bequemen Sesseln. Das sanfte Licht des Kronleuchters, draußen vor den Fenstern die Frühlingskronen der Bäume, sehr fern das Rauschen der Stadt. Der Eiswürfel klimperte in meinem Whiskyglas. Die Illusion unseres Jahrhunderts.

Frau B. lauschte wie gelähmt. Ich erinnere mich an ihr

weißes Gesicht ohne einen Tropfen Blut, an ihre Augen ohne Licht, die Augen einer Blinden. Ich hatte keine Ahnung, daß meine Erfahrung so schrecklich wirkt, daß mein Leben, das gewöhnliche Leben von Millionen Polen in der Kriegszeit, jemanden umwerfen, ein Erdbeben erzeugen könne. Ich glaubte, ganz ruhig zu sprechen, bedächtig, ohne Emotion. In mir waren diese Emotionen vor Jahren erloschen, immerhin war es ja nur ein Teil meiner Biographie, ein wichtiger, ja, aber doch nur einer von vielen. Mein Leben ist ein ganz gewöhnliches polnisches Leben, wir haben unsere Toten schon vor langer Zeit beweint, unsere Wunden schon vor langer Zeit ausgeheilt. Für mich war es ein trauriger Abend, ich meide solche Abende, doch hatte ich keine Ahnung, daß ich Dämonen herbeirufen würde.

Aber Frau B. ist Schweizerin, der bärtige Bursche beim Vortrag ist Schweizer. Erst später, erst bei dem seltsamen Abendgespräch sprang mich diese Tatsache an!

Bei meinen Besuchen in Deutschland habe ich oft über diese Dinge gesprochen. Hauptsächlich mit jungen Leuten, weil sie solche Gespräche wünschen. Sie sind verletzt. Einmal, als ich sagte: »Man muß vergeben!«, rief ein junger Mann in Hamburg in höchster Erregung: »Sie können vergeben! Wir nicht.«

Solche Gespräche in Hamburg und im Rheinland sind lehrreich. Für mich – und für sie auch. Doch der Teufel sitzt nicht im Sessel nebenan und scharrt nicht unter dem Tisch mit dem Huf. Denn wenn ich mit Deutschen rede, steckt darin eine gewisse Gemeinsamkeit. Wir haben aus derselben Schüssel der Verworfenheit gegessen. Ich auf der einen Seite der Schüssel – ihre Väter auf der anderen. Sie wie ich, wir sind eingebunden in unser schreckliches, gemeinsames Europa.

Frau B. aber wurde ohnmächtig. Es gibt eine Erfahrungs-
schwelle, die man in diesen Alpentälern nicht überschreiten
darf. Sehr viel Edelmut, sehr viel Toleranz – und ein großes
Loch in der Geschichte.

Das bedeutet nicht, die Schweizer seien ärmer. Ganz im
Gegenteil – sie sind reicher! Denn eine bestimmte Unwis-
senheit ist ein Reichtum des Menschen. Sind wir denn
durch das Leiden, das uns zuteil wurde, besser geworden?
Hat diese Hekatombe uns mehr zu Menschen gemacht?
Adeln uns diese Gräber, die Asche, das Unglück? Die Tatsache, daß ich gelitten habe, ist nicht meine Tugend, ebenso
wenig wie die Tatsache, daß die Welt den Schweizern diese
Leiden erspart hat, ihre Sünde sein kann.

Und dennoch ist es das Schönste und Wertvollste an den
Schweizern, daß sie sich irgendwie mitschuldig fühlen.

Deshalb stellte der junge, bärtige Bursche mir diese
Frage. Er wie Frau B. gehören einer besonderen Kategorie
Menschen an. Sie möchte die Leiden anderer kennenlernen,
um einen kleinen Teil davon zu übernehmen. Das ist keine
ungesunde Neugier. Das entsteht aus der Unruhe reiner
und höchst sensibler Gewissen, die den eigenen moralischen Komfort als eine bei der grausamen Welt aufgenom-
mene Schuld behandeln.

An diesem Abend in dem hellen, weißen Zürcher Zimmer befand ich mich nahe jenem Himmel, dessen Bruchstück jeder von uns in sich bewahrt.

Wachsein und Träumerei

Während unserer Pilgerfahrt zum Papst haben wir Tage eines wunderbaren Wachseins, des vollen und scharfen Bewußtseins der eigenen Existenz erlebt. Ewa und ich, wir lieben die Menge nicht, sie beunruhigt und lähmt uns. Und doch, an diesem Tage, auf der Poniatowski-Brücke, von der Welle der Menschen zum Stadion in Praga getragen, empfanden wir nicht nur vollständige Sicherheit, sondern auch dieses gute Wachsein, diese gute, von allen Einbildungen freie Wachheit.

Das Paradoxe, das Polnische dieses Gefühls ist frappant. Immerzu dachte ich an Antoni, an seine wundervolle Geschichte aus *Wachsein und Träumerei*. Die Welt unserer realen Bedingungen zerfiel plötzlich, alles wurde lächerlich, unwichtig, es war eine Träumerei unbeholfener, zwischen den Dingen, Wörtern, Gesten gefangener Sinne – und nun traten wir ein ins Wachsein, in die echte Wirklichkeit, in die polnische Konkretheit. Ich spürte damals diese Veränderung physisch. Plötzlich hatte ich wieder Arme und Beine, war ich wieder gänzlich ich, Beherrscher meiner Selbst, Herr meiner Entschlüsse. Dieser gewöhnliche Mensch aus Fleisch und Blut, dieser polnische, aus Wadowice stammende Priester hat uns durch seine Anwesenheit das Wachsein des Lebens wiedergegeben, seine reale, unverlogene Dimension. Wir waren aufgewacht, wir hatten Träumereien und Einbildungen abgeschüttelt, die Dämonen hatten keinen Zugang mehr.

Ich sah ihn von weitem, wie aus der Vogelschau. Ich stand dicht am oberen Rand des Stadions, er fuhr unten, neben dem Rasen vorbei. Da hatte ich eine seltsame Vielfalt des Sehens, ich war von ihr wie gelähmt, aber sie wunderte mich nicht. Ich sah das Gesicht des Papstes wie durch ein starkes Fernglas, sah aber auch die Gesichter der anderen Menschen, Tausende von Gesichtern, jedes anders, deutlich und für sich. Und ich sah eine noch nie bemerkte Buntheit des Stadions, neue, bekannte, irgendwann und irgendwo existierende Farben, die aber im täglichen, schläfrigen Leben nicht auftreten.

Das war keine Phantasterei. Vor Jahren habe ich aufgrund der Berichte Kazio Moczarskis über etwas Ähnliches geschrieben. Als er im Gefängnis saß, schon nach dem Todesurteil, entwickelte sich in ihm während dieser mehr als zwölf Monate Wartezeit ein schrecklicher und wundervoller Sinn. Durch die Zellentür erkannte er am Geruch jeden Wächter. Er hörte Schritte und Atemzüge von Wächtern, aus einem anderen Stockwerk. Er verstand Worte, die weit weg und im Flüsterton gesprochen wurden, so daß es an ein Wunder grenzte. Kazio war damals ganz und gar ein vibrierender, wachsamer Sinn. Später, als er in die Welt zurückkehrte, verschwand diese Fähigkeit restlos.

Die Nähe des Papstes schärfte das Bewußtsein. Es gab rund um uns keinen Nebel der Existenz, keine verschattete Seite der Erde. Wir sahen, wir hörten, wir dachten!

Zufällige Beobachter, die sich bemühen, Polen durch »des Weisen Lupe« zu betrachten, aber auch die Schlaumeier aus manchen Kabinetten der Macht berichteten damals, nationale Träumerei habe sich unser bemächtigt. Diese jämmerlichen Rationalisten, die keine Formen sehen, keine Düfte riechen, keine Stimmen hören! Zur Zeit des Papstbesuches kam die ganze Armseligkeit dieses vordergründigen Denkens ans Tageslicht, zeigte sich die Unruhe dieser scheinbaren Rationalisten.

Selbstverständlich erklärten sie sich das später mit der

Angst vor dem »fanatisierten Pöbel«, sie erläuterten ihre Isolierung in Monologen vor dem Spiegel mit der kläglichen Dummheit und Unreife der Massen, die unfähig sind, ihre nüchternen Programme, ihre weitblickende »polnische Staatsräson« zu beurteilen. Doch die Monologe vor dem Spiegel hielten sie später, als die Angst von ihnen abgefallen war und wir wieder die Wirklichkeit betreten hatten. An jenem Tage in Warschau, als eine scharfsinnige und hellsichtige Menge den Papst begleitete – ging das polnische Wachsein auf Zehenspitzen auch durch die Reihen der Mächtigen. Irgendetwas erwachte sogar dort, und in den Worten der Macht erklang ein anderer Ton.

Während der Stunde im Belweder erblickte Polen das Wachsein in weißer Soutane und die Träumerei in Generaluniform.

Die Stimme des Generals versagte, seine Hand zitterte. Sein Gesicht war blaß, angespannt. Die Mehrzahl der Leute deutete das als Ausdruck der Angst, was seinem soldatischen Charakter nicht das beste Zeugnis ausstellt. Doch kann man diesen Augenblick auch aus einer anderen Perspektive betrachten, ihn in das Licht der Nachsicht und des Mitgefühls tauchen. Denn vielleicht war es eine schwere Viertelstunde in seinem Leben, eine der ergreifendsten. Vielleicht verkörperte diese weiße Gestalt in den Augen des Generals wie in den Augen von Millionen anderer Menschen die polnische Pflicht, die polnische Vergangenheit, die polnische Bestimmung. Vielleicht schwang nicht Angst in seiner Stimme, sondern die Erschütterung, die den Menschen befällt, wenn seine Erinnerung zurückgreift an seine eigenen Wurzeln, in seine entlegene Vergangenheit, als er noch zu Hause er selbst war, in einer kantigen und schlecht eingerichteten Welt, die umgebaut und verbessert werden mußte, aber doch dank ihrer Authentizität hundertmal mehr ihm gehörte. Vielleicht gab die Hand des Generals der Unruhe Ausdruck angesichts der großen Wahrheit des Polentums, die der Papst verkörperte. Diese Gestalt in Militäruniform zeigte das Leiden und die Demut des Sünders. Es ist zweifelsfrei eine Tatsache, daß sich damals im Belweder vor den Augen der gesamten Nation die Staatsmacht entgegen ihrem Willen und ihrer eigenen Absicht – vor dem Papst demütigte. Und weil der Papst identisch war mit Polen, demütigte sie sich vor Polen.

Obgleich viele Menschen dieses Geschehnis als ein Zeugnis der Angst verstanden, war es doch in den Augen der Nation der beste Tag des Generals. Seine Schwäche wurde gewissermaßen zur Eintrittskarte in die Gemeinschaft. Ein schwacher, sterblicher Mensch, stand der Nation, der Geschichte und Gott gegenüber, sündig, aber noch nicht endgültig der Hoffnung beraubt, daß ihm vergeben würde.

Später haben viele über ihn gespottet. Das war nicht gerecht. Denn was zitterte damals in ihm, wenn nicht Polen? Warum versagte seine Stimme, wenn nicht aus dem Gefühl, gegen Polen gesündigt zu haben? Er war sich doch seines Standes bewußt, er spürte doch die innere Anspannung, diesen schrecklichen Brand. Er vernahm das Beben seiner Stimme besser als jeder andere. Er hatte seine Willenskraft in die Waagschale geworfen, um gleichmäßig, ruhig, distanziert zu sprechen. Und er hatte es nicht vermocht!

Was bezeugt das? Zeugte das schlecht von ihm?

Als er Auge in Auge mit Polen stand, fühlte er sich klein, schwach, schuldig. Aber vielleicht auch für einen Augenblick ganz einfach glücklich . . .

Geschichte aus Wilna

A. erzählte eine traurige und bewegende Geschichte. Vor einigen Monaten machten er und Irena auf einer Autoreise Halt in Wilna. Sie waren nie dagewesen, die Stadt verführte sie. Ziellos liefen sie den ganzen Nachmittag durch die Straßen. Als sie abends auf das Hotel für Ausländer zugingen, nähert sich ihnen ein armseliges Menschlein über sechzig, unrasiert, tränende Augen, das rechte Bein verkrüppelt. Er nähert sich mit entschlossenen Schritten, das Bein nachziehend, und als sie sich auf dem Bürgersteig begegnen, sagte der Vagabund leise: »Sind Sie Deutscher?« A. konnte noch ein kurzes »nein« herausbringen, da war er schon weg.

Sie blieben stehen. Der Vagabund schlug einen Kreis, ging auf die andere Straßenseite, kehrte dann zurück, nähert sich wieder. Er blickt wie in Gedanken versunken auf seine Füße. A.s Schulter streifend, fragt er flüsternd: »Oder Österreicher?« A. nickt bejahend. Aber jener geht wieder fort.

Schon wollen sie das Hotel betreten, da erscheint er zum dritten Mal. Er beugt sich vor, als wollte er seine Schnürsenkel richten, und sagt: »Geht mir nach in den Park. Ich bitte sehr darum.«

Irena war davon nicht begeistert, doch A., von dem Abenteuer erregt, entschließt sich. Also gehen sie. Der Vagabund humpelt voran, die beiden folgen ihm in erheblichem Abstand. Schließlich gelangten sie in einen Park. Leere, Dämmerung. Sie setzten sich auf eine Bank. Erst lief der verkrüppelte Mensch in der Nähe herum und redete, dann setzte er sich mit wachsamem Blick ans andere Ende der Bank.

»Sind Sie aus Wien? Ja? Gott sei Dank! Ich war dort. Ich

habe zwei Jahre als Dolmetscher gearbeitet. Wie Sie hören, spreche ich bis heute fließend Deutsch. Ich habe dort ein Mädchen kennengelernt, sie heißt so und so... Bitte notieren Sie nicht, bitte nichts notieren. Sie müssen das auswendig lernen. Die Anschrift lautet...«

Er beschrieb das Haus. Mit den kleinsten Einzelheiten. Er beschrieb das Treppenhaus, die Wohnung, die Möbel, das Tapetenmuster im kleinen Salon, die Farbe der Vorhänge, die Bilder an den Wänden. Fast vierzig Jahre waren vergangen, und er hatte jede Einzelheit behalten.

»Sie hieß Mathilde Mettenmeier. Blonde Haare, blaue Augen, zarte Haut. Immer trug sie helle Kleider und Pullover. Wir liebten uns. Wir wollten heiraten. Wir waren sehr glücklich.«

Er sprach voller Zärtlichkeit von dieser Mathilde, seine Augen glänzten vor Rührung.

»Grüßen Sie sie, teilen Sie ihr mit, daß bei mir alles in Ordnung ist. Ich denke immer an sie. Das Leben hat's nicht gut mit uns gemeint.«

Er war sehr bewegt. Seine Hände zitterten. Irena fühlte sich von diesem Gefühlsausbruch geniert, vielleicht sogar erschreckt. A., wie üblich nüchtern und beherrscht, sagte in einem bestimmten Augenblick, es seien doch fast vierzig Jahre vergangen, womöglich wohne Mathilde gar nicht mehr in diesem Haus, soviel Wasser sei die Flüsse der Welt hinuntergeflossen. Jener widersprach heftig.

»Was soll sich in Wien verändert haben, bitte schön? Warum soll sich etwas verändert haben?«

Erst da empfand A., ein gebürtiger Wiener, das Tragische dieses Gesprächs. Was konnte sich in Wien schon verändert haben? Tatsächlich. Im Vergleich mit dem Leben dieses verkrüppelten Mannes konnte sich in Wien nichts verändert haben. Eine statische, unbewegte, herrliche Welt irgendwo am Rande des Planeten.

»Wie soll ich Ihnen die Antwort übermitteln?« fragte A.

»Es bedarf keiner Antwort. Das ist unmöglich. Grüßen Sie sie, erzählen Sie ihr von meinem Leben.«

Von einem Tag zum anderen hatte er damals Wien verlassen. Er hatte schwere Zeiten durchgemacht. Viele Jahre verbrachte er in der Verbannung weit hinten in Asien. Am Ende hatte er als Krankenpfleger in Wilna Fuß gefaßt. Er lebte allein. Damals war es ihm nicht gelungen, ihnen beiden war es nicht gelungen, so etwas kommt vor in der Welt.

Als der Mann in der Dämmerung zwischen den Parkbäumen verschwand, glaubte A., das ganze Gespräch sei Einbildung gewesen. Irena schrieb gleich nach der Rückkehr ins Hotel entgegen den Bitten des Vagabunden Mathildes Adresse auf. Irena war an Computer, Tonbänder, Kassetten gewöhnt, an die leichte Gewißheit, die die moderne, immer griffbereite Technik dem Menschen gibt. Sie beide, Irena und A., trauen ihrem Gedächtnis nicht mehr.

Aber sie sind redliche Österreicher. Einige Tage später kehrten sie nach Wien zurück. Sofort suchte A. diese Mathilde im Telefonbuch, fand sie jedoch nicht. So fuhr er zu der genannten Adresse. Was konnte sich in Wien verändert haben, bitte sehr? Das Haus steht, wie es gestanden hat. Genau dasselbe. Dieselben kleinen Balkons, die Apotheke an der Ecke, daneben der Posamentenladen. Er betrat das Treppenhaus. Das dunkle, glänzende Geländer aus der Erzählung des Vagabunden begrüßte ihn und auf dem Treppenabsatz die Figur der griechischen Göttin. Die Türklingel in Form eines Löwenrachens. Was konnte sich in Wien verändert haben?

Auf der Schwelle das Zimmermädchen.

»Frau Mathilde Mettenmeier? Ach, die Dame ist vor einem Jahr gestorben.«

A. war bewegt. Schon wollte er gehen, als das Zimmermädchen hinzufügte, die Dame sei jahrelang krank gewesen, doch dürfe man sich darüber nicht wundern bei einem so hohen Alter.

»In welchem Alter ist sie denn gestorben?«

»Sie war fast neunzig.«

»Unmöglich. Gab es in diesem Haus keine jüngere Mathilde Mettenmeier?«

»Aber ja doch. Sie meinen sicher Frau Holtze, geborene Mettenmeier?«

Frau Holtze war nicht zu Hause, also kam A. am nächsten Tag wieder. Eine elegante Dame begrüßte ihn, doch er bemerkte, daß ihr Haar gefärbt war. Feine Fältchen um die Augen, die Haut jung und frisch.

»Sie muß ein ›Lifting‹ hinter sich haben«, erzählte A. »Dazu eine prächtige Figur. Ihr Holtze ist Textilfabrikant.«

Sie erinnerte sich an nichts. Weder an den Namen noch an das Gesicht noch an das Ereignis selbst. Erst nach einer gewissen Zeit, als A. hartnäckig die Geschichte des Vagabunden wiederholte, als er die Spaziergänge auf dem Ring beschrieb, die Weinstube in Grinzing, wo sie einander ihre Liebe gestanden hatten, die Eskapade nach Baden – erst da erwachte etwas in ihr. Sorglos lachte sie auf.

»Es gab einen Moment, da wollte ich sie ins Gesicht schlagen«, sagte A.

»Ach, ich erinnere mich«, rief Frau Holtze. »Ein hübscher Bub. So schlank und immer ein wenig befangen. Und was macht er jetzt?«

»Ich wollte ihr von diesem unglücklichen Vagabunden

erzählen, in dessen Leben sie unberührt geblieben war, ein kostbares Kleinod. Aber ich sagte ihr, o ja, er fühle sich gut, er habe eine Frau und drei Kinder, er sei ein beliebter Arzt, er sei mehrfach in Wien gewesen, doch die knappe Zeit habe ihm einen Besuch nicht erlaubt, in Kürze würde er wiederkommen, vielleicht würde er dann . . .«

»Aber ja doch«, sagte Mathilde. »Es wird uns sehr angenehm sein.«

Als sie ihm zum Abschied die Hand reichte, klimperten die Armreifen an ihrem Handgelenk.

A. ging hinaus, stand lange auf dem Bürgersteig vor dem Mietshaus mit den kleinen Balkons, der Apotheke und dem Posamentenladen und ging dann fort, um sich zu betrinken.

Als er heimkam, behauptete er Irena gegenüber, Frauen seien Ungeheuer.

»Glaubst du wirklich, dort steckt der Schlüssel zur Seele der Frau?« sagte sie. »Wenn ja, dann verstehst du nichts. Dieser Schlüssel paßt zu einer ganz anderen Tür.«

Selbstverständlich hat Irena recht.

Orson Welles

In *Citizen Kane* erzählt einer der Helden von einer jungen Frau, die er vor dreißig Jahren während der Fahrt mit der Fähre von Brooklyn auf einer anderen, von Manhattan kommenden Fähre gesehen habe. Nur einen Augenblick lang, die Fähren entfernten sich im Nebel, doch fügt der Erzähler hinzu, diese Frau sei die einzige Liebe seines Lebens gewesen.

Als ich *Citizen Kane* zum ersten Mal sah, war ich jung und voller Hochmut. Ich hielt das Bekenntnis des alten

Bernstein (denn so heißt diese Figur) für aufgeblasen und sentimental. Trotz dieser Ansicht ist mir die Geschichte von dem Mädchen auf der Fähre für lange Jahre lebendig im Gedächtnis geblieben.

Citizen Kane ist ein genialer Film. An einige Szenen erinnere ich mich mit allen ihren Einzelheiten genau. Selbstverständlich ist meine Erinnerung unzuverlässig, und Kenner der Filmgeschichte könnten mir Irrtümer vorhalten. Doch die Dauerhaftigkeit großer Kunst beruht gerade darauf, daß das Werk eines großen Künstlers im Menschen zwar etwas anders Wurzel schlägt als im Original, aber trotzdem sehr tief. Ich erinnere mich an einige bewegende Szenen aus diesem Film, zum Beispiel an das Abbild des Haupthelden in den Spiegeln, die unendliche Vielzahl seiner Gestalten, als er, krank und von seiner Frau verlassen, ganz allein geblieben ist. Ich erinnere mich an den Kronleuchter in der Oper, als der Geliebten des Helden, einer mittelmäßigen Sängerin, während sie eine Arie singt, die Stimme piepsend überkippt. Und ich erinnere mich auch an die Geschichte des alten Bernstein.

Außer dieser Geschichte auf der Fähre ist alles andere reine Filmkunst. Eine neuartige und herrliche Bereicherung des Films. Später haben viele großartige Künstler großartige Filme geschaffen, im Grunde aber hat Orson Welles uns eine neue Kunst gelehrt, er hat uns zu Zuschauern im Kino gemacht, er hat neue Möglichkeiten entdeckt, auf unsere Sensibilität und Phantasie einzuwirken. So wie Picasso eine neue Art, auf die Plastik zu reagieren, geschaffen hat.

Doch bin ich nicht ganz kompetent. Vielleicht verdanke nur ich Welles so viel. Ich komme wieder zu der Geschichte auf der Fähre. Diese kurze Geschichte hat nichts mit Kino zu tun, sie ist reine Literatur. Sie wird nicht gezeigt, sondern mit Worten erzählt. Welles besaß eine untrügliche Intuition, ihm passierten nicht die Mißgriffe vieler anderer, schließlich auch guter Regisseure, die nach ihm kamen. Er wußte einfach, es gibt Dinge, die man weder vorführen noch in einem Bild ausdrücken kann, Lebensbereiche, in denen der Film nie zur Konkurrenz für die Literatur werden wird.

Es ist frappierend und bedenkenswert, daß selbst ein so großer Film wie *Citizen Kane*, selbst ein so großer Künstler wie Welles sich ratlos fühlte vor dem Phänomen des menschlichen Gefühls und in die Welt der Literatur fliehen mußte, um das Beben des menschlichen Herzens einzufangen und festzuhalten.

Abendstimmung

Abendstimmung. Ich sehe, wie es dämmert. Überall. Auch im Morgenlicht, auch auf der Höhe des Wintertages. Alles liegt im Schatten. Gegenstände, Gedanken, Wörter. Es gibt keine funkelnden Wörter mehr. Die Dinge haben ihren alten Glanz verloren. Die Gedanken sind grau.

Die Abenddämmerung ist gewöhnlich still. Es ist ein Moment, da die Welt zu Reglosigkeit erstarrt. So sehe und empfinde ich das. Die Reglosigkeit der Abenddämmerung. Bedeutet das, alles geht zu Ende? Und vor uns nur noch die Nacht?

Doch wenn es so ist, muß man sich mit dieser heraufziehenden Nacht abfinden. Man muß die Lampen anzünden. Oder die Laternen. Oder auch nur die Kerzenstümpfe.

Aber irgend etwas muß man anzünden.

Häßlichkeit

Gestern habe ich eine Schachtel mit alten Fotos durchgesehen. Ein Foto von vor vielen Jahren fiel mir in die Hand, es war in Lübeck entstanden, während eines Frühstücks bei den T.s. Ich sitze am Tisch, und Frau T. gießt mir aus der Kanne Kaffee ein. Ein grünes Tischtuch, weißes Porzellan, goldener Honig, Marmelade, Aufschnitt, Käse und natürlich herrliches Backwerk. Alles ist bunt, hübsch, geschmackvoll. Sogar ich bin bunt, hübsch und geschmackvoll.

Ich habe dieses Foto hinter Glas auf meinen Schreibtisch gestellt. Ich betrachte es mit Bitterkeit und dem Gefühl der Hoffnungslosigkeit.

Warum umgeben mich überall häßliche, geschmacklose, graue Gegenstände? Warum ist die Häßlichkeit so offensichtlich in unserem Leben? Häßliche Schuhe, Tapeten, Treppenhäuser, Wörter und Blicke.

Doch wir wollen nicht übertreiben! Wieviele schöne Frauen gibt es rundum . . .

Halbwahrheit

Vor einigen Tagen monologisierte Stefan W. bei seinem allwöchentlichen, »rituellen« Besuch mit Feuereifer über meinen *Steilen Pfad zum Himmel*, den er mit mehrjähriger Verspätung gerade gelesen hatte. Natürlich fühlte ich mich geschmeichelt. Stefan schien bezaubert und erschüttert zu sein. Doch nach einiger Zeit wurde mir bewußt, daß es sich gar nicht um meine Meisterschaft drehte. Er gehört einfach zu den Menschen, die die Kriegsjahre außerhalb unseres

Landes verbracht haben, folglich kennt er die Okkupation nur aus der Publizistik, dem Kino, den Büchern, den historischen Arbeiten. Vor allem aus mündlichen Berichten. Und nun begegnet er plötzlich in meinem *Steilen Pfad* einem deutschen Beamten im Generalgouvernement, der nicht nur Mitgefühl verdient, sondern Sympathie und Solidarität. Das Klima dieser Erzählung unterscheidet sich, wie Stefan sagt, entschieden von dem, was in unserer schriftlichen Darstellung jener Zeit und jener Menschen vorherrscht.

Nicht zum ersten Mal stoße ich auf dieses Dilemma. In unserem landläufigen Wissen, ja sogar tiefer, in unserem historischen Bewußtsein herrscht die Halbwahrheit vor. Heute ist das nicht mehr so deutlich, denn die Stafette der Generationen entwickelt sich, und die jüngeren Menschen können sich den Komfort einer geistigen Distanz zu den Okkupationserfahrungen leisten. Früher aber...

Nur ein Dummkopf stellt Heroismus und Hochherzigkeit Tausender von Menschen in Frage, die gegen die Nazis kämpften, litten und starben und so ihren Patriotismus und ihren Opfermut bewiesen. Doch Warschau war ja nicht die ganzen fünf Okkupationsjahre hindurch täglich von früh bis spät ein blutiges Schlachtfeld! Es war eine Stadt, die den Anschein des Normalen aufrecht erhielt, und darin sehe ich unter anderem die Tapferkeit und Reife von damals. Gegen das Entsetzliche zu leben, den Verfolgungen zum Trotz, zu überdauern und zu lieben, zu überdauern und zu träumen, zu überdauern und sich um das tägliche Brot zu kümmern, zu überdauern und an die Zukunft zu denken – das war die Warschauer Geisteskraft in jenen Jahren.

Die Menschen erlebten romantische Liebesabenteuer und Liebesdramen, sie heirateten und gingen auseinander,

Kinder wuchsen heran, man kaufte ihnen Spielsachen, alte Leute gingen auf den Plätzen spazieren und fütterten die Vögel. Kluge sagten Kluges, Dumme redeten dummes Zeug.

Schließlich tanzte man in dieser Stadt während des Karnevals bis zum Umfallen, es gab Kneipen, Konditoreien, vor allem private gesellige Zusammenkünfte. Die Leute spielten Karten, Billard, Schach, Fußball. Auf den Weichselufern sonnten sich an heiteren Sommertagen große Mengen von Warschauern. Man schrieb in Untergrundzeitungen und an den Häuserwänden: *tylko świnie siedzą w kinie*, nur Schweine sitzen im Kino, aber solche Schweine gab es viele, die Kinos machten nicht pleite, dabei waren sie doch privat wie die Läden, Werkstätten, kleinen Fabriken. In der Okkupationszeit kleideten sich die Frauen, so schön sie konnten, und die Männer gaben sich Mühe, ritterlich und geistreich zu sein.

Es war eine lebendige Stadt, in der manchmal Verzweiflung ausbrach, im Alltag aber spürte man eher Hoffnung, und das Gefühl für Humor und der Optimismus schienen die Warschauer Straße ungeteilt zu beherrschen. Man muß immer von neuem Bartoszewskis *1859 Tage Warschaus* lesen, diese redliche Chronik des täglichen Lebens, in der mehr Wahrheit enthalten ist als in allen unseren Filmen über die Okkupation, in der das ungewöhnliche Existenzklima der Stadt im Kriege überliefert wird.

Und noch mehr – Warschau war keine sündlose Stadt! Hier geschahen schreckliche Dinge, nicht nur vor unseren Augen, sondern auch mit unserer Beteiligung.

Es gibt über die Einstellungen von damals ein paar Wahrheiten, die bisher nicht aufgedeckt wurden, weil sie ein wenig beschämend sind und selbst nach Jahren wie eine

Beleidigung wirken. Geschichte aber bleibt Geschichte, und erst das Verschweigen oder die einseitige Interpretation sind wirklich beschämend und beleidigend.

Die Polen hatten keinen Quisling, sie ließen sich auf keine Zusammenarbeit mit dem Okkupanten ein. Das ist die fundamentale Wahrheit jener Zeiten. Aber eine ziemlich verbreitete Meinung scheint zu beweisen, daß diese Verweigerung der Zusammenarbeit unser Bessersein bezeugt, unsere moralische Überlegenheit im Vergleich mit den anderen Nationen Europas. Und darin steckt etwas Ungutes! Denn man muß doch eine grundsätzliche Frage stellen: Gab es unter uns keinen Quisling, weil kein Pole sich in eine solche Rolle drängte oder weil Hitler einen polnischen Quisling nicht wollte?!

In der Geschichte gibt es keinen Konditionalis, man darf also in dieser Sache nicht urteilen, ohne zu zögern, wir müssen uns vielmehr die Rolle bewußt machen, die der Krieg uns zugewiesen hat. Wir müssen uns über die Lage klar werden, in der sich die Polen, wohl ohne eine Chance der Wahl, befanden. Es ist fast sicher, daß wir keine Partner des Dritten Reiches in dem Sinne waren, in dem Hitler die Partnerschaft der Norweger, Dänen, Belgier und auch der Franzosen akzeptierte. Es ist fast sicher, daß wir zu grausamer Unfreiheit verurteilt waren, ohne jede Chance. Wenn es jedoch so ist, zeichnet sich das Problem eines polnischen Quisling oder polnischen Pétain ein wenig anders ab. Wenn es so ist, war es keine Sache der Wahl, sondern der fehlenden Wahl.

Und das Verhältnis zu den Juden? Ist das alles so eindeutig? Haben wir uns nichts vorzuwerfen? Es geht nicht um so dunkle Dinge wie den stinkenden Abschaum der *szmalcowniki*, *szmalcowniki* gab es überall, und die Rolle der

Franzosen, Rumänen oder Balten zeichnet sich schändlicher ab als die Kollaboration des polnischen Abschaums mit den Nazis. Aber ich würde gern ein Werk aus dem Bereich der Ökonomie und Soziologie lesen, das der wirtschaftlichen und gesellschaftlichen Analyse der Umverteilung materieller Güter aus jüdischer Hand in die polnische gewidmet ist. Der Umzug Tausender von Bewohnern Warschaus, aber auch anderer polnischer Städte, im Zusammenhang mit der Einrichtung der Ghettos hatte doch seine Folgen. Die Möbel, Preziosen, Kleidungsstücke, Bücher, Bilder, Kapitalien, Läden, Unternehmen, Arzt- und Anwaltspraxen. Zweifellos haben die Deutschen einen wesentlichen Teil des Raubs an sich gerissen. Aber den ganzen?

Das sind Sphären des Schweigens. Doch ein solches Schweigen ist Sünde. Es ist auch wie jede Sünde Ursache fataler Folgen. Denn es potenziert in der Welt die Anklagen von seiten eines bestimmten Teils der Juden, unter denen es auch welche gibt, die ohne Maß und ein Quentchen Ehrlichkeit aus uns Komplizen Hitlers machen wollen. Solche Anklagen tun uns natürlich Unrecht. Aber sie wären weniger heftig und hundertmal leichter widerlegbar, gäbe es nicht das polnische Schweigen oder, was noch schlimmer ist, das sinnlose, pathetische Leugnen. Diese Kleinlichkeit ist um so dümmer, als wir zur Kriegszeit ehrlich und redlich genug waren, um uns mutig zu Fehlern und Schwächen zu bekennen, um mit dem Finger auf jede unwürdige Tat hinweisen zu können. Statt dessen malt die bei uns am häufigsten akzeptierte Version der Kriegsgeschehnisse das Bild des Polen als das eines Ritters ohne Makel, eines eifrigen Patrioten, mannhaften Partisanen und Verschwörers. Das ist ganz gewiß ein wahres Bild, aber doch eines von vielen.

Wo bleibt denn der rührige Pole, der möglicherweise sogar im stillen den Untergrund unterstützte, im Alltag aber glänzende Geschäfte mit den Deutschen machte? Wo bleibt der feige Pole, der nur ans Überdauern dachte und hundertmal am Tage die Konspiration verfluchte, die angeblich die allgemeine Bedrohung nur steigerte? Wo bleibt der stille, demütige, in einem dunklen Winkel versteckte Pole, der auf die Frage, was er während des Krieges getan habe, nach dem Muster des Abbé Sieyès antworten könnte, er sei am Leben geblieben? Wo bleibt der Pole aus dem abgelegenen Dorf, der säte und pflügte, Schweine züchtete und brav die Ablieferungspflicht für das Dritte Reich und das Generalgouvernement erfüllte, der mit deutschen Gendarmen Fusel trank und in der Stadt jüdische Klaviere kaufte, weil er die am Elend anderer verdienten riesigen Geldsummen irgendwie anlegen mußte?

Und wo sind schließlich vor dem Hintergrund dieses großen Panoramas nationalen Schicksals die verschiedenen Deutschen? Wir sehen nur die grausamen, ehrfurchts- und gewissenlosen Henker. Wenn es aber überhaupt keine anderen gab, mit wem machten denn die Polen ihre Geschäfte, von wem kaufte der Untergrund Waffen, wer nahm im stillen Schmiergelder für die Freistellung von der Zwangsarbeit im Reich oder sogar für die Entlassung aus dem Gefängnis, wer – sogar völlig uneigennützig, wie es vorgekommen ist – half in wirtschaftlichen und administrativen Schwierigkeiten, wer bewies Mitgefühl und Solidarität?

Wenn es im Generalgouvernement keine anderen Deutschen gegeben hat als Mörder und verbissene Feinde der polnischen Nation, welchem Wunder ist es dann zu verdanken, daß so viele von uns durchgekommen sind? Die am weitesten verbreitete Version verkündet, sie hätten jeden Tag und zu jeder Stunde auf uns geschossen. Sie schossen alle, überall, fünf Jahre lang.

Vermutlich nicht alle. Es gab wohl welche, denen die Hand zitterte, die bewußt daneben schossen. Das Bild des grausamen Deutschen, des verbissenen Henkers, sicher echt und in überwiegender Zahl vorkommend, muß aus Achtung vor der historischen Wahrheit ergänzt werden durch andere Bilder.

Andernfalls wird diese schreckliche, vieldimensionale Erfahrung zur bloßen Legende.

Die jüngeren Generationen aber schenken den Legenden keinen Glauben. Und es könnte der Verdacht entstehen, wir wollten etwas Schlimmeres verbergen, als es im Grunde die schöne Wahrheit von unserem Schicksal im Kriege ist.

Im Zusammenhang mit dem oben Niedergeschriebenen notiere ich drei geradezu unglaubliche Episoden.

Seinerzeit erzählte mir Janek N. seine Kriegserlebnisse. Im Grunde gibt es da nichts Phantastisches, denn derartige Abenteuer waren damals häufig, jeder Tag schrieb eine Fabel, die über menschliche Vorstellungskraft und Sensibilität ging. Wenn ich also sage, diese Episoden seien geradezu unglaublich, dann denke ich an jene eindimensionale, flache Variante der Geschehnisse, die in unserem landläufigen Denken über den Krieg wurzelt; es ist eine Folge von beinahe vierzig Jahren Dressur, an der fast alle bereitwillig teilgenommen haben.

1941, Warschauer Ghetto. Janeks Mutter stirbt an Krebs. Damals hält das niemand für ein Lächeln des Schicksals, die Familie ist in tiefer Trauer. Erst über ein Jahr später werden die Lebenden die Toten beneiden und vom Tod im eigenen Bett träumen. Vorläufig beunruhigt etwas ganz anderes

Janeks Familie. Seine Mutter war seit Jahren Lutheranerin, der Witwer bemüht sich also um eine lutherische Beerdigung und das Recht, die Leiche auf einen Friedhof der »arischen Seite« zu bringen. Die Deutschen machen« keine Schwierigkeiten. Doch die Beerdigungszeremonie spielt sich im Ghetto ab, inmitten frommer Juden. Zu dieser Zeit wird das Ghetto erschüttert von Aufwallungen eines wilden Hasses gegen die »Getauften«. Es ist Herbst 1941, eine seltsame Zeit der Steigerung rassischer und religiöser Solidarität im Warschauer Ghetto.

Die dem schlimmsten Unheil der Geschichte ausgesetzte Gemeinschaft in der Isolation ist noch nicht restlos davon überzeugt, daß die Vernichtung unwiderruflich ist, aber schon krank, voller Ängste und Ahnungen. Und diese Gemeinschaft verfällt nun in eine vorübergehende Trance haßerfüllter Xenophobie gegen Fremde und Abtrünnige.

Der Vater sagt zu Janek, einem damals zehnjährigen Jungen: »Wenn der Sarg hinausgetragen wird, gehen wir dicht hinterher. Ich werde deinen Arm halten. Fürchte dich nicht. Die Leute auf der Straße werden den Sarg mit Steinen bewerfen. Sie werden uns drohen und uns anspucken. Fürchte dich nicht. Sie war deine Mutter.«

Janek tritt mit seinem Vater hinaus, er bebt vor Entsetzen. Auf dem Bürgersteig haben sich fromme Juden im Kaftan versammelt. Sie schweigen. Nichts geschieht, niemand bekundet Verachtung für die Tote. Aber Janeks Großmutter, eine orthodoxe Jüdin, verweigert im letzten Augenblick die Teilnahme an der christlichen Beerdigung ihrer Tochter. Der Leichenwagen fährt ab, ihm folgt das wenig zahlreiche Trauergeleit, die Großmutter bleibt vor dem Haus stehen.

Innerhalb kurzer Zeit sterben alle, Janek ausgenommen,

unter dramatischen Umständen. Aber fünf Minuten vor zwölf, schon umschattet vom schwarzen Flügel des Holocaust, unterstreichen sie ihre rassische und religiöse Besonderheit.

Die zweite Episode spielt im zeitigen Frühjahr 1943, im Stadtteil Grochów. Janek ist damals knapp dreizehn Jahre alt. Er verbringt seine erste Nacht außerhalb des Ghettos in der Wohnung eines Mannes, der vor dem Kriege in dem ziemlich snobistischen Haus von Janeks Eltern Diener war. Es ist eine Nacht, in der den Jungen furchtbare Träume quälen. Am Morgen weckt ihn die Stimme eines Mannes. Mit einem Tablett in der Hand beugt sich der Diener über sein Bett. Auf dem Tablett steht ein Senfglas mit Fusel. Der Diener sagt: »Kippen Sie einen, junger Herr! Das wird dem jungen Herrn gut tun...«

Der junge Herr folgt dem Rat. Und erbrach sich auf der Stelle. »Ich habe das ganze Ghetto ausgekotzt!«

Das enthält etwas aus einer gespenstischen Groteske, aber es ist auch ein Beitrag zu dem, was ich die Angelologie der Okkupationszeit zu nennen geneigt bin.

Schließlich die dritte Episode. Herbst 1943. Das Warschau auf dem rechten Ufer. Janek wohnt mit einer Gruppe anderer sich versteckender Flüchtlinge im Souterrain. Weil er blauäugig und blond ist und deutsch spricht, geht er immer wieder vor dem Haus auf und ab, um über die Sicherheit der übrigen Souterrain-Bewohner zu wachen. Plötzlich sieht er einen Gendarmen herbeilaufen. Blechschild auf der Brust, Helm auf dem Kopf, Maschinenpistole in den Händen. Janek hat keine Chance zu fliehen. Aber der Gendarm, der mühsam Atem schöpft, ruft: »Versteckt euch! Die Gestapo kommt...«

Der Zwischenfall endet glücklich. Janek, der bis heute

sein Erstaunen nicht abschütteln kann, kommentiert: »Ich kannte diesen Gendarmen nicht. Aber er wußte seit langem, daß wir uns in diesem Souterrain versteckten. Er schützte uns aus der Entfernung, schweigend. Und was sagst du dazu?«

Die Partei und die Literatur

Die Lage unserer Literatur ist schlecht. Die drei Arten ihrer Verbreitung bezeugen eine schwere Krankheit. Doch nicht die Literatur ist krank, sondern die Verhältnisse, unter denen sie entstehen muß. Sowohl für den Autor als auch für die Leser sind das Plagen. Ein Pluralismus des Gedankens und des Worts ist dann segensreich, wenn er den verpflichtenden Grundsatz des öffentlichen Lebens bildet. Unter unseren Bedingungen ist das zweifellos ein plumper Pluralismus. Selbstverständlich ist der immer noch besser als das Monopol einer offiziellen Doktrin, doch muß sich die Gesellschaft über die verkrüppelten Formen der Vielzahl von Einstellungen und Anschauungen im klaren sein.

Wir haben heute eine offizielle Literatur, eine unzensierte Literatur und eine im Ausland erscheinende Literatur. Die beiden letzten sind schwer zugänglich, deshalb scheint auch ihre gesellschaftliche Verifikation problematisch. Es steht auf einem anderen Blatt, ob ein literarisches Werk erst dann Wert und Bedeutung annimmt, wenn es von weiten Leserkreisen akzeptiert wurde. Wir haben eine Menge Beispiele, daß schwache und von der Öffentlichkeit geringgeschätzte Bücher offiziell als hervorragende Werke behandelt wurden, weil sie eine bestimmte Propagandaaufgabe erfüllten. Der Zeitabschnitt des Realsozialismus liefert Beispiele genug für derartige Manipulationen, aber auch später hat die Kulturpolitik des Staates angebliche Größen kreiert, gleichzeitig aber literarische Werke totgeschwiegen, die der Staatsmacht nicht paßten.

Es liegt auf der Hand, daß der Wert eines Werks am besten von der Zeit verifiziert wird. Doch gibt es keinen Zweifel, daß ein literarisches Leben ohne Kontakt mit dem Leser nicht möglich ist. Das geschriebene Buch bedeutet noch gar nichts. Erst das gelesene Buch bekommt Sinn.

In dieser Hinsicht übertrifft die offizielle Verbreitungsart die beiden anderen kolossal. Man darf nicht behaupten, die von staatlichen Verlagen herausgebrachten Werke würden von niemandem in Polen gekauft und gelesen. Es gibt bestimmte Autoren, die wegen ihrer engen Beziehungen zur Staatsmacht von der Gesellschaft geringschätzig behandelt werden, doch darf man daraus kein Prinzip machen. Bratnys *Jahr im Sarg* ist ein sehr schlechtes Buch, sogar erstaunlich schlecht, wenn man bedenkt, daß Bratny früher anständig – in literarischem Sinne – geschrieben hat, aber der Roman wurde viel gelesen. In diesem Sinne lebt das *Jahr im Sarg* im Bewußtsein des Lesers, Herberts Gedichte aber nicht. Man kann natürlich behaupten, Bratny sei ein bekannter Autor, Herbert aber ein unbekannter. Doch wäre das eine Meinung in beschreibenden Kategorien, nicht in normativen. Denn es ist eine unanfechtbare Tatsache, daß Herberts Gedichte große zeitgenössische nationale Lyrik sind, das Buch von Bratny aber ein unzulänglicher Propagandadruck.

Wer wurde hier arm gemacht? Die Gesellschaft natürlich.

Also wehrt sich die Gesellschaft. Die Leute lesen das *Jahr im Sarg* und legen es mit einem üblen Nachgeschmack beiseite, um bei ihren Bekannten hartnäckig nach einem Bändchen von Herbert zu suchen. Erscheint der große Lyriker zu einer Dichterlesung, so findet die Menge der Menschen im vorgesehenen Saal keinen Platz und geht in ostentativem Umzug in die benachbarte Kirche.

Die Propagandaspezialisten sagen dazu, die Menge habe etwa tausend Personen gezählt, doch was bedeuteten schon tausend Personen im Vergleich mit den Zehntausenden von Exemplaren der Auflage des Romans von Bratny.

Welch ein Beweis für die Fehlbarkeit statistischer Berechnungen!

Aber Tatsache bleibt Tatsache. Die Krankheit zerfrißt unser gesamtes geistiges Leben. Nicht alles, was im inoffiziellen Vertrieb oder im Ausland erscheint, ist der Anerkennung durch die Leser wert. Nicht alles, was PIW oder *Czytelnik* herausgeben, verdient Geringschätzung. Es gibt hervorragende Schriftsteller (Terlecki, Myśliwski, Kuśniewicz), deren Werke offiziell verlegt werden. Es gibt sehr schwache, propagandistische, von politischer Aktualität durchsetzte, künstlerischen Ansprüchen nicht genügende Bücher, die inoffiziell verlegt werden. Jeder Versuch unabhängig denkender Menschen, diese Dinge abfällig zu beurteilen, setzt sie bissigen und unfreundlichen Bemerkungen oppositioneller Kreise aus. Auch das ist ein Krankeitsbeweis. Denn selbst die achtbarste Intention und das edelste Märtyrertum dürfen doch keine Eintrittskarte zur Literatur sein.

Die Entscheidungen der Staatsmacht treiben zahlreiche bekannte und talentierte Schriftsteller in den Untergrund oder verdrängen sie aus dem Verlagsbereich in der Heimat. Die Theorie der Propaganda, die oppositionellen Schriftsteller hätten selber die Staatsverlage boykottiert und »die polnische Literatur in die Emigration getrieben«, ist absurd und verleumderisch. Nicht die Schriftsteller, sondern die Politiker haben eine Liste von Autoren aufgestellt, die nicht verlegt werden dürfen. Es sind die Politiker, die fordern, ein Autor, der sein Buch in einem offiziellen Verlag erscheinen lassen will, müsse ein für allemal auf die Zusammenarbeit mit inoffiziellen Verlagen oder solchen in der Emigration verzichten. Dabei ist eine derartige Lösung angesichts der Lage der Nation heute unreal.

Das sind die Folgen einer Übertragung des weltanschaulichen und politischen Kampfes auf das Gebiet der Kultur und der Literatur. Diesen Kampf hat die kommunistische Partei vor vielen Jahren begonnen. Sie hat damit die oppositionellen Kreise angesteckt, die sich ganz einfach vom Moment ihres Entstehens an wehren mußten. Früher war das erträglich, weil die Opposition rachitisch war; die Staatsmacht fühlte sich sicherer, sie erlaubte sich einen Liberalismus, sie drückte den verschiedenen »Wunderlichkeiten« der Schriftsteller gegenüber ein Auge zu. Heute ist die Situation anders. Die oppositionelle Einstellung der intellektuellen Kreise ist eine wenn nicht allgemeine, so doch bestimmt dominierende Erscheinung. Die Staatsmacht fühlt sich schwach und isoliert. Indem sie die staatlichen Mittel als Eigentum der regierenden Gruppe behandelt, verwendet sie sie im Bereich der Kultur ausschließlich für Ziele, die ihr nützlich erscheinen. Das führt zu immer schärferen Trennungen und zu einer immer tieferen Krise der Kultur.

Die doktrinäre Einbildung, das Staatsmonopol in der Literatur sei unerläßlich, wirkt verheerend. Die Verantwortung dafür trifft ausschließlich die regierende Gruppe. Das ist um so abstoßender, als die Kommunisten in der

Vergangenheit keine geringen Verdienste auf dem Gebiet der Kultur und Volksbildung hatten. Aber damals animierte sie noch ihre eigene Ideologie und die tiefe Überzeugung, sie hätten ein Rezept für die Erlösung der Welt.

Zu allem Übel merken sie die Komik ihrer eigenen Maßnahmen nicht. Denn niemand, der bei Verstand ist, beabsichtigt oder hat je beabsichtigt, sie der Macht zu berauben. Sie aber begreifen den Lauf der Ereignisse anders. Alle Versuche, ihre Privilegien zu schmälern, sie der öffentlichen Kontrolle zu unterstellen, die Folgen ihrer Dummheit und ihres Hochmuts zu begrenzen, behandeln sie als Anschlag auf sie selbst und den Staat, der ihr Eigentum ist.

Sie halten mich für einen Feind, der auf ihren Besitzstand lauert, weil ich hartnäckig kundtue, dieser Staat sei auch mein Staat! Er begeistert mich keineswegs, aber ich habe ja keinen anderen. Eben deshalb stellt er einen Wert dar und gehört mir. Doch eine solche Anschauung bedroht die derzeitigen Besitzer. Sie haben darum beschlossen, mich aus der Literatur zu vertreiben.

Vielleicht wollen sie mich auch aus meinem eigenen Lande vertreiben...

Der Präses Jan Józef Szczepański

Das bewegende Reifen eines Menschen in den Prüfungen, die das Schicksal ihm auferlegt. Ich sah, wie Jan Józef den dunklen Tunnel betrat. Ich ging in seiner Nähe durch den Tunnel. Ich gehörte zu denen, die sich selbst und anderen hartnäckig einredeten, sie sähen in der Ferne ein Licht. Ich glaubte damals, eine gewisse Erfahrung und Vertrautheit zu besitzen. Ich war ja schon mehrfach in solchem Dunkel gewesen. Er dagegen befand sich zum ersten Mal auf unbekanntem Terrain, er bewegte sich zunächst unsicher, tastend, untersuchte vorsichtig den Boden unter seinen Füßen.

Es gab Tage, an denen ich die Anwesenheit anderer in seiner Umgebung überbewertete. Damals glaubte ich, ohne das Mitwirken einer Gruppe von Freunden, die von ähnlichen Gefühlen beherrscht wurden, komme Jan Józef auf diesem beschwerlichen und gefährlichen Marsch nicht zurecht. Doch je mehr Zeit verging, desto besser verstand ich, daß er nie allein wäre, auch ohne uns. Ihn begleitete sein eigenes Schicksal, all seine früheren Prüfungen. Mit ihm gingen die Engel eines redlichen Menschen.

Jan Józef liebte und übersetzte Conrad. Und plötzlich stellte sich heraus, daß er ein lebendiger Conradscher Held war. Alle Conradschen Handlungsfäden aus *Lord Jim* und *Im Taifun*, *Amy Foster* und der *Rettung*, der *Schattenlinie* und dem *Herzen der Finsternis* liefen in seiner Biographie zusammen. Dieser glänzende Schriftsteller wurde plötzlich zum Helden der großen Literatur des 20. Jahrhunderts, als wäre er direkt aus den Seiten eines Romans ins Leben getreten.

Den Vorsitz des Schriftstellerverbandes hatte er ängstlich und ungern übernommen. Die Komplikationen des Milieus kannte er wenig, mit den Behörden hatte er zuvor nur lockere und sporadische Kontakte gehabt, er hatte ein etwas provinzielles Leben geführt, denn wenn auch Krakau ein großartiges Denkmal unserer Vergangenheit ist, so blieb es doch in dem bürokratischen und zentralisierten Nachkriegssystem immer am Rande der lauten, heftigen Streitigkeiten, die sich in Warschau abspielten. Er verbrachte viel Zeit in einem sehr abgelegenen Beskidendorf.

Dort in seinem schwer zugänglichen Haus, unter täglichen Existenzsorgen entstanden fast alle seine Bücher.

Es bedurfte zahlreicher Maßnahmen und mühseliger Gespräche mit vielen Leuten, bis er sich am Ende entschloß zu kandidieren. Als er zum Präses des ZLP gewählt wurde, war er verloren und wohl unglücklich. Die Zeit war damals besonders schwierig, Dezember 1980, in Polen schien alles möglich, und alles schien bedrohlich.

Der Vorsitz hat ihn sehr geplagt. Doch sein Verantwortungsgefühl schob die Ermüdung beiseite. Bei jeder sich bietenden Gelegenheit floh er aus Warschau in dieses Haus, das die Berge von der Welt abschnitten. Doch die Gelegenheiten boten sich nicht oft und wurden immer seltener.

Ich tue Jan Józef vermutlich kein Unrecht, wenn ich feststelle, daß er im Jahr 1981 ein beliebter und populärer Präses war, doch angesichts der Lasten und Aufgaben dieser Position nur ein korrekter. Ihm fehlte das Prestige eines Iwaszkiewicz, die Ungebundenheit eines Słonimski, die politische Position eines Kruczkowski. Ihm fehlte vor allem die Erfahrung im öffentlichen Leben, aber auch die Kenntnis jenes Rituals, das sein Vorgänger geschaffen hatte. Die Leute hatten sich an Jarosławs Würde gewöhnt, an seine herrschaftlichen, ein wenig theatralischen Gesten und Worte. Der Präses der vergangenen Jahre war manchmal ein Pharao gewesen. Jetzt mußte das auserwählte Volk der Volksrepublik Polen Ägypten verlassen und durch die Wüste ziehen. Sie wünschten, von einem Propheten geführt zu werden, doch stellte sich heraus, daß an der Spitze ganz einfach ein ordentlicher, redlicher Kollege ging.

Es kam der 13. Dezember 1981. Die *Titanic*, von der Jan Józef am Tage zuvor auf der Tribüne des Kulturkongresses gesprochen hatte, sank auf den Grund.

Genau da flocht sich der Conradsche Handlungsfaden in sein Leben. Vielleicht dachte Jan Józef an Conrad, als er von der heraufziehenden Katastrophe des Atlantikliners sprach? Von diesem Augenblick an stand er auf der Kapitänsbrücke, fest entschlossen, das sinkende Schiff als letzter der Besatzung zu verlassen. Er nahm alle Schläge, Verleumdungen und Beleidigungen auf sich. Er demaskierte Fälschungen und Lügen. Es schien, als wäre er wehrlos, aber je mehr Zeit verging, desto mehr wurde seine Rechtschaffenheit zur mächtigen Waffe.

Ich erinnere mich an ein Ereignis aus früheren Jahren. Auf einer der Versammlungen im ZLP griff ein Vertreter der Parteimächtigen Słonimski heftig an. Die Ausführungen des Redners troffen von Beleidigungen, Lügen, Verleumdungen. Dann trat Słonimski ans Rednerpult. »Sie haben die Macht des Staates hinter sich, die Polizei, die Presse, die Armee, die Kanonen ... Ich habe hinter mir nur eines – meinen Namen!«

Jan Józef Szczepanski verteidigte die Würde der polnischen Literatur und die Ehre der polnischen Schriftsteller. In diesem Kampf nahm er persönliche Demütigungen auf sich. Ihm wurden Affronts zuteil, die kein Privatmann hingenommen hätte, doch der Präses des ZLP ertrug sie gelassen.

Ich glaube, er wurde inwendig härter und wahrte bis zum Schluß die Überzeugung, jeder Kompromiß sei für ihn annehmbar, sofern er nicht die Würde des Berufs antastete. Doch den Behörden ging es nicht um Kompromiß, sondern um Kapitulation und Preisgabe der Grundsätze. »Ihr stellt euch nicht vor, daß ihr eine Seite im Streit seid!« rief verächtlich einer der Gesprächspartner Jan Józefs. Ich glaube, er wollte auch keine Seite im Streit sein. Er wollte einfach die Souveränität der Literatur retten, ihr Recht zu unabhängigen Urteilen über die Gesellschaft und den Menschen. Kürzlich hat er mir gegenüber die »metaphysischen Dimensionen« des Konfliktes erwähnt, in die ihn der Vorsitz nach dem 13. Dezember verwickelte. In dieser Formulierung liegt ein tiefer Sinn und das beste Zeugnis für Jan Józefs Haltung. Das Sacrum des menschlichen Schicksals, zu dessen Beschreibung die Literatur berufen ist. Das Geheimnis des Erlebens unserer Tragik, der Niederlagen und Triumphe der menschlichen Person, die das Wesen der Literatur bilden muß, wenn Literatur überhaupt einen Sinn und eine gesellschaftliche Daseinsberechtigung haben soll. Die Einsamkeit des Menschen gegenüber der Welt, des Einzelnen gegenüber den Vielen. Und wieder ein Satz von Słonimski, aus seinem letzten Feuilleton im *Tygodnik Powszechny*, einige Tage vor seinem Tode. Eine Korrektur zu Immanuel Kant: *Der gestirnte Himmel in mir und das moralische Gesetz über mir.*

Durch die Verteidigung des Verbandes, mittelbar also der Würde der polnischen Literatur wurde Jan Józef zum Protagonisten des historischen Konflikts zwischen der Welt der menschlichen Person und der Welt der großen Kollektive. Er repräsentierte das Modell der alten Zivilisation. Hinter ihm stand die gesamte lateinische, christliche Tradition, zweitausend Jahre der Prüfungen, Leiden, Enttäuschungen, Sünden und Tugenden Europas.

Ich weiß, das sind sehr große Worte. Aber betraf der Streit damals nicht eine große Sache? Ist die polnische Literatur keine große Sache, nicht nur für die polnischen Schriftsteller, sondern auch für alle Polen?

Jan Józef hat die schwere Last auf sich genommen und ist zum großen Präses geworden.

Heute ist er anders als vor fünf Jahren. Er sitzt in seinem Berghaus in den Beskiden, nach Warschau kommt er nur selten. Er schreibt.

Der Conradsche Romanheld schreibt seine Conradschen Bücher.

Mein Großvater

Ich ging auf den jüdischen Friedhof.

Warum? Warum gerade auf den jüdischen?

Ich erinnerte mich: Mein Großvater schwang über mir seinen Spazierstock und schrie schrecklich, weil ich als siebenjähriger Junge auf der Straße hinter einem alten Juden im Kaftan hergelaufen war und gerufen hatte: »Dummer Jud, dummer Jud!« Mein Großvater wollte mich damals verhauen. »Du widerwärtiger, ekelhafter Lümmel, wenn ich noch einmal so etwas höre, schlage ich meinen Stock auf deinem Hintern kaputt!«

Ich erinnerte mich an den alten Juden im Kaftan und an meinen Großvater. An seinen dunklen Wintermantel mit dem Kaninchenkragen, seinen immer sorgsam gepflegten grauen Schnurrbart, seinen dünnen schwarzen Spazierstock mit dem silbernen Knauf, seine seitlich mit Druckknöpfen geschlossenen Gamaschen. Solange ich klein war, saß ich auf seinem Schoß und griff mit den Fingern nach den Schnurrbartenden, und er tat, als wollte er mich beißen. Nie war er streng, immer konnte ich seines Schutzes sicher sein. Nur damals, an jenem Wintertag, als ich hinter dem alten Kaftanträger herlief, geriet er nicht nur zum Spaß in Zorn und hob den Stock, um mich zu schlagen.

Ist vielleicht an diesem Tag aus Liebe zu meinem Großvater und infolge der tiefen Erschütterung durch seinen Zorn in mir ein anderes Wesen erwacht? Denn ich erinnere mich, daß ich später die Kaftane, Krimmermützen, Peies mochte. Ich ging gern auf Straßen wie Nalewki, Gęsia, Tłomackie. Ich ging ins Kino *Fliege* auf der Długa und betrachtete die schief sitzende Perücke der jüdischen Billettverkäuferin. Ihr Mann war der Platzanweiser, es kam vor, daß er uns Jungen ohne Billett, für zehn Groschen in den Saal ließ. Aber er fürchtete seine Frau. Einmal erzählte er mir, er sei früher Schwergewichtsboxer in der Mannschaft von *Makkabi* gewesen. Er hatte eine gebrochene Nase und stark gekraustes Haar. Ich erinnere mich genau an ihn vor dem Hintergrund des hochroten Vorhangs, der den Kinosaal von dem winzigen Warteraum trennte.

Werde ich noch einmal im Leben einen alten Juden im Kaftan sehen? Vor einigen Jahren begegneten mir ähnliche Leute auf der berühmten Diamond Street in New York. Auch sie trugen Kaftane und Krimmermützen. Doch es waren elegante Herren, ihre Peies sorgfältig frisiert, sie verbreiteten ringsum den Duft von gutem Kölnischwasser, hatten gepflegte Hände, rasierte Backen und schön gekämmte Bärte. Dort gab es den Juden nicht, der beinahe verursacht hätte, daß ich den Spazierstock meines Großvaters auf meinem Rücken spürte.

Ich ging auf den jüdischen Friedhof, um ihm zu begegnen. Wir unterhielten uns ein Weilchen über die alten Zeiten.

Er war in ihnen geblieben.

Gibt es vielleicht
eine Mission für Polen?

Als Kind liebte ich sehr den Gesang meiner Mutter. Aber
Wiegenlieder kannte sie nicht. Sie war für jene Zeiten eine
weltgewandte Frau, deshalb nahm ich an ihren Auftritten
zu Hause nur bei besonderen Anlässen teil. Meine Mutter
sang gern russische Romanzen. Die Gäste hörten konzentriert zu. Ich erinnere mich an dunkel gekleidete Herren in
den Sesseln, sie stützten trübsinnig und geistesabwesend
ihr Köpfe in die Hände, als versetzten diese Lieder sie in die
nicht mehr existierende Welt ihrer Jugend, auf die verschneiten Boulevards von Sankt Petersburg oder in weite
Ebenen, durch die mit flinken Tatarenpferden bespannte
Schlitten jagen.

Meine Mutter hatte einen schönen, klangvollen russischen Akzent. Sie tat sich gern damit hervor und dekla-
mierte oft Lermontow. Mein Vater dagegen sprach ein
hartes Russisch, mit weichselländischer Rauheit. Beide
sind nie im Leben in Rußland gewesen. Und trotzdem
wirkte ihre Kenntnis der Sprache, Literatur und Musik
selbstverständlich.

Auch des Deutschen bedienten sich meine Eltern ohne
Mühe. Es steckt schon etwas Groteskes und Spöttisches in
der Tatsache, daß das einzige Buch meines Vaters, das ich
1945 unter den Trümmern unseres Hauses hervorholte, der
in grünes Leinen gebundene zweite Band der Leipziger
Goethe-Werkausgabe war. Ich glaube aber nicht, daß mein
Vater oft Goethe gelesen hat. Er besaß keine Neigung zur
Poesie. Marx las er natürlich nur auf deutsch.

Ich wurde mit Mickiewicz und Żeromski, Słowacki und
Sienkiewicz erzogen. Zu Hause war ich verpflichtet, auch

Puschkin und Heine zu lesen. Während der Nazi-Okkupation, als die Auswahl der Bücher schon ausschließlich von mir abhing, verschlang ich Pilnjak, Mann, Mereschkowskij und Zweig. Das war eine chaotische, fieberhafte Lektüre. Ich las Vorzügliches und Mittelmäßiges, wußte damals aber stets, was Aufmerksamkeit verdiente. Doch bedingt durch eine gewisse intellektuelle Dressur aus der Kindheit, griff ich vor allem nach Büchern deutscher und russischer Schriftsteller.

Das heißt nicht, ich hätte zu den Ausnahmen gezählt. Das heißt ganz einfach nur, daß die aufgeklärten Schichten der polnischen Gesellschaft jener Zeit sehr wohl begriffen, worauf die kulturelle Mission Polens in Europa beruhte, wenn Polen überhaupt eine Mission haben sollte. Natürlich war in der Generation meiner Eltern und Großeltern die Verehrung für französische Literatur weit verbreitet, doch erfaßte dieses Phänomen damals die ganze Welt. Das Frankreich jener Zeit adelte kulturell jeden Europäer, Amerikaner und Asiaten. Chinesische Mandarine, skandinavische Reisende, amerikanische Künstler und georgische Fürsten verständigten sich untereinander auf französisch. Als Junge konnte ich nicht begreifen, warum die feinen Damen in *Krieg und Frieden* unablässig französische Wendungen gebrauchen, die notabene die polnische Tolstoj-Übersetzung nie erläuterte: Sie setzte voraus, daß jeder Leser fließend Französisch konnte. Die französische Kultur war in meiner Kindheit wie übrigens in den zwei vorangehenden Jahrhunderten für die polnischen aufgeklärten Schichten etwas Selbstverständliches. Anders verhielt es sich mit Rußland und Deutschland.

Welch rührende Tatsache: Eine das ganze 19. Jahrhundert hindurch auseinandergerissene, der politischen Rechte beraubte, eigene Institution des kollektiven Lebens entbehrende, aggressiver Brutalität ausgesetzte Gesellschaft findet in sich die Kraft zu dem Traum, sie würde einst eine kulturell einigende Mission in Europa erfüllen. Wie wohl jeder Traum war er nicht voll bewußt, er wurde bestimmt nie zum konkreten Programm. Doch die tägliche, uns von der Erinnerung der Generationen übermachte Sitte weist darauf hin, daß diese Sehnsucht in den Köpfen lebendig blieb. Die Polen nahmen an, sie würden etwas wie eine geistige Brücke zwischen dem Osten und dem Westen Europas schaffen können. Immerhin hatten sie kulturell stets zur Mittelmeer-Tradition gehört, waren mit der lateinischen Lebensauffassung verbunden gewesen. Es geht hier um die individualistische Konzeption des Menschen, um die im Westen allgemein verbreitete Anschauung, die menschliche Person sei das Maß und der Bezugspunkt der gesamten Existenz.

Doch die Polen besaßen auch jahrhundertelange Verbindungen zum Osten; sie hatten Erfahrungen im Bereich ganz anderer zivilisatorischer Formen, die dem Umkreis von Byzanz und asiatischen Einflüssen entstammten. Das alte Rußland unterscheidet sich, was durch sein blendendes, aber doch für Westeuropäer exotisches Schicksal in der Geschichte bezeugt wird, in den Sitten, der Organisation des Gemeinschaftslebens, aber auch in der Auffassung vom Los des einzelnen, enorm von all dem, woran sich der Westen in den Jahrhunderten seiner Geschichte gewöhnt hat. Das Rußland der Selbstherrschaft, aber auch das frühere Moskauer Zarentum war ein für die europäische Erfahrung fremdes Land, und unter den Nationen der lateinischen Kultur hatten nur die Polen vielfältige und lehrreiche Beziehungen zu ihm. Ganz natürlich also, daß sich die Polen besonders dazu vorbereitet fühlten, die Rolle der geistigen Brücke zu spielen, daß sie den Anspruch erhoben, die Aufgabe zu erfüllen, deren Ziel die Einheit und kulturelle Einheitlichkeit des Kontinents sein sollte.

Natürlich wurde dieses Programm nirgendwo direkt ausgesprochen, eigentlich war es ja nicht einmal ein Programm, sondern nur eine Hoffnung, die sich aus der historischen Lage zwischen dem russischen und dem deutschen Volk ergab. Das erste gehörte zur slawischen Familie und wurde selbst in den für Polen schwersten Zeiten mit brüderlicher Sympathie behandelt, obwohl zivilisatorische Fremdheit es von den Polen schied. Das zweite gewann nie für längere Zeit unsere gefühlsmäßige Zuneigung, entstammte aber demselben lateinischen Boden, und seine Erfahrungen im Bereich der Sitten sowie der Institutionen des öffentlichen Lebens waren den unseren ähnlich, manchmal identisch, manchmal nur nahe, doch nie fremd.

Es unterliegt keinem Zweifel, daß die polnische nationale Identität sehr alten Ursprungs ist. Als am Ende des 18. Jahrhunderts die Republik von den drei Teilungsmächten zerstört wurde, war das Nationalbewußtsein stark, sowohl in den aufgeklärten und privilegierten Schichten als auch im breiten Volk. Das beweisen der Kościuszko-Aufstand und die napoleonischen Zeiten.

Und doch, glaube ich, hat sich das geistige Bild des Polen erst im Laufe des 19. Jahrhunderts gestaltet. Es ist bezeichnend und bemerkenswert, daß sich das Polentum zur Reife sui generis einer modernen Nation ohne eigene Institutionen des öffentlichen Lebens, vor allem ohne einen eigenen Staat geformt hat. Offensichtlich unterscheidet uns eben dies von vielen anderen Nationen Europas, und unsere Tugenden und Mängel sind Folgen dieser Verletzung.

Ich denke, die auffälligsten, aus den Erfahrungen des 19. Jahrhunderts herrührenden Züge unserer nationalen Identität lassen sich auf zwei Faktoren reduzieren, die nirgendwo in Europa mit solcher Kraft auftreten. Erstens ist es die Verquickung des Nationalbewußtseins mit dem Katholizismus, wobei es hier gar nicht um metaphysische Sehnsüchte geht, die ja in jedem Menschenherzen vorhanden sind, sondern um die Identifizierung des Polentums mit der Zugehörigkeit zur lateinischen Welt, die Bindung des Polentums an das christliche Ethos. Zweitens ist es die Erhebung der Souveränität der Kultur über die Souveränität aller anderen Komponenten des nationalen Lebens.

Das ist nichts Verblüffendes. Ein Volk ohne Rechte und Privilegien, ohne eigenen Staat und die mit ihm verbundenen Institutionen des öffentlichen Lebens mußte seine Eigenart, wenn es überdauern wollte, im Bereich der geistigen Unabhängigkeit manifestieren. Das Volk betete auf polnisch in katholischen Kirchen, es lauschte den Lehren der Römischen Kirche in seiner Muttersprache, es sah – nicht ohne Grund – in der kirchlichen Organisation die einzige Institution, die ihre Unabhängigkeit von den Teilungsmächten bewahrt hatte. In diesem Sinne wurde die Römisch-Katholische Kirche sowohl im institutionellen als auch im geistigen Bereich zu einem Terrain, auf dem sich die Idee Polen realisierte, auf dem Polen als Vaterland der Polen gegenwärtig war.

Dieses Volk hatte als einziges in Europa seine Dichterpropheten. Es sah in der Literatur – wieder nicht ohne Grund – seine Bundeslade. Da es keine eigenen Monarchen, Staatsmänner und politischen Führer besaß, machte es seine Dichter zu den Herrschern der Nation, übergab ihnen Szepter und Krone. Die Schriftsteller, die doch nicht immer mit Größe begabt sind, wurden zu Wächtern des polnischen Gewissens. Auf den Blättern der Bücher und den Brettern der Bühnen wurde das Polnische gepflegt. Wahrlich, das mußte in bestimmtem Maße unsere Literatur verzerren. Mit einer so wichtigen Mission belastet, hatte sie unterschiedlich weite Flüge, mitunter sehr erdnahe. Was half es, das Volk hatte sie zur Heiligkeit verurteilt!

Und wieder, ähnlich wie bei der Kirche, wurde die Kultur zum Terrain, auf dem sich die Idee Polens realisierte. Die Souveränität dieser Kultur, ihre Eigenart, aber auch in erheblichem Umfang die Unterordnung ihrer Werke unter das nationale Interesse wurde zum höchsten Gebot und zugleich zur Verkörperung des Polentums.

Man muß daran denken, daß der Pole des 19. Jahrhunderts außerhalb der Kirche und der Literatur im öffentlichen Leben (mit Ausnahme Österreich-Ungarns nach 1866) auf ein fremdes und feindliches Element stieß. Die Teilungsmacht war gegen sein Polentum eingestellt. Das Volk schützte darum seine Identität in einer ihm zugänglichen Weise. Die römisch-katholische Religion und die Literatur blieben souverän. Dank ihrer konnte das Polentum überdauern.

Gerade unter den Bedingungen der Unfreiheit, des behinderten Reifens, der Demütigungen, Empörungen und der geistigen Unabhängigkeit fanden die Polen ihre Eigenart. Gewiß konnte sie manchmal seltsam sein. Gewiß manifestierte sie sich auch in Einbildungen und Mythen. Die polnische Romantik war durchdrungen vom Messianismus, der Positivismus weckte nationalistische Verirrungen, nicht gegen die Teilungsmächte gerichtet, sondern gegen die Minderheiten, die doch zusammen mit ihnen in der Unfreiheit litten.

Aber diese Eigenart erzeugte neben häßlichen Mängeln auch rührende und schätzenswerte Züge. Die Überzeugung von der polnischen Mission beim Werk der kulturellen Einigung Europas war gewiß nicht restlos vergeistigt und nicht völlig altruistisch. Mit diesem Wort verband sich die Hoffnung, die von den Teilungen der Republik unterbrochene zivilisatorische Tätigkeit östlich der ethnischen polnischen Grenzen, in den weiten Gebieten der Ukraine, Weißrußlands und Litauens wieder aufzunehmen. Das war natürlich, wenn man bedenkt, daß die Polen des 19. Jahrhunderts sich ein künftiges Polen nicht anders als nur in den Grenzen vor den Teilungen vorstellten. Es bedurfte mehrerer Generationen, bis der Gedanke von einem Kiew oder Minsk außerhalb des Territoriums der Republik selbstverständlich wurde. Ein ähnlicher historischer Prozeß betraf später Lemberg und Wilna.

Uneigennützigkeit ist gar nicht erforderlich, damit das Volk für sich und für andere notwendige Taten vollzieht. Wenn die Polen in dieser Konzeption kultureller Versöhnung und Vereinheitlichung auch ein politisches Ziel hatten, war das damals keine Sünde. Vor allem da sie zur Realisierung ihrer politischen Ziele über keine Macht verfügten, die Erfahrung ihnen dagegen auf kulturellem Gebiet eine Chance bot.

Wir sind zahlenmäßig kein großes Volk. Die Zeiten, in denen Polen eine bedeutende, ja sogar entscheidende Rolle in Mittel- und Osteuropa spielte, sind vor Jahrhunderten zu Ende gegangen. Es gibt heute in unserem Lande keine Menschen, die von einer Großmacht Polen träumen, und falls es welche gibt, sind sie jämmerliche Wahnsinnige. Der letzte Krieg hat unsere Gesellschaft von nationalistischen Phobien geheilt. Seit vierzig Jahren – und das ist nicht wenig in der Geschichte eines Volkes – leben die Polen in einer völlig neuen politischen, sozialen und wirtschaftlichen Landschaft. Die Welt ist – nicht nach unserem Willen – in zwei Blöcke geteilt. Die Grenze zwischen den Systemen verläuft durch die Mitte Europas. Es gibt keinen Zweifel, daß der Kontinent stärker geteilt ist als je in seiner Geschichte. Der große ideologische und politische Streit dauert nun schon seit Generationen. Er nimmt, je nach den Beziehungen zwischen den beiden Großmächten, unterschiedliche Formen an. Es gab nach dem Krieg Zeiten der Annäherung und der Feindseligkeit, der Zusammenarbeit und der scharfen Konfrontation. Ich glaube, an der Feindseligkeit und Konfrontation hat niemand etwas gewonnen, an der Annäherung und der Zusammenarbeit aber alle. Ich glaube, für Polen waren wegen seiner neuralgischen Lage, seiner Tradition und Geschichte, seiner nationalen Aspirationen die Zeiten der Annäherung und Zusammenarbeit besonders wichtig.

Die Behauptung, politisch und wirtschaftlich gehörten wir zum Osten, geistig aber zum Westen, ist eine banale Selbstverständlichkeit. Darauf läßt sich doch die ganze Zerrissenheit zurückführen. Darauf beruht doch die Kreuzigung des Volkes. Die letzten zwei Jahre waren und sind weiterhin die genaueste Illustration dieses schrecklichen Dilemmas, vor das die Geschichte die Polen gestellt hat. Im übrigen ist das kein neues Dilemma; seit der Mitte des 18. Jahrhunderts ist es zur dramaturgischen Achse des nationalen Schicksals geworden.

Seit dem Krieg, seit der Übernahme der Macht durch die Kommunisten hat dieses Dilemma zusätzliche Schärfe angenommen – infolge der neuen Eigentumsverhältnisse im wirtschaftlichen und der Einparteiendiktatur im politischen Bereich. Das Antasten des status quo in diesen Bereichen wird von der Staatsmacht als Anschlag auf das Wesen des Staates behandelt. Das Antasten der geistigen Souveränität des Volkes, jeder Angriff auf unseren Okzidentalismus in der Anschauung von der menschlichen Person, vom kollektiven Schicksal wird wiederum von der Gesellschaft als Anschlag auf das Wesen des Polentums behandelt.

Die Frage lautet: Läßt sich unsere lateinische Konzeption vom Menschen mit den politischen Geboten der Staatsräson vereinbaren? Läßt sich der Okzidentalismus der polnischen Einstellung mit der Zugehörigkeit zum Sowjetblock harmonisch verbinden?

Es gibt nur eine Antwort auf diese Frage: Wir müssen das vereinbaren und verknüpfen, denn andernfalls haben wir keine Chancen, in der voraussehbaren Zukunft zu überdauern.

Gottseidank sind wir kein großes Volk! Und nur Dummköpfe unterlegen die Trommel nationalen Stolzes mit Illusionen von der großen polnischen Vorherbestimmung. Gerade deshalb vertieft die dumme Propaganda die gesellschaftlichen Frustrationen immer mehr.

Polen hat in den Nachkriegsjahren einen großen zivilisatorischen Schritt getan, und wer das bestreitet, bestreitet das Offensichtliche. Doch heißt das keineswegs, wir hätten irgendwann einmal unsere Position in der Welt durch die Produktion von Werkzeugmaschinen oder Christbaumkugeln gefestigt. Heute erleben wir eine Wirtschaftskrise, aber selbst in einer Zeit wirtschaftlicher Blüte – falls sie je kommen sollte – werden wir nicht auf blendende Erfolge dank ökonomischer Leistungskraft rechnen können.

Ich weiß, sehr viele Leute sind der Ansicht, nur die Wirtschaft bringe die Völker voran. Meiner Meinung nach ist das eine Illusion. Es steht außer Frage, eine leistungsfähige

Wirtschaft, eine leistungsfähige Arbeitsorganisation, eine hohe Sparrate und hohe Erträge, die Beschränkung der Bürokratie und die Ausweitung des Bereichs der sozial nützlichen Arbeit ergibt im Effekt einen allgemeinen Wohlstand und die Achtung anderer Gesellschaften. Ich fordere niemanden zu schlechter Arbeit auf oder zur Aufgabe des Gedankens, sie besser zu machen. Ich meine nur, ökonomische Effektivität löst nicht sämtliche Probleme unserer Zeit, und unter den besonderen polnischen Bedingungen ist die Diskussion über ökonomische Effektivität eine Art von Schamanentum. Eine gute, moderne Produktion bringt man nicht mit Hilfe von Beschwörungen in Gang, sondern durch die Haltung der Menschen. Und das erfordert vor allem die Befriedigung der Ansprüche, sowohl der gesellschaftlichen als auch der individuellen. Darauf, meine ich, beruht das Dilemma von heute, darauf reduziert sich das ganze Problem unserer dramatischen Zerrissenheit und ihrer ökonomischen Implikationen.

Die Befriedigung der individuellen Ansprüche ist möglicherweise für das zentralisierte System der Staatsmacht leichter, und bestimmt läßt sie sich mit größerem Erfolg vortäuschen. Anders steht es im allgemein gesellschaftlichen Bereich.

Die Gesellschaft fühlt sich beleidigt. Die Geschehnisse des 13. Dezember 1981 haben in der Erinnerung der Polen von heute Wurzeln gefaßt. Der Kriegszustand war eine demütigende Erschütterung. Er zeigte unsere Begrenzungen, er zerstörte unsere Illusionen. Einzelmenschen durchleben derartige Erfahrungen sehr schwer. Wie dann erst das ganze Volk!

Heute ist die Situation selbstverständlich anders als vor drei Jahren.

Die geistige Aura Polens hat sich geändert. Zur Zeit der Solidarność herrschte Euphorie, verschiedene nicht voll begründete, in großem Umfang wenig realistische Ambitionen kamen zu Wort. Eine solche Euphorie trägt das Siegel der Kurzlebigkeit. Die Emotionen brennen aus, fallen zusammen, das tägliche Leben fordert nüchterne Bewertungen.

Heute, aus der Perspektive von Jahren kann man konstatieren, daß die Staatsmacht im Dezember 1981 einen Fehler mit kolossalen Konsequenzen für die gesamte Zukunft gemacht hat. Denn diese Euphorie brannte schon an der Schwelle zum Winter aus. Hätte man in Warschau und Moskau ein bißchen mehr Geduld bewiesen, hätte die polnische Landschaft im Frühjahr 1982 für den Machtapparat sehr viel günstiger aussehen können. Am 13. Dezember 1981 aber entschied man sich für den Kriegszustand, für die Mittel der Übermacht, der Gewalt und der Unterdrückkung. Der polnische Genius bewirkte, daß die Gesellschaft sich kampflos zurückzog!

Später hat man das einstige Programm korrigiert, die Gesellschaft wählte eine andere Variante der Entwicklung. Es gibt weder Euphorie noch überhöhte Ambitionen. Es gibt keine Illusionen, die noch zwischen August 1980 und Dezember 1981 eine recht wesentliche Rolle bei der Suche nach Wegen zur Verständigung spielten. Es waren Illusionen von hübscher nationaler Farbe, am schönsten ausgedrückt in Wałęsas Formulierung, man werde sich verständigen »wie ein Pole mit einem Polen«!

Heute wird die Verständigung als politische Notwendigkeit ohne jede gefühlsmäßige Verschönerung angesehen. Ein kühler Kompromiß im Namen des Staatsinteresses. Doch auch in dieser Frage ist eine bezeichnende Akzentverschiebung erfolgt. Kein Vernünftiger, der in den Kategorien des nationalen Interesses denkt, behandelt das gegenwärtige Establishment als Verkörperung, Emanation und Garanten des Staates. Das Volk muß sich selbst um den Staat kümmern. Um einen Staat, wie er ist, denn einen anderen kann es zur Zeit nicht geben.

In diesem Sinne ist unsere geistige Erfahrung durchaus nicht verarmt. Wir haben es nur mit einer segensreichen Neuorientierung der Einstellungen zu tun. Es geht nicht wie zuvor um institutionelle Veränderungen, sondern um die Festigung der geistigen Souveränität, vor allem um die Stärkung der in Polen stets vorhandenen individualistischen Konzeption vom Menschen und vom Rang der menschlichen Person in der Gemeinschaft. Die nationale Energie wird nicht auf Bemühungen rund um radikale öffentliche Handlungen gelenkt, sondern auf den Bereich der christlichen Ethik. Ich habe den Eindruck, als befänden wir uns heute in einer Zeit der großen Wiedergeburt der Imponderabilien.

Etwas scheint vernachlässigt zu werden. Es geht um diese Mission oder eher Hoffnung, die den früheren polnischen Generationen voranleuchtete. Ich nehme an, daß wir viel tun können für die geistige Einheit des Kontinents. Wer weiß, ob nicht mehr als andere Völker Europas, eben wegen unserer Geschichte. Wir tun aber in dieser Hinsicht sehr wenig. Und das wichtigste Hindernis ist hier nicht die Institutionalisierung der internationalen Kontakte, obgleich das nicht verschwiegen werden darf. Das größte Hindernis sind unsere Phobien, Ressentiments, Enttäuschungen. Aber gerade in dieser Frage sollten wir uns mehr als in jeder anderen ein Beispiel nehmen an unseren Vorgängern aus früheren, vom 19. Jahrhundert geformten polnischen

Generationen. Hatten sie nicht sehr viel nachhaltigere und sehr viel tiefere Gründe zu Ressentiments? Befanden sie sich nicht in einer sehr viel schwierigeren Situation – ein Volk ohne eigenen Staat, zu allem Übel verteilt auf drei ganz unterschiedliche Machtorganismen? Hatten sie nicht sehr viel größere Schwierigkeiten beim Erringen von Wissen, beim Anknüpfen informeller Bande, beim Austausch intellektueller Erfahrungen und Informationen? Und doch legten sie eine riesige geistige Härte an den Tag, sie planten für Jahre und Jahrzehnte, sie waren geduldig, fleißig, solidarisch und neugierig auf die Welt. Vor allem aber weit offen für die Welt!

Meine Mutter sang russische Romanzen und rezitierte Lermontow-Gedichte. Mein Großvater sprach, obwohl er nie in Deutschland gewesen war, fließend Deutsch und versuchte sogar seine Kräfte beim Übersetzen von Theodor Fontane. Was mich, der ich allerdings weit dahinter zurückblieb, anbetrifft, so las ich als Junge Rilke und bemühte mich, ihn in mittelmäßigen Novellen ungeschickt nachzuahmen; Gott sei Dank sind sie während des Aufstandes verbrannt.

Heute sind Zwanzigjährige nur mühsam imstande, einen einzigen Satz auf russisch zusammenzubringen, für sie existiert weder Puschkin noch Gogol noch Tolstoj, und falls sie Dostojewskij lesen, dann nur, weil er Albert Camus' Anerkennung gefunden hat. Dieselben jungen Leute sprechen sehr selten Deutsch, und die deutsche Kultur ist ihnen völlig fremd.

Tatsache ist, daß die Mehrheit der gebildeten Jugend Englisch kann. Sehr gut! Aber wir leben doch zwischen zwei großen Völkern Europas, mit denen unser Schicksal auf Jahrhunderte verquickt ist. Unsere Mission, wenn es sie überhaupt gibt, besteht nicht darin, die Russen oder Deutschen zu ändern. Die Russen und die Deutschen haben uns auch nicht zu ändern vermocht, obwohl sie generationenlang daran gearbeitet haben. Unsere Mission, wenn es sie überhaupt gibt, besteht darin, daß Europa, im Grunde klein und familiär, einmal geistig versöhnt wird. In dieser Hinsicht können wir viel tun auf dem riesengroßen Gebiet der Kultur, die dem Anschein zum Trotz über alles andere entscheidet.

Kennenlernen bedeutet noch nicht verstehen. Aber man kann nicht verstehen, wenn man überhaupt nicht kennengelernt hat!

Čechov, Hölderlin, Tschernyschewskij, Lessing, Saltykow-Schtschedrin kosten. Zwjetajewa, Babel, Majakowskij lieb gewinnen. Thomas Mann, Anna Seghers, Ingeborg Bachmann bewundern lernen. Deutschland und die Deutschen erkennen, von Fallada, Hesse, Toller, Hermann Kant bis Christa Wolf, Grass, Böll, Lenz. Rußland und die Russen erkennen, von Tynjanow und Trifonow bis Bykow, Lipatow und Bulgakow.

Wenn wir nicht zulassen wollen, daß uns die Phobien und Ressentiments auffressen, wenn wir wir selbst bleiben und unsere geistige Souveränität festigen wollen, dürfen wir nicht blind und taub sein für alles, was über die Kultur der beiden großen Völker östlich und westlich von uns entscheidet.

Mein Schwager

Alles kehrt zu mir zurück. Alles kehrt zurück. Als wären meine Gedanken, Worte, Gesten irgendwann einmal ausgestrahlt in die Kuppel der Welt, als wären sie jahrelang verwaist umhergeirrt, um plötzlich, in unvorhergesehenen, ja sogar gänzlich unpassenden Augenblicken zu mir zurückzukehren. Sie kehren heftig und aggressiv zurück. Ein Luftangriff scheint mir zu gelten, oder ein Schwarm Vögel fällt von oben ein, der mich ergreift und emporträgt, damit ich besser sehe und weitere Horizonte erfasse.

Ich fuhr mit dem Zug nach Breslau. Ein leerer Tag. Im Abteil ein Herr, der in Lektüre versunken ist. Ich starre durch das Fenster. Felder, Felder, irgendwo in der Ferne Gebäude, dann ein Stückchen Wald und wieder Felder.

Und plötzlich meine Vögel!

1945 fuhr ich von Warschau nach Tłuszcz. Güterwagen, darin eine redselige Menge, familiär wie alles damals. Ich fuhr zu meiner Schwester, die – sehr jung – die ersten Freuden des Honigmondes genoß. Mein Schwager, ein verarmter, von den Deutschen ins Generalgouvernement umgesiedelter Gutsbesitzer aus Großpolen, war in den ersten Nachkriegsjahren Verwalter Staatlicher Agrar-Immobilien. Die Bauern der Umgebung sagten zu ihm ›Herr Gutsbesitzer‹ und zu meiner Schwester ›Frau Gutsbesitzer‹. Sie nahm das verlegen, ja sogar zornig auf, weil sie schon als Mädchen eine große Sozialistin gewesen war; auf den Namenstagskarten, die sie für unseren Vater gemalt hatte, waren immer Fabrikschornsteine, rote Fahnen und Inschriften: »Es lebe der Sozialismus!« zu sehen gewesen.

Aber ihre Schwiegermutter war eine echte Gutsbesitzerin, noch aus den Zeiten in Großpolen, mit familiären

Verbindungen und Verwandtschaften zu den Colonna-Walewskis, was sie mit ihrer heiseren Stimme stets unterstrich. Es fiel allerdings schwer, in dieser kranken, ausgedörrten Frau ein hervorragendes Geschlecht zu erkennen; sie irrte durch die Zimmer des ehemaligen Gutshauses, angetan mit einem Schlafrock aus Wollflanell, ungekämmt, zahnlos, eher einer Hexe aus dem Märchen ähnlich als einer Dame von Welt. In der Zeit, da ich sie kennenlernte, war ihre Weltläufigkeit auf ein vorzügliches Französisch reduziert. Erschien auf der Schwelle jemand aus dem Dorf, so beendete sie ihren auf polnisch begonnenen Satz sofort auf französisch. Darin war sie Meisterin. Soweit ich mich erinnere, verkörperte sie alle Fehler ihres Milieus und keinen seiner Vorzüge. Doch tue ich ihr mit diesem Urteil wohl Unrecht, ich war in jenen Zeiten zu jung und unerfahren, um die Eigenschaften dieser Dame zu begreifen, zu ordnen und gehörig zu bewerten.

Ich fuhr also! Ich sollte meine Schwester zum ersten Mal nach dem Krieg sehen, zum ersten Mal, seit jenem Augenblick, da wir uns am 1. August 1944 in Warschau getrennt hatten. Ich wußte, daß sie lebte. Als ich aus Deutschland zurückkehrte, stand auf der Mauer unseres ausgebrannten Hauses ihre Adresse und die Aufforderung, sofort dorthin zu kommen. Ich fuhr darum hin und wußte bereits, daß sie im Winter den Mann geheiratet hatte, der ihr während der Okkupation nachgelaufen war.

An unsere Begegnung erinnere ich mich nicht. An die ersten Tage meines Aufenthalts auch nicht. Es regnete. Der Gutshof versank im Dreck. Die Zimmer waren niedrig, eng, vernachlässigt, die Küche dafür riesengroß, über dem Herd hingen Eisen- und Kupferpfannen.

Mein Schwager war äußerst beschäftigt. Er gehörte zu

jener bereits ausgestorbenen Gruppe aufgeklärter und vorsorgender großpolnischer Landwirte, vortrefflicher, belesener Kulturorganisatoren mit sehr demokratischen Anschauungen, gewöhnt an die Zusammenarbeit mit dem ebenfalls kultivierten und belesenen, mit gut organisierter und fruchtbringender Arbeit vertrauten Posener Bauern. Ich denke, in Podlasie wurde seine Weltanschauung beeinträchtigt. Vermutlich zum ersten Mal stieß er auf solche Rückständigkeit, Ungläubigkeit und Unfähigkeit. Er fuhr mit dem Motorrad in die umliegenden Dörfer, er belästigte, lockte, drohte, belehrte die Leute – doch ohne größeren Erfolg. Auch plagten ihn schlimme Vorahnungen. Ich glaube nicht, daß er einen politischen Verstand hatte, doch sah er einfach, was ringsum geschah, er sah es besser und deutlicher als ich, weil er beinahe zwanzig Jahre älter war. Und er sah den Wechsel voraus, der tatsächlich bald eintrat.

Vielleicht ergab sich sein Durchblick aus Kontakten mit den russischen Offizieren. In der Nähe befand sich der Stab einer Heereseinheit. Die höheren Offiziere, ein Oberst, mehrere Majore hingen an meinem Schwager. Er trank mit ihnen im nahen Schulgebäude, wo sie einquartiert waren.

Das ist ein sehr lehrreicher Fall. In ihm zeigt sich das Gesicht jener Jahre, die Verkettung unterschiedlicher geistiger Strömungen, die bisher noch keine Künstlerhand aufgelöst hat. Dem Anschein nach ist das angesichts der Dramen jener Zeit eine nicht beachtenswerte Kleinigkeit. Doch aus solchen Kleinigkeiten besteht das Kolorit einer Epoche. Werden sie nicht festgehalten, gehen sie im dunklen Meer der Vergangenheit unter und mit ihnen ein großes Stück Wahrheit.

Nun, mein Schwager trank mit den russischen Offizieren. Und sie mochten sich gegenseitig. Das habe ich behalten. Mehrfach nahm ich als schweigender und aufmerksamer Zeuge an solchen Abendessen teil. Ich glaube, mein Schwager sorgte damals für das Essen, die Russen für den Alkohol.

Er imponierte ihnen sehr. Er war nicht groß, unschön, braungebrannt, dürr wie ein Span, sehr elastisch und beweglich. Aber das war eine unermeßlich fließende, elegante, herrenhafte Elastizität. Jede seiner Gesten wirkte spontan, obwohl sie aus der hundertjährigen Schicht einer guten Kinderstube kam und tief in mehreren Generationen wohlerzogener, taktvoller Menschen verwurzelt war. Die russischen Offiziere, alle beleibt und breitschultrig, unbeweglich, mit vielleicht gutmütigen, aber groben Gesichtern ohne markante Prägung, betrugen sich meinem Schwager gegenüber äußerst feinfühlig. Es scheint, als wollten sie seiner Leichtigkeit und Lebensart gerecht werden. Nie waren sie vulgär, nicht einmal nach vielen Gläsern Wodka. Einmal ließ sich der ranghöchste Offizier mit meinem Schwager in ein Gespräch über dessen Siegelring ein. Zunächst sprach er ungeschickt, aber mit Nachdruck über die Gleichheit und über die Volksmacht, dann aber lauschte er den im Grunde ziemlich abgedroschenen und schülerhaften, dem Arsenal des polnischen Traditionalismus entlehnten Erläuterungen meines Schwagers. Er nickte versonnen. Darauf schwieg er lange. Mir kam er traurig vor.

Diese Leute schienen in Anwesenheit meines Schwagers etwas zurückzugewinnen. Etwas lange Verlorenes. Es geht nicht um den Adel, wohl aber um die Hierarchie der Werte, die Ordnung der Welt, ihre Wurzeln, ihre Schönheit.

Es lohnt, sich zu vergegenwärtigen, daß zwischen den Polen und den Russen jener Zeit ein grundsätzlicher Unterschied in der Auffassung und Beurteilung der Welt bestand.

Für viele Menschen in Polen wurde damals eine neue Wirklichkeit geboren. In den Augen der russischen Offiziere war es eine wohlbekannte Wirklichkeit. Es gab damals in Polen Leute, die mit Enthusiasmus und Hoffnung in die Zukunft blickten. Alle schönen Träume, ja sogar die Märchen des polnischen Sozialismus sollten sich verwirklichen, konnten sich jedenfalls verwirklichen.

Ich glaube, die nüchternsten Menschen in Polen waren damals die Russen, die russischen Soldaten und Offiziere. Ich rede nicht von den politischen Kadern, sondern von den Leuten an der Front, die vier Jahre lang gegen die Deutschen gekämpft, die unbeschreibliche Leiden, Hunger, Verletzungen, Läuse, Tod von Kameraden, den ganzen Schrecken des Krieges durchgemacht hatten – und die jetzt als Sieger in ihre Heimat zurückkehrten. Doch sie kehrten aus anderen Welten zurück, denen sie auf ihrem siegreichen Marsch begegnet waren, Welten, von denen die Jüngeren keine Ahnung gehabt hatten, an die sich zu erinnern die Älteren sich fürchteten.

Es waren tragische Menschen, diese Soldaten und Offiziere der siegreichen Armee, die nach der Eroberung Berlins durch Polen heimkehrten. Sie kehrten zurück und trugen in sich die Erinnerung an neue Landschaften, Sitten, Anschauungen, und sie wußten, daß dieses Wissen zum Fluch werden würde.

Ich glaube, daß sie damals die Polen ziemlich skeptisch und nicht ohne Mitgefühl betrachteten, besonders diejenigen, die ihrer Freude über die große Veränderung Ausdruck gaben. Sie wußten mehr, sie kannten genauer, sie litten tiefer. In ihnen lebte die Weisheit alter und neuer Wunden.

Wer sich an sie aus jenen Jahren erinnert, der erinnert

sich, daß sie gewöhnlich traurig waren. Nur in Filmen tanzen die Soldaten vor Freude auf dem Brandschutt Berlins. Vielleicht haben sie wirklich in Berlin getanzt, das wäre natürlich und verständlich. Sie verbrachten die ersten Tage des Friedens in euphorischer Stimmung. Dann kam die Reflexion. Und als sie durch Polen zurückkehrten – sie brauchten ja viel Zeit dazu und glichen eher Landstreichern als einer siegreichen Armee –, war in ihnen keine Fröhlichkeit, kein Enthusiasmus, nicht einmal Stolz. Sie wirkten melancholisch, sentimental, außerdem aber unberechenbar. Sie wirkten wild, ungehobelt und besessen vom Hunger nach Gegenständen. Es gibt Leute, die sich an den Durchmarsch wie an einen Überfall erinnern; denn auf dem Rückweg von der Front waren diese Soldaten weniger diszipliniert, mehr verrückt und betrunken als im Jahr zuvor, während sie als siegreiche Armee nach Westen zogen. Doch es lohnt, darüber nachzudenken, warum sie wie eine wahnsinnige Gruppe wirkten, wahnsinnig und erschöpft, wahnsinnig und schweigend, wahnsinnig und traurig. In ihren Gesichtern stand eher Resignation als Stolz und Freude. Wir betrachteten diese Gesichter, sahen aber deren Züge nicht. Einige bemerkten nur die Fremdheit, andere nur die Hoffnung auf das Morgen. Fast niemand erblickte die düstere Warnung und das Mitgefühl.

Wir sind unserer Geschichte auch dieses Bild des russischen Gesichts schuldig. Wir sind jenen Soldaten Achtung schuldig, nicht nur weil sie unsere Qualen abgekürzt und die Nazis aus Polen vertrieben haben, sondern auch für das Leiden, um das sie wußten, und das stumme Zeichen, das sie uns damals gaben.

Ich vermute, die russischen Stabsoffiziere verständigten sich mit meinem Schwager in den wesentlichsten Dingen ohne Worte. Er war ein vernünftiger Mann. Er entnahm sein eigenes Schicksal ihren Gesichtern, ihren stummen Gesten und Blicken. Und gerade das fesselte ihn in ihrer Gesellschaft. Sie hingen an ihm, er an ihnen. Dieser nüchterne Großpole, Absolvent französischer Schulen, Feinschmecker und Freigeist stapfte abends in Drillichhosen und hohen Stiefeln durch den Matsch in die nahe Schule, um sich sein künftiges Los anzuschauen. Wie sich ein antiker Grieche nach Delphi begab, so schleppte sich mein Schwager in das sowjetische Quartier, um das Wort des Orakels zu vernehmen.

Wie jedes Orakel waren auch sie enigmatisch. Sie machten sich gierig über den Schinken her – und mein Schwager wußte nun, daß es keinen Schinken geben würde. Sie musterten voller Bewunderung die festen Mauern der Schule – und mein Schwager wußte nun, daß die Schulbauten herunterkommen würden. Sie betrachteten seinen Wappenring, wie man eine exotische Pflanze betrachtet, deren Tage gezählt sind.

Diese seltsame Vertrautheit endete ganz gewaltsam. Meine sehr junge, hübsche Schwester starb plötzlich. Sie war schwanger. Sie ließ sich einen Zahn ziehen unter Bedingungen, die von einer elementaren Hygiene weit entfernt waren, auf dem Lande, von einem Dentisten, der wohl gar kein Dentist war. Vielleicht hätte das nicht tragisch geendet, doch der Krieg war kaum vor ein paar Monaten erloschen, so viele Leute waren gestorben, so viele hatte man beerdigt, daß Geringschätzung gegenüber dem vergehenden Leben herrschte, Leichtfertigkeit, verbunden mit Mangel an entsprechenden Mitteln, an Pflege und medizinischer Organisation.

Meine Schwester starb in einem Warschauer Krankenhaus, sehr schnell und still. Ihr ganzes Leben war kurz und still, durchtränkt mit mädchenhafter Romantik, schönen Illusionen und Träumen von einer besseren Welt. Im August 1944 trennte sie sich von der Familie, um in den Aufstand zu gehen. Nach der Kapitulation der Innenstadt aus Warschau vertrieben, vegetierte sie irgendwo bei Tschenstochau, einsam, tapfer und hübsch sogar in den stinkenden Lumpen, die sie damals auf dem Leibe trug. Im Dezember oder Januar erreichte mich in Sachsenhausen ein Päckchen von ihr, über dem ich bitterlich geweint habe. Es enthielt ein Stück trocken gewordenes Schwarzbrot, ein paar Zwiebeln und Knoblauchzehen, eine Prise Zucker. Meine Schwester hatte wochenlang gehungert, damit ich mich an einem Abend satt essen konnte.

Anfang 1945 fand sie meinen Schwager wieder, sie heirateten still im bereits befreiten Warschau und ließen sich in Tłuszcz nieder, wo mein Schwager die Frühlingsaussaat organisierte. Sie starb in den letzten Augusttagen, bis zum Tode voller Hoffnung, Vater und Mutter hätten überlebt und würden zurückkehren.

Ihr Tod war das Ende meiner Jugend. Ich blieb allein, ein Schiffbrüchiger und armer Schlucker, dem der Krieg das Haus und die Nächsten genommen hatte. Von nun an sollte ich einsam mit der Welt ringen, allein gegen alle Heere des Xerxes.

Mein Schwager und ich trennten uns am Grabe unserer Lieben wortlos. Ich habe ihn fünfzehn Jahre lang nicht gesehen.

Unsere nächste Begegnung fand in einer besonderen Umgebung statt. Meine Eltern, die nach jahrelangem Umherirren in London wieder in Warschau wohnten, suchten nach meinem Schwager, sie wollten ihn um eine typisch polnische Gefälligkeit bitten. Er sollte ihnen das Recht an dem Grab abtreten, in dem die Überreste meiner Schwester ruhten.

Mein Schwager kam mir alt vor, er glich fast einem Altersgenossen meines Vaters, obgleich er in Wirklichkeit etwa fünfzehn Jahre jünger war. Schütteres Haar, sich schälende Haut auf der Nase, Falten rund um die Augen. Er verhielt sich wie früher, diskret und höflich. Zu den Formalitäten hinsichtlich des Grabes machte er keine Schwierigkeiten. Auf die Frage, wie sich sein Leben gestaltet habe, antwortete er nichtssagend, erwähnte aber wohl eine zweite Heirat. Doch dann wechselte er sofort das Thema. Er sagte, er sei Anfang der fünfziger Jahre »in die Klemme geraten«. Ich weiß nicht, ob er das Gefängnis meinte. Damals kamen viele frühere Großgrundbesitzer, die sich gleich nach dem Kriege eifrig an den Wiederaufbau der Landwirtschaft gemacht hatten, hinter Gitter. Die Ursache war ihre klassenmäßige Fremdheit, was sich damals nach der Doktrin mit feindseligen Umtrieben verband. Nach dem Jahr 1956 kehrten diese Leute in die Arbeit zurück. Nur bei wenigen entschuldigte man sich wegen einer solchen Kleinigkeit, wie es der Bruch in ihrem Leben, das Anspucken und die Verleumdungen waren. Und doch kehrten fast alle zurück zur Arbeit, vergaben einer Staatsmacht, die ihren Patriotismus mit Unrecht vergolten hatte.

Mein Schwager gehörte zu der heute in Vergessenheit geratenen Gruppe gebildeter, redlicher Polen, die sich gleich nach dem Kriege an die schwere Arbeit machten, sie achteten nicht auf die Demagogie und die Praxis des Staates, der sie auf die Rolle von Bürgern zweiter oder dritter Kategorie hinabdrückte. Es waren Ingenieure, Lehrer, Ärzte, Unternehmer. Vor dem Krieg hatten sie sich einen guten Namen erworben. Aus jener Zeit hatten sie ihre europäische Bildung und viel berufliche Praxis mitgebracht, aber auch die Bitterkeit des Mißerfolgs; denn dieses Polen, zwanzig Jahre lang ihr Stolz, war schnell zerfallen, hatte eine Niederlage davongetragen und unter der Okkupation gelitten, um am Ende als ein ganz anderes Land aus dem Krieg hervorzugehen. Diese Leute meinten jedoch, ein anderes bedeute nicht ein fremdes, auch das andere sei das ihre. Und sie stellten sich als erste ein zur schweren Arbeit. Sie mußten nicht nur mit der widerspenstigen Materie ringen, mit den Trümmerhaufen der Städte, dem Werkzeugmangel, der veralteten Technik, sondern auch mit der anmaßenden und despotischen Dummheit ihrer oft ungehobelten, selbstsicheren, mißtrauischen und zugleich allmächtigen Vorgesetzten. Es ist nicht wahr, daß der organisatorische Wille der PPR das Polen von damals ins Leben gerufen hätte. Eben diese sich abrackernden, vor dem Krieg ausgebildeten Fachleute animierten das Land, sie richteten die Fabriken aus Ruinen wieder auf, organisierten Schulen, brachten den Verkehr in Gang, bauten Häuser.

Nie haben sich so viele flache Mythen angesammelt wie in dem Bild der ersten Nachkriegsjahre. Die Filme, Romane, Erinnerungen von heute sind aus Fälschungen, Verdrehungen und aus Verschweigen zusammengekleistert. Man findet dort nicht die Wahrheit über die damaligen Polen. Man findet dort auch nicht die Wahrheit über die damaligen Russen. Denn unsere Bruderschaft lag damals im Schweigen, in der seltsamen, magischen Projektion der Erfahrung, die sie schon hinter sich hatten und die uns erst bevorstand.

Mord

Es wurde ein Communiqué über die Entführung des Priesters Popiełuszko und die Flucht seines Fahrers Chrostowski ausgestrahlt. Ich höre, sie fuhren von Bromberg nach Warschau.

Das ganze Land in der Falle.

Ania Szaniawska hat Ewa während eines Gesprächs in St. Martin erzählt, Klemens habe mit dem Priester nach Bromberg fahren wollen. »Jerzy Popiełuszko lebt nicht mehr!« sagte Ania. Überall weinen die Menschen ...

Die Behörden sind in Panik geraten. Das ist verständlich. Wer Wind sät, wird Sturm ernten ...
Ich bin überzeugt, Jaruzelski und Kiszczak stehen außerhalb jeden Verdachts. Doch die Leute schreiben dieser Staatsmacht die dämonischsten Machenschaften zu. Es ist unmöglich zu diskutieren. Außerdem habe ich dazu weder Kraft noch Lust. Die moralische Verantwortung der Regierung ist offensichtlich. Die Leute vom Sicherheitsdienst, die den Priester entführten und töteten (denn ich glaube nicht, daß er noch lebt!), müssen auf Befehl gehandelt haben.

KTT sagt zu mir: »Kein Offizier des SD macht in diesem Lande seine eigene Politik. Entscheidungen und Unternehmungen der Generale können Überraschungen für die Leutnants sein, aber nicht umgekehrt!«
KTT wirkt erschüttert. Zum ersten Mal sehe ich ihn in einem so erregten Zustand.

»Sie haben es sich selbst eingebrockt.«

Ich antwortete, sie hätten es auch dem Volk eingebrockt.

In der St.-Stanisław-Kostka-Kirche wird Tag und Nacht
Wache gehalten. Ich verstehe die Absicht, vermag jetzt
aber nicht dort zu sein.

Und wenn Klemens zusammen mit dem Priester gefahren
wäre? Dann – drei gegen drei. Chrostowski ist angeblich
ein großer Kerl.

Warum hat der Priester das Auto im Wald halten lassen? Der Fahrer wollte nicht, sie stritten sich. Wären sie
irgendwo zwischen Häuser gekommen ...

Ach, Unsinn! Wenn die anderen entschlossen waren,
ihn zu töten, hatten sie tausend Möglichkeiten. Wenn
nicht an diesem Tag, dann am nächsten. Vielleicht ohne
einen Zeugen, in Abwesenheit Chrostowskis? Vielleicht
wäre ihm dann die Flucht nicht geglückt. Was dann?

Chrostowski ist die Schlüsselfigur. Ohne seinen Aufruf
und seine Aussagen wüßten wir nichts. Wo ist Popiełuszko? Ich hätte es in den Zeitungen gelesen, wenn er in
den Untergrund gegangen, eine Million Kollektengelder
veruntreut und sich versteckt hätte, oder wenn er ins Ausland geflohen oder alkoholisiert in einer Lehmgrube
ertrunken oder von einer eifersüchtigen Dirne getötet
worden wäre.

Jetzt suchen sie ihn fieberhaft. Die Leute glauben nicht,
daß sie suchen. Aber sie suchen wohl doch. Denn jemand
hat dieser Regierung das Messer an die Kehle gesetzt. Eine
Verschwörung der Prätorianer. Wie viele Cäsaren haben
unter ähnlichen Umständen den Kopf verloren. Aber wo

ein Cäsar ist, müssen auch die Prätorianer sein. Und jetzt befindet sich Jaruzelski in der Klemme. Wer wen?

Eine rhetorische Frage. In so dramatischen Augenblikken entscheidet über die Lage in Warschau nicht, wer die Macht errungen hat, sondern Moskau. Die gegenwärtige Regierung wird von Moskau unterstützt. Deshalb sind die Verschwörer ohne Chance.

Ausgenommen das Drehbuch sehe größere Dinge vor, die über Polen hinausreichen. Oder ein ganz großes Spiel sei im Gange. Wieder auf dem Rücken der Polen!

Ein Spiel ist im Gange. Das bezeugt natürlich der Beschluß des Plenums des Zentralkomitees. Es heißt, Jaruzelski habe diesen Beschluß mit großer Mühe durchgesetzt. Volles Vertrauen in Kiszczaks Person. Das heißt, die alten Kader des Sicherheitsdienstes befinden sich auf dem Rückzug, militärische Faktoren dominieren die Leitung der Polizei.

Im Dämmerlicht des Establishments spielt sich ein Kampf ab, von dem wir so gut wie nichts wissen! Es ist immer dasselbe. Verschwörung, Palastrevolution, die Köpfe der früheren Tyrannen werden dem Volk auf den Spitzen der Piken gezeigt, der neue Tyrann erhebt stolz das nackte Schwert.

Schreckliche Barbarei an der Schwelle der kosmischen Ära.

Hat Gott dieses Land verlassen?

Der Priester ist tot. Man hat seine Leiche aus dem Weichsel-Stausee gezogen.

Heute früh bin ich nach Żoliborz gefahren. Ich dachte, es wäre von Vorteil, zwei, drei Stunden vor der Beerdigung dort zu sein. Was für ein Irrtum! Unmöglich, in die Nähe der Kirche zu gelangen. Unwahrscheinliche Menschenmengen, Hunderttausende, Hunderttausende... Während der Autobusfahrt sah ich auf den Fahrbahnen ganze Fußgänger-Kolonnen nach Żoliborz ziehen. Jenseits der Überführung am Danziger Bahnhof zwängte sich der Autobus nur mit größter Mühe durch. Die Leute gingen mit Transparenten der Solidarność, konzentriert, still, voller Entschlossenheit.

Ein Streifenwagen des Straßendienstes der Bürgermiliz, am Kino *Wisła* eingeklemmt in der Menge. Ein höflicher Milizionär mit weißer Mütze. Eine alte Frau informierte die vorbeiziehenden Menschen, er habe mit entschuldigendem Lächeln zu ihr gesagt: »Ich regle nur den Verkehr. Glauben Sie mir, nur den Verkehr!« Ich warf von fern einen Blick auf diesen Milizionär, nicht ohne Hochachtung für seinen Mut.

Zuerst fühlte ich mich entsetzlich bedrückt, weil ich in der Menge nicht stehen konnte, keine Luft bekam und die Beine mir den Gehorsam verweigerten. Ich lief zu den Janeks, als ob sie mein Problem lösen könnten. Ich klingle, klopfe. Natürlich waren sie bei der Kirche. Ich schleppe mich in der Menge vorwärts, immer näher zur Kirche, immer näher, doch manchmal drehe ich um, suche ein Durchkommen in dieser Menge, eine mitleidige Seele. Da taucht in meinem Gedächtnis Jerzy Mikke auf. Er wohnt hier irgendwo. Welches Treppenhaus? Janek Górski Treppenhaus C, Jacek Kuroń etwas weiter, Mikke noch weiter in Richtung Krasiński-Straße. Ich weiß noch, er hat einmal eine kleine Galerie erwähnt. Da ist die Galerie. Aber drei Stockwerke, auf jedem mehrere Wohnungen. Ich klopfe an die nächste Tür.

An Tagen wie diesen sind die Menschen Brüder. Die Frau auf der Schwelle informiert mich über Jerzy, bietet mir aber gleichzeitig Tee und belegte Brötchen an.

Nach einer Weile war ich bei Jerzy Mikke. »Aber bitte sehr, bitte sehr... Ich habe alles vorbereitet. Ich habe Hokker. Von der Galerie aus sieht man Kirche und Straße wie auf der flachen Hand.«

Er wartete auf das Eintreffen des Rechtsanwalts Jan Olszewski, dann sollten wir gemeinsam auf die Galerie gehen. Als Olszewski jedoch erschien, gab es keine Möglichkeit mehr, diesen Plan zu verwirklichen. Auf der Galerie stand Schulter an Schulter eine dicht gedrängte Menge. Wir nahmen also an dem Begräbnis vom offenen Fenster aus teil, das zur Ecke der Krasiński-Straße und dem Platz der Pariser Kommune hinausging. Überall Lautsprecher. Ungezählte Massen, Hunderttausende von Köpfen auf dem Platz, in den benachbarten Straßen. Ein schwarzer Strich menschlicher Gestalten auf dem Dach des Kinos *Wisła*. Menschen auf den Dächern aller Häuser rundum. Menschen auf den Bäumen. Menschen auf den Laternen. Menschen klammern sich an Kamine und Regenrinnen. Menschen umspannen mit ihren Armen die Schornsteine auf den steilen Dächern der villenartigen Häuser von Żoliborz. Menschen überall.

Eine Zeitlang waren die Straßenbahngleise noch frei. Dann blieben die Straßenbahnen stehen. Ein schmaler Durchfahrtsstreifen für die Krankenwagen. Im Augenblick der Wandlung ertönte in der Stille der hunderttausend Menschen die verzweifelt aufheulende Sirene der Rettungswache. Unter unserem Fenster schob sich der Wagen zu einer ohnmächtig gewordenen Frau durch.

Die Ansprachen klangen schlicht, stark, schön. Tiefe und

ruhige Worte des Primas. Szczepkowskis inspirierte Rede. Die kluge und machtvolle Ansprache Wałęsas. Erschütternde Worte der anderen Redner.

Erstaunlich, wie heiter, wie erquickend der feierliche letzte Abschied von Kaplan Jerzy war! Die Kraft der Trauer – ja, die Kraftlosigkeit der Verzweiflung – nein! Die ungeheure Kraft und Gewißheit dieser riesigen Menschenmassen. Disziplin, Solidarität, Entschiedenheit, Gläubigkeit. Die größte und erhabenste Manifestation des freien Volkes in unserer Geschichte. Nie, auch nicht in den besten Tagen der Solidarność gab es in Polen eine so große Versammlung. Natürlich, die beiden Pilgerreisen des Heiligen Vaters – das war etwas ganz anderes. Damals war seine Person der Schild für Millionen gewesen. Heute standen die Polen von Angesicht zu Angesicht dem System gegenüber, ohne Deckung. Nur der Sarg des Märtyrers und die eigene Entschiedenheit schützte sie. Wir waren Hunderttausende. Und mit uns die Wahrheit über Gott, über Polen, über die Welt.

Wer überwindet eine solche Kraft? Wer kann sich mit ihr messen?

Ich brauchte Stunden für den Rückweg. Immer wieder Gespräche mit fremden Menschen. Sie waren gar nicht fremd. Erst in der Dämmerung fuhr ich mit dem Bus über die Kreuzung Marszałkowska und Świętokrzyska. Dort hatte sich vor zwei Stunden der viele Tausende zählende Umzug der Solidarność, der von Żoliborz heranmarschiert war, aufgelöst. Vom Busfenster aus sah ich Panzerwagen und Autos der Miliz. Die Leute im Bus lachten und zuckten mit den Achseln.

Gestern bei Jerzy Mikke sagte der Rechtsanwalt Olszewski, er sei gerade aus Białystok zurückgekommen. Ich weiß, daß er an der Obduktion Kaplan Popiełuszkos teilgenommen hat. Er sagte darüber kein Wort.

Ich hätte ihn sehr gern gefragt, habe es aber natürlich nicht getan. Hätte er gewollt und gekonnt, so hätte er ungefragt berichtet.

Unmittelbar nach dem Begräbnis suchte ich Janek Górski und seine Frau auf. In ihrer Wohnung drängten sich viele Menschen. Ich frage Janek nach bestimmten Personen, die ich nicht kenne. Er kennt sie auch nicht. Sie sind gekommen, um zu reden und zu hören. So war das in ganz Żoliborz. Und wohl in ganz Polen.

Der Mordfall bleibt, was die Einzelheiten angeht, weiter im Nebel. In solchem Nebel wird er nun für immer bleiben. Die Geheimdienste wahren ihre Geheimnisse. Den Mördern soll der Prozeß gemacht werden. Das ist unvermeidlich. Eine zu große Welle des Zorns und der Verachtung überschwemmt das ganze Land.

Folglich kommt der Prozeß. Und es kommt eine Säuberung im Polizeiapparat. Angeblich hat sie schon begonnen. Es geht jedoch nicht um die Bestrafung einiger Schurken und das Hinauswerfen einiger hundert anderer aus dem Dienst. Es geht um Philosophie und Praxis des Systems.

Wie ich höre, erlebt der Apparat großen Streß. Das glaube ich. Heute muß sich jeder Milizionär überlegen, ob sich die Ausführung des Befehls eines Vorgesetzten für ihn rentieren wird. Die Staatsmacht, die in der Kurve einige ihrer Funktionäre verloren hat, verliert nun auch das Vertrauen aller übrigen.

Das Problem der Verantwortung für dieses Verbrechen ist von vielfältigem Charakter. Aber nur die strafrechtliche Verantwortung scheint mir unklar. Die politische und moralische fällt auf die Staatsmacht, auf das in Polen herrschende System.

Und doch diskutieren viele Leute eifrig über den künftigen Prozeß. Als würde die Schuld erst im Gerichtssaal aufgedeckt. Als sollte der Prozeß die Antriebsfedern enthüllen . . .

Er wird sie nicht enthüllen. Der Apparat ist das Salz der Erde, der Stahl und Diamant des Systems. »Keine Illusionen, meine Herren!« wie vor über hundert Jahren der allergnädigste Imperator gesagt hat.

Keine Illusionen . . .

Das Ende des polnischen Mythos

Als die Nachricht von der Ermordung des Kaplans Popiełuszko eintraf, war ich nicht überrascht. Das ganze Land hatte gewußt, womit diese Entführung enden würde.

Damals traf ich auf der Straße Adam. Er sagte: »Die haben es so weit gebracht, daß jeder Mensch unglücklich ist!«

Während der Beerdigung dachte ich an das, woran damals alle dachten. An unsere Gemeinsamkeit. Und auch daran, daß dieser schreckliche Tod sich als Wendepunkt herausstellen könnte, als Augenblick des großen Umbruchs, von denen wir einige, vielleicht ein gutes Dutzend in unserer Geschichte haben.

Später, bereits in einer anderen Atmosphäre, in der Erwartung und krankhaften Anspannung der folgenden

Tage, während fast alle rundum mit etwas rechneten, etwas voraussahen, etwas auszählten in den komplizierten polnischen Rechnungen – machte ich mir plötzlich klar, daß ich wieder der Magie der Begriffe erlag, die ich doch seit Jahren für die traurigen Überreste unserer nationalen Mythomanie halte. Aber sie sind so stark und verlockend! Es schien, als hätte ich die Hirngespinste abgetan, doch kaum kommt die Stunde der tiefsten Reflexion über das kollektive Schicksal, schon lasse ich mich wieder von Illusionen einlullen. Und das ist eine Verletzung, eine Bürde, die uns von der geistigen Tradition Europas trennt.

Im dramatischen Tod des Kaplans Popiełuszko laufen, so glaube ich, zahlreiche Fäden der polnischen Selbsttäuschung zusammen. Dieser Tod schürzt sie zu einem entsetzlichen Knoten.

Denn wie ist das letztlich mit diesem ›besonderen‹ Volk, dem Gott angeblich eine Art messianische Opferwilligkeit bestimmt und die Reinheit patriotischer Intentionen zugewiesen hat, indem er es angeblich von jenem ausländischen Übel befreite, das in den anderen, zu Grausamkeit, Heuchelei und Tücke fähigen Nationen wuchert.

Nie hat unsere Geschichte Grundlagen für eine solche Idealisierung geliefert. Sie war ganz irdisch, durchaus nicht so inspiriert, vielleicht gab es nur mehr Hochspannung in ihr als anderswo. Wahrscheinlich deswegen hat sie uns Beispiele großer Opferbereitschaft und Mannhaftigkeit, aber auch Beweise ganz besonderer Gemeinheit vererbt.

Doch unsere Xenophobie und patriotische Phrase erwuchsen immer aus dem Boden verschiedener Fälschungen, Halbwahrheiten und Heimlichkeiten. Sehr viel Kościuszko und eine Prise Targowica. Die opfermütigen Fähnriche in der Novembernacht, Ordons Redoute – das kommt immer! Doch wo ist der Bodensatz an Gemeinheit und Dummheit, der offene Verrat der damaligen Generalität, worüber man in jeder redlichen historischen Monographie nachlesen kann? Das Jahr 1863, das sind Grottgers Visionen, die ehrwürdigen polnischen Mütter, schließlich Traugutt. Aber im allgemeinen polnischen Bewußtsein gibt es keinen Platz für die Spitzel, die durch Warschaus Straßen strichen, für die Bauern, die den Kosaken die verwundeten Aufständischen aus den zerschlagenen Partisanengruppen im Wald auslieferten.

Immer waren wir gut und durch unser Unglück gewappnet gegen die Versuchungen des Satans. Ich meine hier nicht die politischen Sünden, die in den Augen anderer übrigens als politische Tugenden gelten können. Es geht hier nicht um die Wahl der Widerstandstaktik gegen die Teilungsmächte, es geht nicht um Leute wie Wielopolski und später Dmowski, denn das ist ein Problem des ideologischen Streits und kein Problem des Menschseins. Es geht um die schlichte Tatsache, daß wir durchaus nicht besser waren als andere. Es gab in Polen genauso viel Mannhaftigkeit wie Gemeinheit, genauso viel Treue wie Verrat.

Doch die in unseren Köpfen verwurzelte Legende schiebt den Generationen immer wieder ein reines, unschuldiges, märtyrerhaftes Bild unter. Das paarte sich mit Verachtung für andere, wovon, wenn sie noch lebten, die polnischen Juden des 19. und 20. Jahrhunderts am meisten berichten könnten.

Einige Tage nach der Beerdigung des Priesters sagte mir Janusz, das hätten keine Polen getan, das hätten Polen einfach nicht tun können. Mein Gott, ein vernünftiger, ehrlicher Mann, und solch kümmerlicher Unsinn in seinem Munde! Ich weiß, derartige Worte diktiert der Schmerz, das ist ein Aufschrei der Scham. Doch hinter dieser Scham lauert das ganze ungeschlachte Panorama der polnischen Vorstellung von der Welt, die bevölkert ist von Russen mit Sklavenseelen, französischen Froschfressern und armseligen englischen Krämern. Dort ist jeder Tscheche ein Pepi, jeder Rumäne ein Pferdedieb, jeder Deutsche ein gewissenloser Gauner. Und jeder Pole ist ein Ritter der Muttergottes von Tschenstochau, der Königin Polens.

Diesen Mythos hat der letzte Krieg sehr gestärkt. Denn in jenen Jahren verkörperte sich der Teufel im deutschen Volk. Es ist eine Tatsache, daß die Deutschen die entsetzlichsten Verbrechen gegen den Menschen verübten. Es ist eine Tatsache, daß wir zu den grausam verfolgten Opfern der Nazi-Tyrannei gehörten. Unser Märtyrertum und unser Heroismus in Krieg und Okkupation sind keine Legende, sondern Geschichte. So war es einfach! Aber es gab damals auch polnische Gemeinheit, Verräterei, Niedertracht. Über unser Märtyrertum reden wir viel, über unsere Schurkerei wenig, und wenn, dann im Flüsterton.

In den letzten vierzig Jahren gab es nicht viele herzliche, innige und brüderliche Bande zwischen der kommunistischen Staatsmacht und der Nation. Selbst in ihren besten Jahren erfreute sich die Staatsmacht keines tiefen Vertrauens und keiner heißen Sympathie. Doch wenigstens auf einem Gebiet konnte sie auf die Unterstützung der erdrückenden Mehrheit zählen. Dann nämlich, wenn sie verkündete, wir seien etwas ganz Besonderes und absolut Vollkommenes. Wenn sie bewies, daß niemand unter der Sonne uns in puncto Mannhaftigkeit, Opferwillen und Vaterlandsliebe ebenbürtig sei. Wenn sie auf die Deutschen als verbrecherisches Volk hinwies und an unsere Erinnerung aus dem Krieg appellierte. Wenn sie gleichsam nebenbei und nicht ohne Spott an die Franzosen Pétains, die Italiener Mussolinis, die Norweger Quislings erinnerte. Wenn sie daran erinnerte, daß wir uns als die ersten auf der Welt der Aggression Hitlers entgegenstellten, und auch wenn sie bewies, daß die ganze Nation, ohne auf die Opfer zu achten, nach dem Kriege ihre geliebte Hauptstadt aus den Trümmern wieder errichtete.

Und das alles war die heilige Wahrheit!

Es gab eine Zeit, da die Staatsmacht, gefangen in ihrer Klassendoktrin, diese Komplimente halblaut von sich gab. Um so stärker sprach sie zu den Herzen, denn das sollte ein mittelbarer Beweis für jenes unveräußerliche, wunderbare, alle Hindernisse überwindende polnische Wesen sein, das sogar die Kommunisten in die Knie zwang.

Ich glaube, irgendwann Mitte der sechziger Jahre knieten fast alle einmütig vor dem Altar der nationalen Mythen und Hirngespinste nieder. Die Staatsmacht hängte ihre marxistischen Prinzipien an den Nagel, um auf Juden und Deutsche als Urheber unserer Mißerfolge hinzuweisen. Das in seiner Mehrheit katholische Volk hängte den Grundsatz der Nächstenliebe an den Nagel, um im donnernden Chor den Unsinn von unserer Sonderrolle zu rezitieren.

Wo war der Teufel? Saß er etwa nur im Fernsehen? Wo war dieser polnische Teufel, den ganze Generationen im Bild des Gottseibeiuns erblickten, diese klägliche Karikatur mit preußischem Haarzopf und jüdischer Nase?

Ich denke, er trug schon damals volksrepublikanische Kleidung, das heißt ausländische, in Paris für eingesparte Tagegelder gekaufte Klamotten.

Mitte der sechziger Jahre ließ sich das erste Alarmsignal unserer Degradierung vernehmen. Die polnischen Bischöfe richteten ihren berühmten Brief an die deutschen

Bischöfe. Damals wunderte mich weniger die Wut der Staatsmacht als vielmehr die arrogante Kritik in weiten Kreisen der Gesellschaft. Daß die Staatsmacht sich betroffen und bedroht fühlte, war selbstverständlich. Der polnische Episkopat sägte an dem Ast, an dem fast das gesamte gemeinsame Gepäck von Regierung und Volk aufgehängt war, das Gepäck des antideutschen Nationalismus. Aber die Gesellschaft war schon damals von der eigenen Mythomanie süß eingelullt.

Ich erinnere mich an die heilige Erregung dem Anschein nach vernünftiger und sensibler Menschen. Die Zäsur zwischen der Regierung und den Oppositionellen von damals verlief an einer ganz erstaunlichen Stelle. Die Regierung rief, niemand habe den Bischöfen das Recht gegeben, im Namen des Volkes und Staates zu vergeben. Man schickte tausend Autobusse nach Auschwitz, um die Schulkinder für das abscheuliche Vorgehen des Kardinals Wyszyński und der übrigen polnischen Bischöfe zu sensibilisieren. Die Oppositionellen waren bereit, großmütig zu verzeihen, doch die Bitte um Verzeihung hielten sie, ähnlich der Regierung, für eine Beleidigung, für eine dem Volk verabreichte Ohrfeige.

Als im März 1968 Lumpen und Banditen auf den Straßen unserer Städte die akademische Jugend verprügelten, war das die logische Folge der jüngsten Vergangenheit. Der elende Mythos nahm die Kraft eines politischen Programms an.

Danach geschahen ebenso schreckliche wie lehrreiche Dinge, aber der Mythos vegetierte weiter. Ich weiß, ich weiß sehr wohl, wie schmerzlich solche Trennungen sein können. Ein Volk, das so wenig besitzt, dem so viele Werte genommen wurden, wünscht wenigstens die Legenden zu behalten. Auch die flachen und dummen, sofern sie nur zu seinen Gunsten zeugen. Wenn die offizielle Pädagogik das historische Bewußtsein amputiert, wenn sie versucht, viele Tatsachen aus der Vergangenheit zu verzerren, zu verfälschen, zu verschweigen, dann bildet der flache und dumme Mythos eine Art Rekompensation.

Und wohl deshalb hörten wir, schon nach den Schüssen im Dezember 1970, nach den Ereignissen des Jahres 1976, nach der ganzen Dekade der siebziger Jahre, als der Dieb und der Schuft, der Feigling und der Verräter, der Dummkopf und der Schlauberger den Ton für das polnische Leben angaben, als wir ganze Jahre moralischen und sittlichen Verfalls hinter uns hatten und die Staatsmacht uns – vielleicht sogar gegen ihren Willen, vielleicht nur gelenkt von dem dunklen Egoismus der Neureichen, der sie animierte – auf der schiefen Ebene hinabgeleitete, die vom Begriff des Volkes zum Begriff der Horde führt, nach all diesen Erfahrungen, nach der ganzen kleinen Hölle der Trivialität und des Rückschritts – hörten wir wieder die Worte, daß wir uns schon verständigen würden »wie ein Pole mit einem Polen«.

Ich habe nichts gegen Wałęsa. Ich verneige mich tief vor dem Mann, der alles verkörpert, was in Polen gut war und ist. Aber als er diese glatte Phrase aussprach, schlug er die Brücke ins Nichts. Ich sehe ein, auf diese Weise wollte er den Abgrund einer klassenmäßigen Vision der Welt überwinden. Ich sehe ein, auf diese Weise wollte er noch einmal die Doktrin negieren, die den Vorstellungen der Polen von ihrem kollektiven Schicksal so fremd war. Aber er berief sich doch auf einen unheilvollen Mythos, der zu viel Zerstörung angerichtet hatte, als daß man ihn straflos erneuern konnte.

Sich verständigen wie ein Pole mit einem Polen!

Und wir haben uns verständigt! Damit es noch polnischer war, tauchten die Vierkantmützen auf. Das hätte sich kein Pepi auf der anderen Seite der Berge ausgedacht. Die Pepis haben keine Vierkantmützen, vielleicht waren sie deshalb 1968 nicht imstande, sich zu verständigen wie ein Tscheche mit einem Tschechen!

Wenn ich an das schreckliche Dilemma denke, das in der Illusion steckt, unsere nationale Gemeinsamkeit sei ein vorrangiges Ordnungskriterium aller Urteile, Haltungen und Meinungen – schiebt sich die Frage nach den politischen Gründen, die mit den Geschehnissen des 13. Dezember 1981 verbunden sind, in den Hintergrund. Ich verfüge in diesem Zusammenhang nur über die Perspektive meines eigenen Lebens, das in seinem Lauf angehalten, übel zugerichtet, zerschlagen wurde. Jetzt muß ich aus diesen Scherben mein Schicksal mühsam zusammenkitten. Also ist es besser, das politische Urteil der Historie zu überlassen. Darüber urteilen wird das weitere Schicksal des Volkes, aber auch seine Mythen und Legenden.

Aktueller ist die Frage, ob das die Lebensfähigkeit der alten Hirngespinste verringert hat. Denn es stellte sich doch heraus, daß solche Dinge auch bei uns möglich sind, daß wir keine Ausnahme bilden. Ich glaube, wir waren nie eine Ausnahme. Nie war das Gebot, Pole unter Polen zu sein, vernünftig und redlich, denn es ist geboten, Mensch unter Menschen zu sein, sich zu verständigen wie ein Mensch mit einem Menschen, menschlich zu leben oder, wie man bei uns sagt, zu leben, wie Gott geboten hat... Unser Polentum aber, sehr wertvoll, sehr teuer und schön, muß etwas Zweites sein, nie das Erste.

Die kluge und konzentrierte, immer freundliche Zofia

Nałkowska fiel mir ein. Wir unterschätzen sie heute, ignorieren sie vielleicht sogar manchmal, weil sie auf Dauer in den offiziellen Kulturablauf eingegangen ist und zur großen Schriftstellerin gesalbt wurde von einem Staat, der die Schriftsteller nach seiner Laune und seinem jeweiligen Bedürfnis salbte. Aber Zofia Nałkowska war wirklich groß, als Schriftstellerin und als Mensch. Selbst ihre Sünden waren irgendwie erhaben. Nach dem Krieg schrieb sie: »Dieses Schicksal haben Menschen den Menschen bereitet.«

Menschen den Menschen! Genauso ist es. So war es immer, trotz aller Illusionen über unsere besonderen Tugenden und erstaunlich banalen kleinen Sünden.

Drei niederträchtige Menschen holten in jener Nacht den Kaplan Popiełuszko aus seinem Auto und ermordeten ihn erbarmungslos. Ob das Polen waren? Ja, es waren Polen! Polnische Offiziere. Und möge mir niemand etwas daherfaseln von der Ehre des polnischen Offiziers und der Tradition der polnischen Uniform, möge sich niemand bestürzt und ängstlich über die kleinen Adler und Sterne neigen – denn das ist schon der Weg in den nationalistischen Mythos!

Drei Schufte oder vielleicht fünf, vielleicht fünfhundert, vielleicht fünfzigtausend Schufte wollten dem Kaplan Popiełuszko den Mund schließen. Dieses Schicksal haben Menschen einem Menschen bereitet.

So denke ich nicht, weil ich mein Polentum schützen möchte, das in Frage gestellt war wie noch nie, seit ich mich erinnern kann. Ich denke so, weil ich den verlockenden, aber von Grund auf teuflischen Mythos von unserer Besonderheit definitiv begraben möchte.

Im 19. Jahrhundert ging in manchen polnischen Köpfen

der Gedanke um, wir seien der Christus der Nationen. In diesem Hirngespinst ist nicht wenig Lästerung enthalten. Wir waren nicht der Christus der Nationen! Wir haben gelitten, das stimmt – aber doch nicht wir allein! Wir haben gekämpft, aber auch nicht wir allein.

Und gab uns die Erfahrung aus dem letzten Krieg wirklich das Privileg, uns über andere zu erheben?! Ist dieses Leiden ein Verdienst, aus dem wir vierzig Jahre lang moralisches Kapital schlagen können? Wir zeigen der Welt unsere Wunden und unsere Friedhöfe, in der Hoffnung, bewundert zu werden. Unablässig, unablässig! Darin steckt Hochmut, Schamlosigkeit, Kleinkrämerei, Hohn und Flachheit. Wir demonstrieren die polnischen Verletzungen, als enthielten sie unsere ganze Schönheit und unser Recht auf Achtung.

Doch das ist nicht alles. Denn wir haben monopolistische Ambitionen. Wir haben das Leiden der Welt gepachtet. Wir zucken mit den Achseln beim Klang des Wortes Lidice, beim Klang des Wortes Oradour, denn was bedeutet das schon im Vergleich mit unserer Erfahrung. Wir zucken mit den Achseln, wenn wir von den Dramen der Russen, Jugoslawen, Deutschen im Krieg hören. Gnädig räumen wir den Juden das Privileg einer mit uns gemeinsamen Würde der Opfer ein, obwohl das eine offensichtliche Unwahrheit ist, denn fast das ganze jüdische Volk ist vor unseren Augen vernichtet worden, und das nicht ohne die verbrecherische Gleichgültigkeit eines bestimmten Teils der Polen, während wir nur dezimiert worden sind.

Wir sind unerhört stolz auf das nach dem Kriege wieder aufgebaute Warschau, als wäre es die einzige aus Trümmern wieder aufgerichtete Stadt der Welt. So verleihen wir selbstverständlichen Dingen den Glanz der Legende.

Wozu dient das alles?

Es soll den Beweis für unsere Besonderheit bilden, für unsere Überlegenheit unter den Völkern Europas. Wie ich schon notiert habe, derjenige, der wenig hat, fürchtet zu verlieren, was er hat. Wir sind verletzt seit vielen Generationen. Wir hatten lange keinen eigenen Staat, folglich hatten wir die Idee der Nation, die uns zu überdauern erlaubte. Doch auf dieser Welt ist die Sünde der getreue Schatten der Tugend. So wurde der Hochmut des polnischen Krähwinkels geboren.

Vielleicht ist das allzu kränkend, doch auf diese Weise kränke ich mich auch selbst, weil ich aus dem Hochmut eines solchen Krähwinkels erwachsen bin, er hat mich genährt und mit meinem Polentum beladen.

Wie ein Pole mit einem Polen sprechen. Wie ein Pole mit einem Polen leben. Selbst heute, selbst in diesem Augenblick, da ich auf meinen Schultern die Last der letzten Tage spüre, haben diese Worte ein tröstliches, süßes Gift in sich.

Wie ein Pole mit einem Polen? Hier wie auf der ganzen Welt reibt sich doch der Redliche an der Kanaille, teilt der Opportunist sein Schicksal mit dem Helden, wohnen der Märtyrer und der Schuft im gleichen Hause ...

Man muß darum wieder mit der Repetition der einfachen, aber fundamentalen Fragen und Anworten anfangen. Wer ist mir näher, der edle Deutsche oder der polnische Schurke? Der anständige Russe oder der Betrüger und Verleumder mit den polnischen Phrasen im Maul? Der für Wahrheit und Gerechtigkeit leidende Tscheche oder der Pole, der von früh bis spät Denunziationen hinschmiert?

Was verbindet mich mit der Kanaille außer der Selbstverständlichkeit, daß wir dieselbe Sprache sprechen und uns mit dem Brot derselben Erde ernähren? Was habe ich mit ihr gemeinsam? Warum sollte ich mit ihr etwas gemeinsam haben? Auf welcher Grundlage soll ich die Gemeinsamkeit kollektiven Schicksals mit den Mördern des Kaplans Popiełuszko anerkennen? Die Anerkennung einer solchen Gemeinsamkeit ist doch eine Art Mittäterschaft. Ich aber fühle mich nicht als Mittäter. Ich schäme mich nicht als Pole, daß diese drei zu Mördern wurden. Ich durchlebte den Schock, die Scham, die Qual ganz einfach als Mensch. Als Mensch, nicht als Pole, denn das ist eine menschliche Sache, nicht nur eine polnische! Eine menschliche Sache, demzufolge eine hundertmal weiterreichende, hundertmal wichtigere!

Herr Tadzio, Friseur auf der Gagarin-Straße, hat mir mit echter Empörung, mit schmerzlichem Zorn in der Stimme gesagt, die drei hätten die polnische Uniform mit Schande befleckt. Für mich – vielleicht ist das eine Deformierung – war jede Uniform, auch die polnische, immer eine Art Kostüm, Verkleidung. Und in der Verkleidung entdeckte ich gewöhnlich etwas Klägliches und Komisches zugleich, das Zeugnis geistiger Unreife. Mir tut es um die Uniformen überhaupt nicht leid. Mir tut es leid um diesen schönen, jungen Priester, um dieses von anderen Menschen zertretene Schicksal.

Doch schon höre ich hier und da das verdrehte Gerede, es seien keine Polen gewesen. Polen hätten so etwas Niederträchtiges nie tun können. Und wenn es wirklich Polen waren, so hätten sie die nationale Tradition verraten, ihr Polentum verleugnet und mit dieser Tat das Privileg, Pole zu sein, verscherzt! So kreischt der Krähwinkelhochmut auf den Warschauer Straßen.

Die Entführung und Ermordnung des Kaplans Popiełuszko, der Prozeß gegen die Mörder, die Panik und die
Windungen der Propaganda, die zunächst die Variante
einer weit verzweigten Provokation gegen die Regierung
verkündete und dann die ganze Problematik dieses Verbrechens auf die vier Angeklagten in Thorn beschränkte –
dies alles ist krank, verdorben, böse, schmutzig.

Bei geselligen Anlässen, im Autobus, in der Schlange
vor den Läden, im Waschsalon, im Büro reden die Leute
darüber. Die tausend sich gegenseitig ausschließenden
Versionen der Geschehnisse, die widersprüchlichsten
Beurteilungen, die seltsamsten Prognosen der weiteren
Entwicklung – alles ist krank, verdorben, böse, schmutzig.
Jeder Gesprächspartner, den die reinste Intention beseelt,
wirkt ekelhaft, sobald er über dieses Verbrechen zu reden
beginnt. Am 19. Oktober 1984 wurde ganz Polen besudelt.
Alle, die Schuldigen und die Unschuldigen, fanden sich im
Schlamm des totalitären Terrors wieder.

Wenn jemand die Frage stellt, was ich von der schrecklichen Sache halte, schweige ich. Ich vermag keine Antwort
zu formulieren, weil ich keine Fragen zu formulieren vermag. Wer steht dahinter? Vielleicht niemand? Vielleicht
wollten sie von Anfang an den Kaplan Jerzy umbringen,
vielleicht aber auch nur ihn foltern, ihn lähmen durch
Angst, Schmerz, den Anhauch eines schrecklichen Todes?
Handelten sie erstaunlich unvernünftig, ihrer Straflosigkeit
sicher, oder planten sie doch eine Provokation und ließen
bewußt Spuren zurück? Was erwarteten sie von der Provokation? Wer sollte aus ihr Nutzen ziehen, wem sollte sie
schaden? Welche Rolle spielten dabei höchste Stellen? Wer
gegen wen? Wenn die Auftraggeber der Verbrecher gegen
die Regierung waren, womit soll ich diese Regierung unter-

stützen? Wer operiert hier mit dieser widerwärtigen Anschwärzung der Kirche, der Priester, des Opfers selbst? Die Auftraggeber der Mörder oder die Auftraggeber einer Propaganda, die der Öffentlichkeit Berichte, Kommentare, Polemiken liefert?

Und schließlich der wichtigste Punkt: Was nützen mir diese Fragen? Will ich etwas erfahren, was ich vorher nicht bereits wußte – über die Welt der Totalitarismen, in der ich, seit ich denken kann, zu leben genötigt bin, vom Ende meiner Kindheit an?

Die Welt ist krank, verdorben, böse, schmutzig. Alle diese Fragen kranken daran, daß sie nicht im geringsten die Richtung weisen, die man einschlagen muß, um von Polen, Europa, der ganzen Welt jenes gigantische Netz der Gewalt und Übermacht abzuschütteln, das uns alle im 20. Jahrhundert umspannt hat.

Es heißt, der Hauptmann Piotrowski sei in direkter Linie ein Erbe der ss. Es heißt, er sei ein Kind des KGB. Es heißt, er sei ein kalter, pragmatischer, ideenloser Polizist, Sachwalter eines starken und gebieterischen Staates. Welche Bedeutung hat Piotrowskis ideologische oder moralische Genealogie, wenn er sich am Ende aus Holz einen Knüppel anfertigt, ihn mit Lumpen umwickelt und damit so schreckliche Schläge austeilt, daß ein anderer Mensch stirbt. Es heißt, die drei hätten auf Befehl ihrer Vorgesetzten gehandelt. Es heißt auch, sie hätten aus eigenem Antrieb gehandelt, ganz ohne Anweisungen ihrer Vorgesetzten. Was ist da für ein Unterschied, wenn sie am Ende ihrem Opfer Säcke mit Steinen an die Füße binden, wenn sie ihr Opfer mit einer raffinierten, grausamen Schlinge fesseln, wenn sie den toten oder vielleicht noch lebenden Menschen aus der Höhe mehrerer Stockwerke in den Fluß werfen?

Alle diese Einzelheiten haben natürlich ihre rechtliche Bedeutung, sie sind wesentlich für die Frage der Entscheidung über Schuld und Strafmaß. Doch bin ich nicht der Richter dieser Menschen. Auch bin ich weder der Staatsanwalt noch der Rechtsanwalt. Wer bin ich dann?

Eines der Opfer!

In diesem Sinn ist Kaplan Jerzy ein Opfer, ist Hauptmann Piotrowski auch ein Opfer. Einer der Hilfsankläger hat im Thorner Prozeß die wichtigste Frage gestellt: Wenn die Mörder, wie sie behaupten, Automaten waren, wer hat dann die Automaten hergestellt, wer hat sie programmiert, wer hat sie in Bewegung gesetzt?

Vielleicht geschehen solche Dinge auf der ganzen Welt. Bestimmt! Aber welcher Trost ist das für mich... Läßt sich die Plage im eigenen Haus wirklich leichter ertragen, wenn man überzeugt ist, daß es nebenan noch schlimmer zugeht? Ich höre, daß man in Lateinamerika, in Vietnam, auf den Philippinen, im Nahen Osten Menschen foltert. In der BRD ermorden terroristische Gruppen einen Bankier, in England sterben zufällig anwesende Restaurantbesucher durch Bomben. Vor Jahren, während der Olympiade in München, ermordete eine palästinensische Terrorgruppe israelische Sportler. Im Iran hängt die Regierung der muslimischen Fundamentalisten ihre ideologischen Gegner an den Laternen auf. Die französische Polizei foltert mitleidlos Gefangene. Die amerikanische Polizei tut dasselbe in noch größerem Umfang. Die ganze Welt hallt wider vom Schrei gemordeter Opfer und vom Keuchen der schwitzenden Mörder.

Ich aber höre nur den Schrei dieses armen Kaplans. Und nur die Stimmen dieser drei. Das ist neben mir geschehen, in meiner Gegenwart, unter meinen Augen.

Ein Mensch fuhr dort und damals in seinem Auto. Vielleicht kehrte er von einer weiten Reise zurück, vielleicht eilte er zu seiner Geliebten. Ein später Herbstabend. Die Chaussee. Dieser zufällig vorbeifahrende Pole. Plötzlich erblickte er im Scheinwerferlicht einen anderen Menschen. Blut im Gesicht, Handschellen. Sicher hat er gesehen, wie sich dieser gefesselte Mensch aus einem rasenden Auto stürzt, wie er sich auf dem Beton überschlägt, hochkommt, läuft, um Hilfe ruft...

Warum hat er nicht angehalten? Warum habe ich nicht angehalten? Habe ich vielleicht heftig auf das Bremspedal getreten? Bin ich auf die Straße gelaufen, habe ich Hilfe geleistet, andere alarmiert? Wie habe ich damals gehandelt, in diesem schlimmen, gräßlichen polnischen Traum?

Dieser kleine Fiat, der sich irgendwo am Rand der Tragödie bewegt, der in der Presse, in den Untersuchungsakten, im Gerichtssaal auftaucht, fährt weiter durch Polen. Aber dieser kleine Fiat ist auch verdorben! Vielleicht sogar gegen den Willen seines Fahrers, der an eine Frau dachte, an die Reise, ans Essen, an seine Plagen, an seine Freuden, an den Tod, an Gott, gegen den Willen dieses Fahrers, eines anständigen Menschen oder eines Trinkers, eines fleißigen Arbeiters oder eines Faulenzers – dieser kleine Fiat damals in der Dunkelheit, im Scheinwerferlicht, auf dem verfluchten achtzehnten Kilometer, ist gegen den Willen des Fahrers, der gleichzeitig Henker und Opfer war, auch in den Abgrund totalitärer Rechtlosigkeit gestürzt.

Ich war in diesem Auto. Wir waren alle jene Nacht in den drei Autos auf der Chausee Bromberg-Thorn. Unsere gespenstische, motorisierte Kavalkade Anno Domini 1984. Es ist nur eine Frage moralischer Entscheidung, welches dieser Autos uns mitnimmt. Nachts, im Schein der Lichter, auf dem Beton, zwischen den Mauern der sterbenden Wälder dröhnen die Motoren von drei apokalyptischen Reitern. Und der vierte Reiter? Er wartet auf jeden von uns. Auf dem Waldweg.

»Erste Schneise rechts!« sagte Piotrowski zu Pękala.

Es ist in diesem Fall alles enthalten, was wir seit langem auswendig können. Der Haß, der Kult der Stärke, der Schauder der Gewalt. Schwäche, Angst und das Gebet des letzten Stündleins. Alle Literatur der Welt, alle Erfahrung der Geschichte.

Aber es ist in diesem Fall auch das Brandmal unserer Zeit enthalten, der Erfindungsreichtum unserer Schicksale. Die Vergangenheit kannte diese entsetzlich engen Verbindungen zweier Menschen nicht, von denen der eine Staatsbürger ist und der andere Polizist. Diese Gewalt überall dort, wo ein Fünkchen unabhängigen Denkens auftaucht, Treibjagd auf die verfolgte menschliche Person. Diese Kennzeichnung des Objekts durch die Organisation, die Struktur, die Hierarchie.

Man hat ihm die Schlinge nicht um den Hals gelegt, sondern um das souveräne Gewissen. Um es zu ersticken! Man hat ihm die Steine nicht an die Füße gebunden, sondern an die freien Gedanken. Um sie zu ertränken!

Einst, zur Zaren- und Kaiserzeit, was ja noch nicht lange her ist, kaum hundert Jahre, empörten sich auch schon der freie Wille und das sensible Gewissen. Die zusammengezogenen Brauen des Despoten, die in herrischem Zorn, in Niedertracht und Feindseligkeit geballten Fäuste... Damals versammelten sich gesetzte Männer im Gehrock aus dunklem Tuch, in Talar und Richterhut, mit Ketten um den Hals – Paragraphen, Codices und Akten. Die Federn der

Sekretäre kratzten auf dem Papier. Das strenge Recht der Macht. Aber auch das Recht der menschlichen Person auf Würde, auf Verteidigung, auf die Verkündung der eigenen Überzeugungen mit stolz erhobenem Haupt vor dem Gericht der Tyrannen.

Durch die verschneiten Steppen jagten Pferdeschlitten, darin saßen die Verbannten. Gefängniszellen in alten Festungen. Zar und Kaiser konnten ruhig schlafen. Der Gerechtigkeit der Despoten war Genüge getan. Erstaunlich, alle behielten sie ihre Würde. Der Verurteilte wurde militärisch gegrüßt. Die Trommeln rasselten. Die Offiziere zerbrachen den Degen und schossen sich eine Kugel in den Kopf. Die Würdenträger forderten, daß den Gefangenen Achtung erwiesen wurde. August Bebel, der kaiserlich deutschen Regierung verhaßt, erhielt im Gefängnis Moabit die Mahlzeiten aus seinem bevorzugten Restaurant. Wladimir Lenin besuchte auf dem Weg in die Verbannung mit der Gendarmerie-Eskorte seine Mutter. Die Gendarmen tranken Apfelmost in Frau Uljanows Garten, der Verurteilte machte einsame Spaziergänge.

Damals war die Staatsmacht bereit, wenn nötig, einen Menschen zu töten, aber es fiel ihr nicht ein, den Gedanken zu töten. Die Freiheit nehmen – ja, die Würde mit Füßen treten – nie! Jemanden namens eines strengen, ungerechten Rechts zu verurteilen, gehörte zum Selbstverständlichen. Jemanden mit dem Knüppel zu Tode foltern und die Leiche im Fluß ertränken – das bedeutet, die Achtung verloren zu haben.

Die Ehre des Menschen. Das ist im 20. Jahrhundert ein Anachronismus. Die Totalitarismen kennen die Ehre nicht. Bosheit, Haß und Gewalt waren immer und überall dort, wo der Mensch über einen anderen Menschen herrschte.

Doch erst die Totalitarismen des 20. Jahrhunderts haben das neue Mittelalter proklamiert. Erst heute wird der Holzknüppel benutzt, zieht sich die raffinierte Schlinge um den Hals zu. Erst heute werden Elektroden an den Penis, an die Schamlippen gelegt. Das Zerquetschen der Genitalien mit Zangen wie in Algerien. Zyklon B wie in Auschwitz. Neun Gramm in den Hinterkopf der Häftlinge wie in Katyn. Lebendige Menschen in die Lokomotivkessel wie in China. Damit jeder weiß, daß er stirbt. Damit er stöhnt vor Angst und Leiden, weil das erniedrigt.

Totalitarismen machen den Menschen zum Körper, ihr ganzer Sinn beruht darauf, daß der Mensch seinen Körper spürt, seinen Körper schützt, an seinen Körper denkt, denn erst dann wird seine Geistigkeit am heftigsten verletzt.

Totalitarismen kennen keine Achtung vor sich selbst. Die Natur des Totalitarismus besteht in der Erniedrigung und Demütigung der Welt. Fühlten sich die drei Polizisten, als sie im Wald den Prügel abbrachen, als sie ihn mit einem verschwitzten Unterhemd umwickelten, um einen dicken Knüppel anzufertigen, nicht gedemütigt? Waren die Steine, die sie in die Plastiksäcke packten, für sie keine Erniedrigung? Besteht nicht die ganze Dressur der Totalitarismen darin, die Grenze zwischen Mensch und Tier, der menschlichen Person und dem Ding, in solchem Grade unbemerkbar, fließend, veränderlich, flüchtig zu machen, daß am Ende jeder verloren ist in einer Welt, die keinen Sinn mehr hat, denn Sinn und Achse der Menschenwelt ist immer der andere Mensch, auch wenn es in ihr keinen Platz gibt für Gott!

Den anderen Menschen zu verachten bedeutet, sich zu verachten. Den anderen Menschen zu hassen bedeutet, alle

Menschen zu hassen, folglich auch sich selbst. Das sind Wahrheiten, alt wie unsere Zivilisation.

Schrecklich ist der Haß der Totalitarismen des 20. Jahrhunderts gegen unsere Zivilisation.

»Sehet, welch ein Mensch«, sagte Pontius Pilatus und zeigte der rasenden Menge den gemarterten Jesus. Sogar ein alter Gottloser neigte das Haupt in Ehrfurcht und Bewunderung vor dem Bild des Gekreuzigten, denn es ist ein Zeichen der Zivilisation, die die Würde der menschlichen Person zu achten wünscht. Er war es, der gelitten hat und gestorben ist für andere, um durch seinen Tod den Menschen den Weg zum Subjektsein des Menschen zu weisen.

Hitlers heilige germanische Eichen und der Wotankult. Stalins »Diamat« und die kämpferische Gottlosigkeit.

Der Haß der zeitgenössischen Totalitarismen gegen das Kreuz...

Geschrieben in Warschau, im Januar 1985

III

Publizistische Arbeiten

Damals starb Europa

Der erste Deutsche in meinem Leben war groß und schlank und kam mir ungewöhnlich elegant vor. Er trug eine grüne Uniform und einen vorzüglich geschnittenen Militärmantel mit hellroten Aufschlägen. Hellrote Streifen an den Hosen.

Es war ein deutscher General. Als er mit den Offizieren, die ihn begleiteten, und einem Mann in Zivil unseren Hof betrat, stand ich gerade vor dem Eingang zum Treppenhaus. Ich hörte den laut ausgesprochenen Namen meines Vaters. Er klang deutlich und scharf in der kühlen Luft des Herbstmorgens. Ein ziemlich nebliger Tag, rundum roch es brandig. Es war der 1. Oktober 1939. Der General näherte sich mir, wollte an mir vorbeigehen und das Treppenhaus betreten, als sich der Mann in Zivil, vielleicht um die Information des Hausmeisters zu überprüfen, auf polnisch an mich wandte und fragte, ob hier Adam Szczypiorski wohne. Ich antwortete, er sei nicht zu Hause, er sei vor einer Viertelstunde fortgegangen. Der Zivilist übersetzte meine Antwort ins Deutsche. Der General nickte. Er fragte, wann mein Vater wiederkomme. Erst abends, entgegnete ich. Mein Vater kommandierte an jenem Tage noch immer einen Teil der während der Belagerung Warschaus aufgestellten Bürgerwehr. Die deutsche Armee war vor kaum zwei Tagen in die Stadt einmarschiert, vielmehr marschierte sie erst ein, langsam und vorsichtig. Sie besetzte Straße um Straße, hier und da trieben sich immer noch polnische Soldaten herum, schon ohne Waffen, in schmutzigen, abgerissenen Militärmänteln. Es hieß, die Deutschen seien bereits hier oder dort, doch auf unserer Straße hatte noch niemand sie gesehen. Die Menschen empfanden eine gewisse Abstumpfung und Erleichterung. Es fielen keine Bomben mehr. Die Brände erloschen. Am Vortage war ich einen langen Weg gegangen, bis ans Weichselufer, mit Eimern bewaffnet. Die Wasserleitung funktionierte nicht, doch fielen endlich keine Bomben und Granaten mehr, die Menschen kamen gruppenweise aus den Kellern gekrochen, und Hunderte von Bewohnern zogen mit Eimern durch die Stadt zum Fluß, um Wasser zu schöpfen. Unterhalb der Kierbedź-Brücke standen polnische Polizisten mit Pistolentaschen am Gürtel. Sie regelten den Zutritt zum Flußufer. Das Ufer war steil, die Eindämmung aus Beton verlief schräg zur Wasserfläche. Man mußte achtgeben, um beim Schöpfen nicht in die Strömung des Flusses abzurutschen. Der Himmel klar, blaß, vorabendlich. Irgendwo weichselabwärts zogen die Rauchschwaden verlöschender Brände. In der Menschenmenge kehrte ich auf der Straße Nowy Zjazd zurück nach oben, zur hohen Böschung der Altstadt. Die Eimer quietschten, das Wasser gluckste. Die Menschen sprachen wenig und mit gedämpfter Stimme. Fast jeder schaute begeistert zum Himmel. Keine Flugzeuge mehr. Man konnte auf der Straße gehen, seine Eimer schleppen und brauchte keine Angst vor dem Tod zu haben. Gleichzeitig aber erfüllte die Menschen starres Entsetzen, denn die Niederlage war heftig über uns gekommen, wir hatten eine beispiellose Niederlage erlitten, wie sie noch vor einem Monat niemand erwartet und in den schwärzesten Träumen vorausgeahnt hatte. An jenem Abend hatte ich noch keine Deutschen gesehen, obwohl ich schon wußte, daß sie in Warschau waren. Neugierig hielt ich nach ihnen Ausschau, ähnlich wie fast alle in der mit Wassereimern beladenen Menge. Die Leute sind immer neugierig, wie der Feind aussieht, der sie besiegt hat. Später aber sagte man allgemein, fast niemand in Warschau sei auf die Straße gegangen, um die einmarschierenden Abteilungen der Sieger anzuschauen. Die Leute warteten auf die Deutschen in ihren Häusern, manche lugten vorsichtig aus den Haustüren, ein bißchen ängstlich, jederzeit zur Flucht bereit, andere betrachteten die deutschen Truppen hinter der Gardine versteckt oder aus dem Inneren ihrer Wohnung, erschreckt, mißtrauisch, voller Erleichterung und böser Vorahnung.

Der erste Deutsche für mich war erst am nächsten Tag der unerhört vornehme General, der erschien, um mit meinem Vater zu sprechen.

Er betrachtete mich aufmerksam. Vielleicht war ich der erste Pole, den er gesehen hatte, denn er war in einer schwarzen Limousine durch menschenleere Straßen gefahren, wo hier und da die Flammen der Brände verloschen oder die frischen Ruinen rauchten. Es konnte also sein, daß er niemanden gesehen hatte und daß erst der Hausmeister und ich die ersten Polen waren, denen er von nahem begegnete. Folglich betrachtete er mich aufmerksam, ohne einen Anflug von Feindseligkeit, vielleicht sogar freundschaftlich, denn Generale pflegen Jungen mit wachsamer Sympathie zu betrachten, Jungen sind ihr Element, sie führen solche Jungen im Felde an. Ich befand mich zwar noch nicht im wehrfähigen Alter, ich war fünfzehn und stand vor dem General in dunkelblauer Schuluniform, mit hellblauem Schulnummernschild auf dem Oberarm der Bluse, in Schnürschuhen und mit einer Schülermütze auf dem Kopf, ein Halbwüchsiger aus

Warschau, ein kleiner, magerer, ziemlich blasser Schüler
nach zwei Wochen Kellerleben und kümmerlicher Verpfle-
gung, ein wenig eingeschüchtert und ein wenig geblendet
von der Generaluniform.

Vielleicht hielt er es für richtig und natürlich, daß der General einer siegreichen Armee so mit einem Jungen des
überwundenen Volkes umging, denn er holte aus seiner
Manteltasche eine Büchse mit Bonbons und bot mir eines
an. Doch ich lehnte mit einer Kopfbewegung ab, und er
hielt es wohl für richtig und natürlich, daß ein Junge des
überwundenen Volkes von einem General der siegreichen
Armee kein Bonbon annimmt, genug, er drang nicht in
mich, sondern lächelte flüchtig und steckte die Schachtel in
die Tasche. Dann ging er und ihm nach sein Gefolge.

An diesem Abend sprach mein Vater über die Deutschen.
Den ganzen September hatte er nicht über sie gesprochen.
Dagegen waren sie im August häufig Thema seiner Gesprä-
che mit meiner Mutter gewesen; am Tage des eigenartigen
Besuchs nahm mein Vater sie wieder auf. Den ganzen
September über hatten die Deutschen für meinen Vater
nicht existiert, jetzt erteilte er ihnen wieder das Privileg der
Existenz.

Er wußte bereits, daß er sich beim deutschen Militär-
kommando melden sollte. Er war völlig ruhig, alle seine
Kollegen von der Bürgerwehr hatten im Laufe des Tages
entsprechende Aufforderungen erhalten. Der General, der
unser Haus am frühen Morgen aufgesucht hatte, verblaßte
ein wenig in meinen Augen. Er war nämlich nicht der wichtigste deutsche General, sondern einer von vielen, die an
diesem Tag durch die Stadt fuhren, um mit den Führern der
Bürgerwehr Kontakt aufzunehmen, der einzigen polni-

schen Institution in den ersten Stunden nach der Kapitulation unserer Armee.

Mein Vater blieb nicht deshalb ruhig, weil er die Ursache des Besuchs kannte und sich bereits mit den anderen Kommandanten der Bürgerwehr verständigt hatte, sondern aus einem tieferen Grunde. Er kannte ganz einfach die Deutschen, Deutschland und die deutsche Armee. Knapp ein Vierteljahrhundert früher, im Jahre 1915 waren die Deutschen gleichfalls in Warschau einmarschiert. Mein Vater, damals ein junger Mann, ein radikaler Vertreter der Unabhängigkeitsbewegung jener Epoche, aufgewachsen im russischen Teilgebiet, hielt Rußland für den größen Feind des polnischen Volkes. 1915 begrüßte er die einziehenden Deutschen skeptisch, denn auch sie beherrschten einen Teil Polens, er hielt sie aber für kultivierte, vernünftige und hundertmal tolerantere Leute als die Russen. Immerhin gab es bei Kaiser Wilhelm kein Sibirien, keine Knute, keine Kibitka, keinen Pawiak und keine Zitadelle. Die Polen im preußischen Teilgebiet hatten gegen die germanische Tyrannei nicht zu den Waffen gegriffen. Im Vergleich mit Warschau war Posen eine stärker zivilisierte, friedliche, vom Rhythmus einer ruhigen Volkswirtschaft gewiegte Stadt. Im Vordergrund stand jedoch die Überzeugung, Deutschland sei ein Rechtsstaat, in dem das Recht zwar streng, aber für alle gleich sei und der preußische Staatsbürger ohne Rücksicht auf politische Überzeugung und Muttersprache sein Recht vor einem preußischen Gericht, sogar mitten in Berlin, suchen konnte. Bismarck war unsympathisch, weil er die Polen unterdrückte, aber ein Europäer, er wünschte sich keine autokratische Tyrannei, wie sie unter dem Szepter der russischen Zaren so klar hervortrat.

Die Deutschen, die 1915 in Warschau einzogen, benahmen sich gemäßigt und ab Herbst 1916 geradezu liberal. Immerhin regierten in Warschau Polen, zum ersten Mal seit über hundert Jahren arbeiteten nicht nur polnische Ämter, sondern auch eine polnische Staatsmacht mit dem Regentschaftsrat an der Spitze. Der General von Beseler, der deutsche Gouverneur, galt als Mann mit altertümlichen, aber sehr humanitären Anschauungen und war den Polen ganz einfach freundlich gesonnen.

Die Gesellschaft jener Zeit hatte sehr erleichtert aufgeatmet. Die deutschen Besatzungsorgane ermöglichten, entsprechend ihren aus dem Reich mitgebrachten Erfahrungen, die Organisation von politischen Parteien und Gewerkschaften, ja sogar einer polnischen Armee, die jedoch der deutschen militärischen Führung unterstellt war. Es bestand kein Zweifel daran, daß die polnischen Lande des ehemaligen russischen Teilgebiets im Jahr 1915, zum Zeitpunkt des Einmarsches der Deutschen in Warschau, nach Europa zurückkehrten.

Dennoch mochten die Polen die Deutschen nicht und hatten kein Vertrauen zu ihnen. Mehr noch, sie erinnerten sich mit einem gewissen Sentiment an ihre russischen Beherrscher. In meiner frühen Jugend konnte ich das nicht begreifen. Erst nach Jahren erkannte ich, daß es völlig natürlich war.

Die Polen empfanden gegenüber den Deutschen ihre zivilisatorische Unterlegenheit, ihre historische Rückständigkeit. Das Verhältnis der Deutschen, sogar der freundlichsten, zu ihnen wirkte ein wenig geringschätzig und paternalistisch. Das traf natürlich nicht auf die privilegierten Schichten zu, die ohne Rücksicht auf ihre nationale Zugehörigkeit eine kosmopolitische Bindung spürten. Die polnische Aristokratie konnte vielfach mit einem so alten genealogischen Stammbaum aufwarten, daß die Genealogie der glanzvollsten preußischen Junkerfamilien sich dagegen wie ein Zwergstrauch ausnahm. Die gebildeten polnischen Schichten hatten ein sehr hohes Niveau, sie waren zum erheblichen Teil Absolventen der deutschen Universitäten, Leute aus Heidelberg, Marburg, Berlin, Königsberg... Es gab nicht den geringsten Grund dafür, daß die Deutschen Überlegenheit kundtaten. Anders jedoch gestalteten sich die Beziehungen unter den breiten Volksschichten. Die deutschen Bauern und Arbeiter repräsentierten ein höheres Bildungs- und Qualifikationsniveau, aufgeklärtere Sitten, eine reichere und vielseitigere zivilisatorische Tradition sowohl im materiellen als auch im geistigen Sinne. Das empfanden die Polen schmerzhaft. Rußland gegenüber hatten sie derartige Komplexe nicht. Hier war die Lage genau umgekehrt. Im Vergleich mit den polnischen Gebieten war das eigentliche Rußland äußerst rückständig, unaufgeklärt, wild, voller Aberglauben, ohne alle Verbindungen zu Europa. Die Polen schätzten den russischen Adel gering, für sie bedeutete Warschau das Paris des russischen Zarenreiches, eine strahlende Stadt. Und so war es wirklich.

Wie konnten also die Polen freundschaftliche Gefühle für die Deutschen von damals hegen? Mehr noch: Preußischer Hochmut, Grobheit und Geringschätzung der Slawen waren jahrhundertelang in Polen fast sprichwörtlich, ähnlich wie die russische Bildungslosigkeit und der russische Minderwertigkeitskomplex. Deshalb mochten die Polen die Preußen nicht und empfanden keine Dankbarkeit für die Vertreibung der russischen Herrschaft. Dazu dauerte der Krieg an, der schrecklichste, den die Menschheit erlebt hatte, in Polen herrschte Armut, ja sogar Hunger, weil die Deutschen Lebensmittel für ihre im Osten und im Westen kämpfende Armee konfiszierten, während die Polen sich vor 1914 an den Wohlstand und einen ständig wachsenden Lebensstandard gewöhnt hatten.

Es bestand jedoch kein Zweifel, daß sich die Deutschen 1915–18 in Polen hundertmal liberaler verhielten als die Russen in den vergangenen hundert Jahren und daß den kaiserlichen Behörden in Berlin daran gelegen war, die Polen als Bundesgenossen in dem Krieg zu gewinnen, den sie im Osten und im Westen führten. Józef Piłsudski, der schon damals in der öffentlichen Meinung Polens als Anführer und Symbol für die schönsten Hoffnungen des Volkes auf Unabhängigkeit galt, bewies zu jener Zeit eine außerordentliche politische Klugheit. Vor dem Krieg hatte er hartnäckig gegen Rußland gekämpft, im Krieg dagegen betrieb er ein mysteriöses Spiel. Seine Legionen kämpften an der Seite der Mittelmächte gegen die Russen, er selbst wirkte als einflußreichste Persönlichkeit in den polnischen Behörden mit, die dem deutschen Gouverneur unterstanden, gleichzeitig aber schuf er eine Untergrundorganisation, die sich gegen die deutschen Okkupanten richtete. Als die Deutschen von den polnischen Truppen verlangten, sie sollten einen Eid auf ihre Treue gegenüber Berlin ablegen, weigerte Piłsudski sich kategorisch, trat von all seinen Ämtern zurück, wurde von den Deutschen verhaftet und in der Festung Magdeburg interniert, wo er bis zum 10. November 1918 blieb, um im Augenblick der Kapitulation des kaiserlichen Deutschland als Nationalheld, der hartnäckig gegen alle drei Teilungsmächte gekämpft hatte, nach Warschau zurückzukehren.

So blieb die Erfahrung aus dem Großen Krieg 1914–18 in Polen vielschichtig. Die Deutschen waren Gegner, aber zivilisierte und kultivierte Gegner, im Gegensatz zu den Russen, die als hinterlistige und grausame Feinde galten. Rußland schien einerseits im Hinblick auf die gemeinsame slawische Abkunft näher, aber doch geheimnisvoll und fern wegen der völligen Andersartigkeit seines historischen Schicksals und der Fremdartigkeit aller Institutionen seines Gemeinschaftslebens. Die Deutschen waren fremd wegen ihrer antislawischen Phobien, ihres Überlegenheitsgefühls und Hochmuts, aber dennoch nahe im Hinblick auf die Ähnlichkeit der gemeinsamen lateinischen Tradition und der zivilisatorischen Erfahrungen.

Mein Vater wuchs in der Verehrung der deutschen Kultur auf, der keine andere in Europa gleichkam. Die Deutschen, das war Europa, und die Polen hielten sich nicht ohne Grund für die letzte, nach Osten vorgeschobene Bastion Europas. Dahinter erstreckte sich das geheimnisvolle, grausame, asiatische Rußland, das sich hundert Jahre lang – fruchtlos im übrigen – angestrengt hatte, in Polen ein für allemal die europäische Tradition und die europäische Anschauung von Mensch und Welt auszurotten.

Die Zeit des nationalsozialistischen Reiches 1933–39 hatte die Überzeugung der Polen nicht erschüttert, die Deutschen seien Deutsche geblieben, mithin das zivilisierteste Volk des Kontinents. Im September 1939 kämpfte Polen verbissen gegen die kolossale militärische Überlegenheit des Reiches, aber die Polen glaubten, sie kämpften gegen einen zivilisierten, also auch ritterlichen Aggressor. Die Erfahrungen im September waren grauenvoll, doch im Augenblick der Kapitulation Warschaus wußte man noch nicht alles über diesen blutigen Feldzug. Die Leute erwarteten schwere Zeiten, wie das im Dasein eines besiegten Volkes zu sein pflegt, doch kaum jemand sah die Hölle voraus.

Sogar die Warschauer Juden blieben ruhig. Das ist verständlich, denn die Juden fühlten sich zu den Deutschen stark hingezogen. Deutschland war die große, unglückliche Liebe aller Juden Europas. Hitler war Hitler, aber Deutschland Deutschland.

Deshalb sprach mein Vater an jenem Abend von den Siegern ohne wütende Feindseligkeit. Die Niederlage deprimierte ihn, aber er erwartete keine Hekatombe. Außerdem glaubte er, die Deutschen würden in Kürze den Krieg gegen Frankreich und Großbritannien verlieren, man müsse diese schwierige Zeit nur mit Würde überstehen und nicht auf Widerstand verzichten. Man müsse den Kampf fortsetzen, soweit wie möglich, im Geiste nicht nachgeben, der Besatzungsmacht widerstehen. Weil die Deutschen kultiviert und vernünftig seien, würde der polnische Widerstand zwar selbstverständlich Repressionen hervorrufen, doch würden sich diese in zivilisiertem Rahmen halten, entsprechend dem Geist der europäischen Tradition. Mein Vater zog auch die Möglichkeit in Erwägung, daß er mit anderen Führern der Bürgerwehr bis Kriegsende interniert würde. Eine solche Internierung stellte er sich bestimmt nach Maßgabe seiner früheren Erfahrungen vor. Andere dachten damals ähnlich.

Niemand machte sich klar, daß damals Europa starb.

Herbst 1987

Polen und Juden

Die Verhängung des Kriegszustandes in Polen am 13. Dezember 1981 führte zum Absterben des öffentlichen Lebens. Alle gesellschaftlichen Organisationen wurden aufgelöst, Versammlungen durch Gesetz verboten. Sogar für Familienfeste wie Hochzeiten, Taufen und Beerdigungen waren Genehmigungen der Amtsstellen erforderlich. Der öffentliche Austausch von Gedanken, Meinungen und Anschauungen wurde im Sinne der Vorschriften des Kriegszustandes verfolgt. Es drohten hohe Gefängnisstrafen. Dieser Zustand dauerte ein Jahr, dann wurden die Vorschriften gelockert, doch blieben alle öffentlichen Versammlungen weiterhin verboten.

Die einzige von der Staatsmacht unabhängige Organisation in Polen war zu dieser Zeit die römisch-katholische Kirche. Ähnlich wie im Mittelalter wurde sie zum Asyl für Scharen von Polen. Dank der Bemühungen der polnischen Bischöfe und der meisten Geistlichen fanden damals in den Kirchen nicht nur Gottesdienste statt, sondern auch unterschiedliche öffentliche Versammlungen. Die Kirchen in Polen wurden Räume für Aussprachen, dort traf sich das Publikum zu Theatervorstellungen, Dichterlesungen, wissenschaftlichen Vorträgen. Die Kirchen organisierten Kunstausstellungen, Filmvorführungen, intellektuelle Diskussionen. Die römisch-katholische Kirche in Polen nahm die große Last der Verantwortung für die Entwicklung der nationalen Kultur und die Gestaltung eines unabhängigen staatsbürgerlichen Denkens auf sich.

Nach dem Jahr 1984, als sich die politische Situation in Polen langsam zu normalisieren begann, verzichtete die Kirche unter dem Druck der polnischen Intelligenz nicht auf ihre früheren Vorhaben. Die zahlreichen, in den Kirchen organisierten Veranstaltungen dauerten fort.

Zu einem besonders wichtigen Zentrum des Denkens wurde die Kirche zur Jungfrau Maria in Warschau, der älteste Sakralbau der Hauptstadt Polens, dessen Ursprung bis ins 12. Jahrhundert reicht.

Im Dezember 1986 wurde ich eingeladen, an einer Diskussion über die polnisch-jüdischen Beziehungen teilzunehmen, die man in dieser Kirche organisierte. Der folgende Text ist die Tonbandaufzeichnung meines Beitrags.

A. S.

Ich werde als weltlicher Mensch und über weltliche Dinge sprechen, die allerdings eng verbunden sind mit der christlichen Weltanschauung, ja mehr noch, die in erheblichem Umfang das Christentum der Polen bestimmen.

Aussagen über religiöse Fragen zu machen, bin ich nicht kompetent genug, aber als Schriftsteller beschäftige ich mich nicht erst seit heute mit den gegenseitigen Beziehungen zwischen Polen und Juden. Das ist eines der schmerzlichsten und zugleich am stärksten mythologisierten Probleme unserer Geschichte und unserer Gegenwart. Diese Mythologisierung ist ein gemeinsames jüdisch-polnisches Werk.

Verweilen möchte ich bei den Fragen, die das Leben meiner Generation betreffen, obwohl ich mir dessen bewußt bin, daß ohne die Vergangenheit der polnisch-jüdischen Beziehungen in den letzten Jahrhunderten die zeitgenössische Erfahrung unvollständig bleibt und nicht alle Dilemmata erklärt.

Geboren bin ich in einem Land, das in einer für mich augenfälligen Weise gemeinsames Werk, gemeinsame Errungenschaft, gemeinsames Gut von Polen und Juden war. Meine Kindheit verging im Grenzbereich zweier Welten, nicht weit von hier auf der Kapucyńska, also fast genau auf dem Feldrain, der die europäischen, liberalen, gebildeten Polen, die vom Krakowskie Przedmieście und Nowy Świat, und die jüdische Diaspora trennte; die Juden drängten sich bereits auf der Miodowa und der Bielańska und bildeten auf der anderen Seite des Krasiński-Parks völlig exotische Landschaften mitten in meiner Heimatstadt. Doch für mich waren sie nicht exotisch. Sie schienen ganz normal zu sein, sie waren ein Bestandteil meiner engeren Heimat. Ich konnte mir kein anderes Polen vorstellen, kein Polen ohne Kimmermützen und Kaftane, ohne Händler mit Zeughosen und Brezeln, ohne das Kaufmannsgeschrei auf der Gęsia und der Nalewki, so wie ich mir ein Polen ohne die Arbeiter von der PPS nicht vorstellen konnte, ohne das Brühlsche Palais, bei dem die Diplomaten-Limousinen vorfuhren, ohne den Präsidenten Mościcki im Frack oder mein Klassenzimmer ohne den Großvater im Rahmen dicht neben der schwarzen Tafel.

Doch die Tatsache, daß ich mir kein anderes Polen vorstellen konnte, bedeutet keineswegs, daß andere Leute solche Vorstellungen nicht gehabt hätten. Sie hatten sie wahrlich! Czesław Bielecki bemerkt in einem seiner Briefe aus dem Gefängnis zu Recht, die Vorkriegs-Antisemiten hätten sich selbst offen und ehrlich Antisemiten genannt, entgegen der offiziellen Legende von heute, im Vorkriegs-Polen habe es keinen Antisemitismus gegeben und alle

Polen hätten in den Juden gleichberechtigte Mitbürger gesehen. An den Antisemitismus der Vorkriegszeit kann ich mich recht gut erinnern, obwohl ich in der Enklave der PPS-Toleranz aufgewachsen bin, obwohl ich in eine Schule ging, wo die jüdischen Kameraden nie anders behandelt wurden als die polnischen. Doch erinnere ich mich der antijüdischen Straßenkrawalle, des Wahnsinns an den Hochschulen, der blonden Bestien unter dem Zeichen der ONR und der Falange, der Idiotismen Sławojs mit dem berüchtigten Satz: »Wirtschaftsboykott – na und?!«

Es gab vor dem Kriege einen Antisemitismus in Polen, und wer das heute bestreitet, ist ganz einfach ein Geschichtsfälscher und leistet der polnischen Nation einen schlechten Dienst. Doch gab es unter den Juden von damals einen – Antipolonismus? Das kann ich aus eigener Erfahrung nicht beantworten, da ich keinen Zugang hatte zu den Kreisen erwachsener Juden, die sich damals mit der jüdischen religiösen, sozialen und politischen Problematik befaßten. Aus den Erzählungen meines Vaters, dem ich immer vertraut habe und der aktiv an den öffentlichen Angelegenheiten teilnahm, weiß ich genau, daß es einen scharfen und gewalttätigen Antipolonismus gab, und zwar in gewissen jüdischen Kreisen, sowohl in orthodoxen – auf Grund ihrer religiösen Überzeugungen und Sitten, als auch in kommunistenfreundlichen – auf Grund ihrer Sympathie für die UdSSR und der mit einer kommunistischen Revolution verbundenen Hoffnungen, verfrühter und kurzsichtiger Hoffnungen übrigens, denn zahlreiche jüdische Intellektuelle von damals vergaßen, daß der Kommunismus als reale Form in Rußland geboren wurde, wo die Juden nie Sympathie genossen, sondern immer Objekt von Verfolgungen und Unterdrückung waren, bis hin zu den schreck-

lichen Pogromen. Gerade aus Rußland schwappte im
19. Jahrhundert die große Welle orthodoxer Juden nach
Polen herein, weil sie sich hier einrichten, irgendwie leben
konnten, was im Inneren des Zarenreiches ganz einfach
unmöglich und von Gesetzes wegen nicht erlaubt war.

Doch das präzise Bewußtsein der Zweitrangigkeit, die
Unsicherheit ihres Schicksals, das Gefühl der Bedrohung
schufen eine Aura, die den Wunschträumen von der sozialen Revolution zugeneigt war; sie sollte ein für allemal den
rassischen und nationalen Vorurteilen ein Ende setzen und
eine internationalistische Welt proklamieren, eine Welt der
Freien und Gleichen. Solche Hoffnungen waren ziemlich
verbreitet, besonders in Intellektuellenkreisen, wo die mit
dem Judentum verbundenen Demütigungen am stärksten
erlebt wurden, weil der Schild orthodoxer Xenophobie
einen nicht mehr schützte, weil man nicht mehr eingeschlossen war im geistigen Ghetto der alten Bräuche und
eines inbrünstigen Judentums, in das einzudringen fremden Menschen, Nicht-Juden geradezu unmöglich war.

Es gab also den Antisemitismus und den Antipolonismus, die Aura der Fremdheit, den Konflikt, gewiß hauptsächlich den ökonomischen, aber nicht nur... Ein bedeu-
tender Teil der damaligen Juden kannte die Landessprache
nicht, woraus man den zweifelhaften und irreführenden
Schluß ziehen konnte, sie hielten Polen nicht für ihr eigenes
Land. Die Polen ihrerseits behandelten die Juden als ein
fremdes Element, als Hergelaufene, die sich die polnische
Erde und den polnischen Himmel aneignen wollten. Natürlich spreche ich hier nicht von den jüdischen und polnischen Eliten, von der großen Gruppe der voll assimilierten
und polonisierten Juden, die eine segensreiche Rolle im geistigen Leben Polens spielten und die Blüte unserer Wissen-

schaft, Kunst und Literatur bildeten. Darüber hat man ganze Bände geschrieben, diese Dinge sind recht gut bekannt. Ich konzentriere mich folglich auf die Volksmassen, auf die große Mehrheit sowohl der Polen als auch der Juden jener Zeit. Dort war der Konflikt deutlich, obgleich er verschiedene Formen annahm, aber nie zu den schrecklichen Tragödien späterer Zeiten führte.

Dennoch und all dem zum Trotz – weder die Juden jener Zeit noch die Polen jener Zeit, und mochten sie noch so stark vom Antisemitismus angesteckt sein, konnten sich dieses Land wohl anders vorstellen als in der Gemeinsamkeit. Die gegenseitige Fremdheit, gelegentlich vielleicht blanke Feindseligkeit stimulierten in einem bestimmten Sinne die soziale, kulturelle und wirtschaftliche Entwicklung. Die antisemitischen Polen fühlten sich ohne die Nähe der Juden vom Schicksal vernachlässigt, vielleicht aus dem Grunde, weil erst diese Nähe, der Kaftan in der Landschaft, den man verlästern, beschimpfen, ja sogar bespucken konnte, weil erst dieser Kaftan in der Landschaft den Polen gestattete, ihre Komplexe zu überwinden, den eigenen menschlichen Vorrang zu betonen und das Recht an Polen als seinem unbestreitbaren Eigentum, das sie mit niemandem teilen würden, zu demonstrieren. Und ähnlich sahen sich die Juden – auch auf der psychologischen Ebene – in derselben Landschaft, sie war ihnen tausendmal näher als die ihnen schließlich unbekannten palästinensischen Tamarisken und Ölbäume, sie sahen sich vor dem Hintergrund der Weiden-, Erlen-, Eichenwäldchen, der kleinstädtischen Bruchbuden, wo sich auf den Straßen die Polen herumtrieben, diese dummen Gojim, denen sich die Diaspora-Juden überlegen und bevorzugt fühlten. Denn sie gehörten dem Volk an, mit dem der Schöpfer einen ewigen

Bund geschlossen und dem Er die steinernen Tafeln anvertraut hatte.

Die Deutschen haben einen großartigen sprachlichen Fachbegriff: Haßliebe. Das ist mehr als haßerfüllte Liebe oder liebevoller Haß. Es ist die Bezeichnung einer besonderen, den Menschen wohlbekannten Gefühlslegierung, wo das Bedürfnis nach Nähe ebenso stark ist wie die Sehnsucht, Schmerz zuzufügen. Es gibt kein gemeinsames Schicksal dieser beiden unglücklichsten Völker auf unserer Erde mehr. Der Krieg hat der schönen und schrecklichen Symbiose, die meine Kindheit prägte, ein Ende gesetzt. An den Krieg erinnere ich mich gut, er hat mich – wie eine ganze polnische Generation – geformt. Ich war schweigender, passiver Zeuge der Judenvernichtung. Ich berühre hier eine immer noch nicht vernarbte Wunde, mehr noch, eine von der geistigen Unreife, von der geistigen Enge mancher Polen und mancher Juden immer wieder aufgerissene Wunde.

Anfangen möchte ich mit einer Behauptung, die in moralischem Sinn äußerst befremdlich klingt. Wir starben getrennt, wir starben einzeln! Unser Schicksal zur Zeit der Okkupation war kein gemeinsames und gleiches Schicksal! Mit dieser Feststellung beginnt eine ganze Mythologie, das gemeinsame Werk von Polen und Juden. Ich wiederhole: mancher Polen und mancher Juden. Ich beginne mit den Fakten.

Daß wir getrennt, daß wir einzeln starben, daß es nicht dasselbe gemeinsame Schicksal war, ist nicht unsere Schuld. Das ist weder eine polnische, erst recht keine jüdische Sünde. Das ist eine deutsche Sünde oder – weiter gefaßt – eine Sünde Europas oder – noch genauer – eine Sünde der Menschheit. Der Nazismus war nämlich nicht nur eine deutsche Angelegenheit. Vor dem Krieg hat jemand geschrieben (ich glaube, es war Paweł Hulka-Laskowski), der Hitlerismus sei ein Nationalismus ohne Nation – und dieser Jemand hatte recht. Er war eine Denaturierung der gesamten Zivilisation des weißen Mannes, eine Folge der langen Geschichte Europas, in der das Christentum nicht ohne schwere Schuld, in der die römische Kirche nicht ohne schwere Schuld war. Falls es überhaupt eine Dialektik der Geschichte gibt, könnte man in ihrem Licht die Ansicht riskieren, das deutsche Volk hätte die Ausführung jenes Verbrechens auf sich genommen, das sich in den schmutzigen, bösen Träumen des christlichen Europa durch die Jahrhunderte zieht. Das klingt furchtbar, ist aber bestimmt nicht ohne Sinn. Denn es gibt auf der Welt kein Mördervolk und kein sündloses Volk. Wer allein den Deutschen die moralische Verantwortung für den Holocaust auferlegt, ist kein Christ, ist auch kein vernünftiger Mensch.

Ich werde aber diesen Gedankengang nicht weiter verfolgen, weil wir nicht über die Deutschen zu reden haben, sondern über die Polen und die Juden.

Wir starben getrennt, und unser Los war kein gemeinsames Los, denn so fügte es der Lauf der Dinge, den das Dritte Reich Adolf Hitlers bewußt geplant hatte und bewußt realisierte. Wer heute sagt, dieses Los sei gemeinsam gewesen, wir seien miteinander, Schulter an Schulter gestorben wie verurteilte Brüder, wie Nächste, die einer unmenschlichen Vernichtungsgier ausgeliefert sind – der sagt ganz einfach die Unwahrheit. Solche Polen gibt es unter uns nicht erst seit heute. Das war sogar die offizielle historiosophische Linie im Jahr 1968, doch das Wort »Historiosophie« paßt nicht recht zu jenem Gesindel dem Geiste nach, das uns damals diese Konzeptionen aufzwingen wollte. Aber auch heute, zwanzig Jahre später, gibt es Polen, die bis zum

Überdruß Legenden vom gemeinsamen Kriegslos der Polen und Juden, von unserer gemeinsamen Vernichtung produzieren. Mittlerweile kann jeder Mensch, der denken will und wissen will, ohne Mühe feststellen, daß das jüdische Volk zur Vernichtung bestimmt war und vernichtet wurde, während das polnische Volk gewiß in einer ferneren Zukunft des Tausendjährigen Reiches auch zur Vernichtung hätte verurteilt werden können, aber zunächst nicht verurteilt wurde und überdauerte. Es erlitt riesengroße Verluste, es brachte ungeheure Opfer, doch das Los eines Polen im Kriege läßt sich nicht vergleichen mit dem Los eines Juden – und wer das tut, tut etwas Böses, Dummes und Niederträchtiges. Das ist nicht nur eine statistische Frage, das reduziert sich nicht auf den Prozentsatz der Verluste, sondern beruht auf der völlig anderen Behandlung eines Juden und eines Polen durch den Nazismus. Die Bedingungen waren anders und unvergleichbar. Die Juden, bedingt durch ihr Judentum, waren zum Tode verurteilt, die Polen, bedingt durch ihr Polentum, zu Unfreiheit, Elend und Demütigung, zu Unterdrückung, Terror, auch zum zufälligen Mord. Denn der geplante, industrialisierte Massenmord in den Gaskammern von Treblinka, Majdanek, Auschwitz, Chełmno, Bełżec betraf die Polen nicht. Wer etwas anderes behauptet, verfälscht die Geschichte. Von einem geplanten Mord an Polen kann man nur in bezug auf die sogenannte Oberschicht des Volkes sprechen. Die große Mehrheit wurde von diesem Programm indessen nicht betroffen.

Demzufolge wiederhole ich: Wir starben getrennt, unser Los war kein gemeinsames Los. Heute machen manche Juden den Polen daraus einen Vorwurf. Sie behaupten nämlich, die Polen hätten sich diesem gemeinsamen Los entzogen. Das ist eine ungerechte und zutiefst kränkende Anklage. Denn die Polen haben ihr Los nicht gewählt, wie auch die Juden es nicht gewählt haben.

Mein Freund, der große polnische Jude, der große jüdische und polnische Patriot Rafael Scharff hat, mit mir polemisierend, vor Jahren in der Pariser *Kultura* geschrieben, wenn man die Polen, um sie zu töten, nach Treblinka transportiert hätte, dann hätten andere Polen mit ihren Zähnen die Eisenbahnschienen aufgerissen, um diese Transporte zu unterbrechen, um sich ihnen entgegenzustellen.

Ich habe damals geantwortet, daß im Jahr 1944 in Warschau Polen starb, Blut vom Blut und Bein vom Bein der polnischen Nation – doch niemand riß die Schienen mit den Zähnen auf, niemand errichtete Barrikaden, weder in Krakau noch in Posen noch in Kielce oder Lodz, und niemand eilte Warschau zu Hilfe, niemand befreite es. Denn es gab keine Zähne, mit denen man die Schienen hätte aufreißen können – und deshalb ist dieser Vorwurf unrealistisch, wahnsinnig und zutiefst kränkend. Und man kann auch in schrecklicher moralischer Qual fragen, ob, wäre die Lage umgekehrt gewesen, wären damals Transporte mit Polen nach Treblinka ins Gas gefahren, ob dann die polnischen Juden mit ihren Zähnen die Schienen aufgerissen, ob sie mit blanken Händen nach den Kehlen der ss-Männer gegriffen hätten, um die zur Vernichtung verurteilten Polen zu verteidigen. Vielleicht hätten sie genau so gehandelt, doch die Geschichte hat uns eine Antwort auf die grausame Frage erspart. Und ich wage zu zweifeln, ob die zeitgenössischen Juden diese Prüfung bestanden hätten, die die zeitgenössischen Polen in der Tat nicht bestanden haben! Aber nicht, weil sie sich dem gemeinsamen Los entzogen hätten, das war unmöglich, sondern weil sie, aufs Ganze gesehen, doch nicht alles getan haben, was sie hätten tun können.

Es wäre lächerlich, die Akte schönster Humanität in Frage zu stellen, die zugleich Akte eines schrecklichen Risikos waren; Polen haben es auf sich genommen, um ihre jüdischen Nächsten zu retten. Es gab viele von diesen »Gerechten unter den Völkern der Welt«, die heute ein Bäumchen mit ihrem Namen in Israel haben. Und sie riskierten hundertmal mehr als die zeitgenössischen Franzosen, Dänen oder Italiener. Sie haben die Würde der polnischen Nation bewahrt. Aber es wäre lächerlich zu bestreiten, daß sich auf dem Krasiński-Platz ein Karussell drehte, gerade in den Tagen, als das Ghetto zu den Waffen griff, damit Juden sterben konnten wie die Makkabäer. Man kann konstatieren, daß es ein Karussell für den Abschaum war, so wie der Abschaum sich mit Erpressung beschäftigte, mit den Nazis zusammenarbeitete und die jüdischen Überlebenden hetzte. Auch das ist wahr!

Wenn ich aber sage, die Polen hätten dennoch nicht bestanden, dann unterstreiche ich zugleich, daß es sich um eine höllische, anderen Menschen auf Erden unbekannte Prüfung handelte, die schrecklichste, der ein Mensch unterzogen werden kann – ich sage auch, daß damals der Mehrheit unserer Gesellschaft die geistige Härte fehlte, die feurige Opferbereitschaft, die zu jener Zeit nötig war, um die Prüfung der Geschichte zu bestehen. Und wenn die Juden uns heute einer zu großen Gleichgültigkeit, eines historischen Opportunismus beschuldigen, dann haben sie recht, uns zu beschuldigen, vorausgesetzt, sie denken immer an den Preis, den man für den Mangel an Gleichgültigkeit und für das Erweisen von Nächstenliebe zahlen mußte.

Ich sehe in diesen von einer bestimmten Gruppe der Juden ausgehenden Anklagen einen besonderen Zug, der – wenn wir uns mit Ehrfurcht und Nachdenklichkeit dieser

Sache annehmen – auf seine Weise schön wirkt. Denn sie klagen uns immerhin an, weil wir keine Engel sein wollten. Solche Forderungen, solche Kriterien werden von unglücklicher Liebe diktiert. Dieser Schrei, manchmal voller Feindseligkeit, dieser anklagende und ungerechte Schrei ist ein Schrei unerfüllter, abgewiesener Liebe.

Manche Polen sind empört, daß manche Juden die Haltung der Polen im Krieg schärfer beurteilen als die Haltung der Deutschen im Krieg. Erstens ist das nicht die Wahrheit, denn es genügt, die Geschichte des Staates Israel, heute Sprecher der großen Mehrheit der Juden auf der Welt, zu verfolgen, um festzustellen, daß der Staat Israel seine offenen Rechnungen mit dem deutschen Volk hat, aber keine mit dem polnischen. Das ist also nicht die Wahrheit, sondern ein oberflächlicher Eindruck, der sich aus der Tatsache ergibt, daß sich eine Gruppe Juden nach dem Krieg in der Bundesrepublik Deutschland niedergelassen und dort eingerichtet hat. Ich verstehe unsere Launen nicht, unser zweierlei Maß. Juden dürfen sich nicht in Deutschland einrichten, wir aber dürfen! Juden haben kein Recht zu vergeben und zu vergessen, wir aber haben es! Spricht ein Jude gut über die Deutschen von heute, so ist er moralisch zweideutig. Spreche ich aber gut über sie, bin ich ein vernünftiger Pole, der in demokratischen Kategorien denkt, und ein echter Europäer. Das ist ein bißchen absurd, wie ich meine...

Aber selbst wenn es so wäre, daß die Juden von den Deutschen weniger und von den Polen mehr verlangen – was bezeugt das? Doch nur eines, nämlich daß wir einander nahe sind, daß die Juden uns an einem Ideal messen möchten, daß sie hier in Polen ihre für alle Zeiten verlorene Heimat hatten.

Um Mißverständnisse zu vermeiden, noch ein paar Tatsachen. Dank polnischer Hilfe ist es gelungen, an die hunderttausend Juden vor der Vernichtung zu bewahren, das heißt etwas mehr als drei Prozent der vor dem Krieg in Polen ansässigen jüdischen Diaspora. Diese Statistik ist gespenstisch, weil sie von geringfügiger Hilfe zeugt. Man kann sie als Anklage interpretieren. Aber man muß sich an die historische Wirklichkeit erinnern. Wer nämlich unter den Juden von damals hatte eine Chance zur Rettung auf der arischen Seite? Erste, unerläßliche Bedingung war die Kenntnis der polnischen Sprache. Ohne Sprachkenntnisse waren die Juden unwiderruflich verurteilt, gab es keine Rettungschance. Weiter – der Mensch mußte die örtlichen Sitten und Gebräuche so gut kennen, daß er sich irgendwie in das polnische Milieu einfügte, und sei es noch so freundschaftlich, denn es gab überall und immer unter den Polen Schurken, die bereit waren, Juden aufzuspüren.

Die nächste Bedingung – der Mensch, für den die Hilfe organisiert wurde, mußte mindestens einen geringen Kontakt mit den Leuten gehabt haben, auf deren Hilfe er zählte.

Im Licht dieser Notwendigkeiten schmilzt die Zahl der Juden, für die polnische Hilfe erfolgreich sein konnte, schnell zusammen. Die übergroße Mehrheit der jüdischen Bevölkerung in Vorkriegs-Polen lebte in den herkömmlichen Ghettos, ohne Kenntnis der polnischen Sprache, ohne Kontakte mit dem polnischen Milieu, ohne jede Chance, sich in das polnische Leben einzufügen. Unter den geretteten Juden, die den Krieg überlebten, wurzelte kaum eine Handvoll in den orthodoxen Traditionen. Denn für sie gab es einfach keine Chance, keine Rettung, selbst wenn jemand wirklich die Schienen mit seinen Zähnen aufgerissen hätte.

Ein zweites Problem, das man sehr oft vergißt oder unterschätzt. Die Nazis verkündeten keineswegs am Tag nach der Besetzung Polens, sie würden die Juden ermorden. Sie verteilten das auf Raten. Schritt für Schritt gewöhnten sie die Polen, ja sogar die Juden an die neue Wirklichkeit. Es gibt Stimmen unter den Historikern, die endgültige Entscheidung über die Ausrottung sei erst im Krieg gefallen, auf der berühmten Wannsee-Konferenz, vorher habe sich Hitler nicht entschieden, ob er sein theoretisches Programm realisieren wolle. Doch ist das nicht wichtig. Wichtig ist dagegen, daß man, als die Ghettos entstanden, noch nicht ahnte, daß das mit dem Holocaust enden würde. Deshalb gelang es, die Juden in großen, schrecklichen Ansammlungen zu konzentrieren und sie aus ihrer Verwurzelung, aus dem Milieu zu reißen, in dem sie zuvor existiert hatten. Zerrissen wurde auch der Faden, der bestimmte Polen und bestimmte Juden verband, denn ein Jude aus Sieradz kam in das Lodzer, ein Jude aus Garwolin in das Warschauer, ein Jude aus Kurów in das Lubliner Ghetto. Er hatte keinen Rückhalt mehr, denn er war von seinem eigenen Boden getrennt und in die Welt fremder Menschen geworfen.

Noch im Jahr 1941 glaubten nicht alle auf der arischen Seite, daß die Nazis alle Juden ermorden würden. Und im Jahr 1942 war es zu spät dafür, daß die Polen, und wären sie aufgestanden wie ein Mann, was eine märchenhafte Voraussetzung ist, irgendetwas in großem Umfang hätten tun können.

Und noch eine Tatsache, von der die Polen wenig wissen und die Juden ungern reden. Unter der bedeutenden Zahl orthodoxer Juden herrschte ein tiefer Fatalismus, eine Konzeption, sich dem Urteil Gottes nicht zu widersetzen, denn

was geschieht, ist eine Prüfung, der der Schöpfer das auserwählte Volk unterzieht. Daher nicht nur eine gewisse
Demut angesichts der Vernichtung, sondern sogar eine Abneigung denen gegenüber, die beschlossen, gegen den Feind
zu kämpfen, und im April des Jahres 1943 zu den Waffen
griffen. Dieses große innerjüdische Problem ist heute in
Israel lebendig, wo die jungen Generationen, aufgewachsen
in einer ganz anderen Wirklichkeit, unter den Bedingungen
des Kampfes der Pioniere um den jungen Staat, die Haltung
der europäischen Juden des Holocaust-Zeitalters mit einem
gewissen Unwillen, ja mit Verachtung behandeln, was übrigens für mich persönlich das ahistorische Denken der jungen
Generationen im Staate Israel bezeugt. Denn jene, die orthodoxen Juden konnten nicht anders sein, auf ihnen lastete eine
Tradition von Jahrhunderten der Diaspora, der Verfolgung,
der Opfer, auf ihnen lasteten auch religiöse Anschauungen,
die wörtlich, in petrifizierter Weise verstanden wurden.
Doch hier dürfen wir keine Richter sein!

So vollzog sich der Holocaust; die Juden kamen darin
um, die Polen aber wurden einer schrecklichen moralischen
Prüfung unterzogen, der die geistige Kraft und die christliche Haltung der Mehrheit der Gesellschaft nicht gewach-
sen war. So endete die gemeinsame, jahrhundertealte Geschichte der Polen und Juden, die miteinander in diesem
Lande lebten, verbunden durch eine besondere Kette der
Nähe und Fremdheit, der Zuneigung und Abneigung, diese
gemeinsame polnisch-jüdische Krankheit, die uns irgendwie verbrüderte, solange wir hier zusammen lebten, und die
bis heute Verletzungen hinterlassen hat.

Denn meiner Meinung nach sind die Polen ohne die
Juden nicht mehr die Polen, die sie einst waren und für immer hätten bleiben sollen. Lange Jahrhunderte hindurch

entwickelten sich die Polen geistig – den Juden folgend oder gegen die Juden, immer aber mit den Juden! Und die Juden – ähnlich. Heute ist das nur noch Historie. Der Krieg hat das polnische Volk für seine gesamte Zukunft zur Waise gemacht. Es gibt sie nicht mehr, unsere schwarzen, älteren Brüder, die uns das Alte Testament vermacht haben, diese Brüder, unter denen Jesus geboren wurde, um der Welt die Frohe Botschaft zu verkünden.

Ich nähere mich dem Schluß meiner Ausführungen. Ich muß nur noch einige Worte über die letzten vierzig Jahre, über die Nachkriegszeit sagen. Sie zerfallen in zwei historische Etappen, bis zum Jahr 1968 und nach dem Jahr 1968. In der ersten Etappe lebte noch eine Handvoll polnischer Juden unter uns, sie teilte mit uns das Nachkriegsschicksal. Seit fast zwanzig Jahren muß man einen Juden in Polen mit der Lupe suchen.

Gab es im Nachkriegspolen einen Antisemitismus? Ich meine, ja. Mit tiefster Scham müssen wir zugeben, daß nach dieser furchtbaren Erfahrung, nach der Hölle des Krieges ein Antisemitismus in Polen bestand und noch heute besteht. Das ist um so erstaunlicher, als dieser Antisemitismus buchstäblich kein ökonomisches oder gewohnheitsmäßiges Fundament hat, von dem man im Vergleich mit früheren Zeiten sprechen könnte. Es gab nach dem Krieg keine Juden, die eine ökonomische Konkurrenz für die Polen gebildet hätten, denn die Eigentumsverhältnisse waren als Folge des neuen Systems radikal verändert worden. Es gab keine Spur mehr von den früheren jüdischen Sitten, denn diejenigen, die überlebt hatten, in erheblicher Zahl übrigens außerhalb Polens, tief in der UdSSR, gehörten einer anderen, von der Orthodoxie weit entfernten geistigen Formation an.

Der Antisemitismus, der immer irrational war, wurde in Polen nach dem Krieg zu einer Art geistigen Verirrung, einer Art Schizophrenie. Selbstverständlich ist es nicht wahr, daß er weite Gesellschaftskreise erfaßte. Er erhielt sich in der bäuerlichen Schicht, er wurde von ihr im Verlauf der großen Industrialisierung wie eine Epidemie in die Städte eingeschleppt. Doch plötzlich, in einem bestimmten Zeitabschnitt wurde dieser Antisemitismus zu einem neuen, im früheren Polen unbekannten Phänomen. Die Juden begannen sich zu mehren. Es waren ihrer tausendmal mehr als in der Wirklichkeit.

Man bürdete das Judentum Menschen auf, die nie Juden gewesen waren, deren Genealogie die anspruchsvollsten Legalisten der Nürnberger Gesetze zufrieden gestellt hätte. Jude war jeder, der nicht gefiel, dem man einen politischen, einen moralischen Vorwurf machen konnte oder gar keinen Vorwurf – nur um der psychischen Hygiene der gedemütigten, unterworfenen, vom Ergebnis des Krieges enttäuschten Polen willen, die sich als Polen nicht frei in der neuen Realität nach dem Krieg verwirklichen konnten. Das ist ein großes Thema für Soziologen und Philosophen, das in unseren humanistischen Wissenschaften immer noch brach liegt.

Das reale Bild des Juden gehörte der Vergangenheit an. Seinen Platz nahm ein abstrakter, seiner früheren typischen Eigenschaften entkleideter Jude ein, folglich ein eingebildeter und mythischer Jude, der alles verkörpern sollte, was für Polen schlecht und schädlich war, was dem weit und manchmal völlig falsch verstandenen polnischen Interesse widersprach. Es kam zu etwas Paradoxem, zu einer fast klinischen Verirrung. Denn in einem Land, wo der Jude jahrhundertelang ein bedeutsamer Teil der Landschaft, wo er immer sichtbar gewesen und schließlich in den Flammen des Krieges umgekommen war, tauchte plötzlich ein unterirdischer, konspirativer Jude auf, geheim und beiderlei Geschlechts – um an Norwid zu erinnern –, übrigens nicht ohne eine bestimmte Absicht, denn diese Vorstellung vom Nachkriegsjuden verband sich mit dem Herrschaftssystem, mit der Allgegenwart und Allmacht der Polizeidienste, in denen Juden hier und da auch eine Rolle spielten. Ihr Anteil am Machtapparat wuchs zur entscheidenden Rolle an, was natürlich eine völlig falsche Beurteilung war, aber der begründeten Überzeugung entstammte, die neue Staatsmacht sei nichtpolnischer Herkunft und den Polen mit Gewalt aufgezwungen. Sie konnte also nicht in polnischer Hand liegen, Russen und Juden hatten sie untereinander aufgeteilt, die Polen selbst spielten nur eine untergeordnete Rolle, und wer eine bedeutende Rolle spielte, konnte nicht Pole sein, er wurde auf der Stelle zum Juden ernannt.

In diesem Sinn hatte der Antisemitismus nach dem Krieg einen surrealistischen, irreführenden und falschen Charakter, er war eine Anknüpfung an bestimmte traditionelle, rudimentäre Gedankenmuster, aber seinem Wesen nach überhaupt kein Antisemitismus, sondern ein Antikommunismus reinen Wassers, was sich übrigens am deutlichsten gerade im Jahr 1968 zeigte, als im überwiegend bäuerlichen, frisch avancierten, demzufolge rasend kleinbürgerlichen, rasend habsüchtigen, rasend konsumptiven, rasend konservativen Parteiapparat plötzlich ein scheinbar antisemitischer, in Wahrheit antikommunistischer Wahn ausbrach, der wütend alles zertrampelte, was der polnische Sozialismus im Laufe eines Jahrhunderts intellektuell und moralisch erreicht hatte. Und wohl gerade deshalb folgte dem Parteiapparat ein Teil der Gesellschaft, darunter – leider! –

ein Teil der AK-Generation, die doch im Geist christlicher Tradition erzogen worden war, einer Generation indessen, die durch die Erfahrungen des Stalinismus und der »kleinen Stabilisierung« unter Gomułka furchtbar verletzt worden ist. Damals, im Jahr 1968, wurde die nationale Würde der Polen gerettet von der jungen Generation, aber auch von der geistigen Elite, die dafür bis zum heutigen Tag von der Staatsmacht Prügel bezieht.

Das war, vom moralischen Standpunkt aus gesehen, die ekelhafteste Zeit in der Nachkriegsgeschichte.

Denn damals wurden in gleichem Maße die christlichen und die sozialistischen Ideale mit Füßen getreten. Es triumphierte die nackte Gewalt, ohne jede ideologische Verschleierung. Nie zuvor und wohl auch nie danach bis zum heutigen Tag spielten Heuchelei, Falschheit und phrasenhafte Schemata eine derart grundsätzliche Rolle bei der Machtausübung. Heute wird immerhin mit offenen Karten gespielt. Damals waren die Karten gezinkt. Diese Märzabende des Jahres 1968 waren der Herrschaft der Falschspieler ausgeliefert. Dieser ganze Antisemitismus, dessen Spitze mehr auf den mythischen als auf den realen Juden zielte, war eine Artikulation polnischer Phobien, die sich in den Nachkriegsjahren angesammelt hatten, er war auch in einem plumpen Sinn der Versuch getarnter Rekompensationen für die Zeit der Demütigungen, die ihre nicht-polnischen, also fremden Quellen und Ursachen hatten. Das rechtfertigt die Polen nicht, erklärt aber in gewissem Umfang die Gründe des moralischen Zusammenbruchs von damals.

Eines versteht sich von selbst. Man darf die polnische Gesellschaft nicht mit den Erfahrungen des Jahres 1968 belasten. Die Verantwortung trifft die Staatsmacht, die

Partei, bestimmte kleinbürgerliche Kreise, die an dem Spiel teilnahmen. Die Mehrheit des Volkes verhielt sich würdig, und das heißt ganz einfach – normal. Aber die restlichen Juden verließen Polen.

Sie nahmen ein ungerechtes, den Polen Unrecht tuendes Bild mit, aber, wie ich schon irgendwann einmal geschrieben habe, jeder hat das Recht, ungerecht zu sein, wenn Gott Unglück auf ihn herabgesandt hat.

Selbstverständlich, eine kleine Handvoll Juden, die zuvor als Funktionäre des Machtapparats eine klägliche Rolle gespielt haben, verkünden heute äußerst liberale Anschauungen und beklagen sich über den polnischen Antisemitismus. Schön ist das nicht, doch ich möchte zur Tagesordnung übergehen, weil man schwerlich schöne Gesten und Haltungen von Menschen mit häßlichen Charakteren erwarten kann. Einen Juden, der in den stalinistischen Jahren ein Mann des Gewaltapparats war, möchte ich ungern nur deshalb freisprechen, weil er Jude ist, so wie ich die Polen nicht freispreche von dem, was sie einst und heute in diesem Apparat getrieben haben. Erst soll sich jeder von diesen Leuten an die eigene Brust schlagen, dann werden ihm die Christen vergeben wie einem Nächsten, der geirrt hat. Kein Jude darf seine persönlichen Gemeinheiten mit dem Faktum rechtfertigen, daß die Juden umgebracht wurden. Desgleichen darf kein Pole das unter Berufung auf die Leiden seines Volkes in Vergangenheit und Gegenwart tun.

Es gehört sich nicht, die Ausführungen mit derartigen Binsenweisheiten zu beschließen. Ich kehre folglich zu den Gedanken zurück, die ich zuvor erwähnt habe, weil sie mir besonders wichtig zu sein scheinen.

Eine gemeinsame Geschichte, ein gemeinsames Los von Polen und Juden gibt es nicht mehr und wird es nie mehr geben. Vergangen ist die traurige und schöne Geschichte, die die früheren Polen und Juden verband und die in den Herzen künftiger Juden und Polen als eine gute und reine Zeit bleiben sollte, und sei es nur aus dem Grunde, daß sie historisch der schrecklichsten Prüfung vorangegangen ist, der Menschen in der gesamten Geschichte des Menschengeschlechts ausgesetzt waren.

Zum Schluß bleibt mir nur noch, der Hoffnung Ausdruck zu geben, daß ich zur letzten Generation der Polen gehöre und meine jüdischen Altersgenossen zur letzten Generation der Juden, die gemeinsam die Bitterkeit des Antisemitismus und des Antipolonismus erfuhren und gleichzeitig gemeinsam Hoffnungen erlebten, Enttäuschungen, schreckliche Prüfungen und später manchmal geradezu tragikomische Mißverständnisse, aber auch gemeinsame polnisch-jüdische Träume hatten, wie sie die nach uns Kommenden nie träumen werden.

Erinnerungen
an einen alten Menschen

Der Kapuzinerpater Anicet, genannt der Großalmosenier von Warschau, hieß Albert Koplin. Er wurde 1875 in Friedland (Ostpreußen) geboren und 1941 in Auschwitz ermordet.

Sein Vater war Katholik, seine Mutter Protestantin. Doch erhielt er als Junge eine katholische Erziehung. 1893 trat er im Elsaß in den Kapuzinerorden ein. Während der folgenden Jahre lernte und studierte er in Münster und Kleve. 1900 wurde er in Krefeld zum Priester geweiht. In den Diözesen Mainz und Osnabrück war er als hervorragender Prediger bekannt. Zu jener Zeit schrieb er auch religiöse Lyrik und wurde berühmt als Betreuer der Armen. Vor dem Kriege 1914–18 demonstrierte er oft seinen eifrigen preußischen Patriotismus, auch während des Krieges veröffentlichte er Gedichte und hielt Predigten, in denen er den Kaiser und die Erfolge der deutschen Waffen pries.

Unter ungeklärten Umständen gelangte er Anfang 1918 in polnisches Gebiet und war schon am 21. März in Warschau. Hier blieb er für immer. 1918–39 wirkte er sehr aktiv in der Armenfürsorge und Sozialarbeit der Hauptstadt Polens. Er gehörte zu den geachtetsten Ordenspriestern Warschaus. Er führte ein asketisches Leben. Seiner großen Geisteskultur, seiner Hartnäckigkeit und Unnachgiebigkeit verdankte er den Zutritt zur finanziellen Elite der Stadt, und diese bedachte – durch seine Vermittlung – großmütig die Armen Warschaus, besonders in den Jahren der großen

Krise 1929–31. Er wurde zu einer berühmten Gestalt als sozial engagierter Priester und polnischer Patriot. Dennoch sprach er bis ans Lebensende schlecht Polnisch und ging in wichtigeren Gesprächen gewöhnlich zum Deutschen über. Seinen Nachnamen Koplin änderte er in Koplinski, blieb aber dem Verhalten nach sein Leben lang Deutscher und unterstrich seine deutsche Herkunft, wobei er stets hinzusetzte, er sei nach der Wahl seines Herzens Pole.

Im Jahr 1940 lehnte er entschieden die sogenannte Volksliste ab und teilte den Nazi-Behörden mit, er sei Pole. Im Sommer 1941 wurde er nach Auschwitz geschafft und dort in der Gaskammer umgebracht.

Angeregt von den Warschauer Kapuzinern, fand 1987 im Palais des Primas von Polen in Warschau eine dem Gedenken an Pater Anicet gewidmete wissenschaftliche Tagung statt. An ihr nahmen nicht nur prominente polnische und deutsche Geistliche teil, sondern auch zahlreiche Intellektuelle. Der Kapuzinerorden bemüht sich um die Aufnahme des Beatifikationsprozesses für Pater Anicet im Vatikan.

Für die deutschen und polnischen Katholiken ist Pater Anicet eine Art Symbol der christlichen Einheit, Bruderschaft und Versöhnung.

Man bat mich, meine Erinnerungen an diesen ungewöhnlichen Menschen bei der wissenschaftlichen Tagung vorzutragen. Der folgende Text ist die Tonbandaufzeichnung dieses Berichts.

A. S.

Die von mir übernommene Aufgabe ist in besonderem Grade kompliziert. Ich soll über einen Menschen sprechen, den ich eigentlich nicht gekannt habe und von dem ich sehr wenig weiß, der aber in meinem Leben eine kolossale Rolle gespielt hat. Im Grunde wird alles, was ich hier sage, ein Bekenntnis sein, die Schilderung meines geistigen Schicksals. Die Akzente sind also seltsam verschoben, denn die hier versammelten Zuhörer, die geistlichen und die weltlichen, sind gekommen, um über den großen, nicht mehr unter uns weilenden Almosenier Warschaus, den Pater Anicet zu sprechen und nachzudenken, während ich sehr wenig über ihn zu sagen weiß.

Fast alles, was ich über Pater Anicet erfahren habe, stammt aus jüngst vergangenen Jahren, aus einer Zeit, als sich die Gestalt dieses Menschen in meiner Erinnerung bereits verwischte. Im übrigen war es der reine Zufall. Plötzlich, bei irgendeinem Gespräch vor kaum einem Jahr, trat Pater Anicets Gestalt hervor, und ich sagte, ich hätte ihn gekannt, ich sei als Junge bei ihm Meßdiener gewesen, vor dem Kriege, aber auch während der Okkupation bis zu dem Zeitpunkt im Juni 1941, als die Warschauer Kapuziner verhaftet wurden. So betreffen meine Kontakte mit Pater Anicet kaum zwei, drei Jahre, zwischen 1938 und 1941. Und es waren ganz nichtssagende, für ihn beinahe inexistente Kontakte, denn er sprach wenig oder gar nicht mit mir; vielleicht erinnerte er sich nicht einmal an mich unter den Gesichtern der Jungen, die damals Ministranten an der Kirche der Kapuziner-Patres auf der Miodowa waren.

Zu jener Zeit wußte ich nichts über ihn, ich hatte keine Ahnung davon, daß ich einer in Warschau sehr berühmten, sehr bekannten und um die Stadt verdienten Persönlichkeit ministrierte. Ich wußte nichts von seiner Herkunft, von seiner deutschen Biographie und seinem deutschen Schicksal. Ich hatte zu jener Zeit keine Ahnung von den Umwegen seiner geistigen Erfahrung, die diesen deutschen Asketen schließlich auf die Miodowa geführt und aus ihm einen sozial engagierten Warschauer gemacht hatte, den eifrigsten Betreuer und Tröster der Armen und Elenden, um ihn am Ende in den Auschwitzer Block 11 und zum Märtyrertod zu geleiten. Davon erfuhr ich nach vielen, vielen Jahren, als grauhaariger und kahlköpfiger Mann, der einen Sack eigener Erfahrungen auf den Schultern schleppt und den größeren Teil seines zeitlichen Lebens zurückgelegt hat.

Anicet hat mich als historische Persönlichkeit viele Jahre lang nicht interessiert; ich war mit einer anderen Welt, einer anderen Wirklichkeit beschäftigt. Die Erfahrungen der frühen Jugend lebten zwar in mir fort, aber irgendwo sehr gut versteckt, auf dem vollgestellten, verstaubten Dachboden der Erinnerung, wo man selten hinkommt. Wenn man sich in reifen Jahren, in den Jahren der großen Lebensaktivität auf diesen Dachboden begibt, dann mit einem bestimmten Ziel, um etwas Wichtiges zu suchen, um das Gerümpel des früheren Lebens fortzuräumen und sich auf diese eine Sache zu konzentrieren, auf die eine Sache, die man gerade benötigt... Sicher war irgendwo dort auch Pater Anicet, aber unbemerkt, schweigend über Jahre, nicht benötigt. In meiner Erinnerung als Erwachsener war er, falls er überhaupt irgendwo war, ein kleiner, gebeugter alter Mann in ziemlich unsauberem Habit, mit Sandalen an den bloßen Füßen. Und mehr wußte ich buchstäblich nicht über ihn.

Erst in einem späteren Lebensabschnitt kehrte er zurück. Heute ist er für mich eine zentrale, auf jeden Fall eine sehr wichtige Gestalt meines geistigen Abenteuers, doch das Wort »Abenteuer« klingt hier zu gewöhnlich, es gibt weder das Pathos noch die Dramatik dieses entscheidenden Erlebens wieder. Eigentlich könnte man sagen, Pater Anicet sei in meiner Erinnerung, in meinem geistigen Reifeprozeß ein gewissermaßen ex post inszenierter Held; er füllt eher eine Lücke der Phantasie als der erlebten Wirklichkeit. Anicet ist eine Art von geistigem Bedürfnis, ein moralischer Imperativ meiner, um die Wahrheit zu sagen, ziemlich komplizierten Existenz.

Ich bin nicht sicher, ob ein Bericht über ihn in dieser Form – zu einer anderen kann ich mich nicht aufraffen, zu einer anderen bin ich nicht imstande, denn eine andere wäre einfach ein Mißbrauch – ob also ein solcher Bericht in diesem Kreis und bei dieser Gelegenheit, vor diesem Auditorium überhaupt sinnvoll ist. Denn die Versammlung heute ist einer besonderen Persönlichkeit gewidmet, einer von besonderer Gnade berührten Gestalt, einem Menschen, der ein Zeichen der Heiligkeit in sich trug.

Man könnte daraufhin sagen: Jeder Mensch steht im Grunde vor der Wahl zwischen Heiligkeit und Verdammnis, in jedem liegt das Saatkorn der Heiligkeit, darauf beruht ja das Heilige und das Tragische unseres Schicksals. Doch wenn man so an diese Frage herangeht, könnte man das ausnahmslos von jedem sagen; dennoch sagen wir es nicht von jedem, denken es nicht von jedem, erscheint uns nicht jeder als Muster bestimmter Tugenden. Er war ein solches Muster der Tugenden, er ist als Muster christlicher Tugenden in die Geschichte Warschaus, in die Geschichte der Warschauer Kapuziner, in unseren Katholizismus eingegangen.

Da soll ich nun über ihn sprechen und weiß doch wenig über ihn, denn eigentlich ist alles, was ich weiß, mein persönliches Erlebnis oder, noch genauer und nachdrücklicher, mein geistiges Ringen, bei dem er irgendwie präsent ist, als wichtiger Faktor der Wahl, aber nicht er allein, nicht sein Leben, sein Handeln oder sein Einfluß, sondern Anicet als ein gewisses Symbol, als von meiner Phantasie zum Range des Symbols erhobenes Schicksal.

Bitte verstehen Sie mich richtig. Alles, was ich sage, ist keine Ziererei, keine Vorführung von Demut und falscher Bescheidenheit, denn ich bin weder demütig noch gar bescheiden, ich habe – glaube ich – in vielen Dingen viel zu sagen und halte mich nicht für arm im Geiste und für unfähig, mich auszudrücken. Doch gerade in dieser Sache, in der Angelegenheit, die Gegenstand der Versammlung heute ist, habe ich tatsächlich sehr wenig zu sagen; das, womit ich hier ankomme, ist wichtig für mich, ist meine Sache, mein Anicet, nicht aber der wirkliche, echte Anicet, der einst durch die Warschauer Straßen ging und hinter dem Stacheldraht von Auschwitz umkam. Ich bin der tiefen Überzeugung, daß ich zum Wissen von ihm nichts beitrage, daß ich seine Silhouette nicht bereichere, in dieser Hinsicht muß ich meine Zuhörer einfach enttäuschen.

Ich schließe diese lange Einleitung mit einem wichtigen Bekenntnis. Ich bin infolge der Verquickung verschiedener Faktoren auf das Angebot eingegangen, und dann konnte ich mich nicht mehr zurückziehen. Für mich persönlich ist mein Mitwirken schwierig; das Überwinden der verschiedenen Hindernisse, die meiner Rede heute im Wege standen, war mühsam.

Wie erwähnt, habe ich ihn zum ersten Mal als Junge gesehen, den ein Freund zum Meßdienst ermuntert hatte. Das war 1938, im Herbst. Ich erinnere mich nicht an Einzelheiten meiner ersten Kontakte mit den Kapuzinern auf der Miodowa. Dagegen erinnere ich mich an etwas spätere Vorgänge, schon zur Zeit der Okkupation. Ich hatte damals einen schlichten, jungenhaften Glauben. In Religion unterrichtete mich Pfarrer Kulesza, ein sehr schöner, schlanker und vornehmer Mann mit einem grauen Haarschopf und ziemlich strengem Verhalten. Pfarrer Kulesza wollte mich bestimmt zu einem gewissen religiösen Eifer bewegen, aber ich war trotzig und zerstreut, es kam nicht viel dabei heraus. Der Meßdienst zog mich jedoch an, er bedeutete ein Abenteuer, eine Art Unterhaltung, und gab mir, was wichtig war, außerdem eine Überlegenheit, ein Gefühl, besser zu sein als die Gleichaltrigen, die nicht Meßdiener waren. Immerhin wirkte ich bei einem Geheimnis mit, hatte ich unklare, seltsame Verbindungen zur Tiefe der Welt, und sie hatten das nicht. Ich betone, daß wir zu jener Zeit nicht so gut Latein konnten wie unsere Väter und Großväter, latein war ein recht langweiliges Schulfach, die meisten Jungen mochten es nicht. Und dieses große Mysterium fand ja auf latein statt, in einer geheimnisvollen Sprache. Ich beherrschte den Meßdienst schnell, begriff aber fast gar nichts, es war ein Mitwirken an Ritual und Beschwörungen. Ich weiß noch, das bereitete dem Bruder Stanisław, der bei den Kapuzinern Sakristan war, viel Mühe und Sorgen.

Bruder Stanisław war eine ganz besondere Gestalt, und wenn damals jemand mich geistig formte, mir half zu reifen, dann er, dieser bescheidene, fleißige, zu mir unendlich gute Klosterbruder.

Pater Anicets erste reale Anwesenheit in meiner Erinnerung ist gerade ein Streit mit Bruder Stanisław. Wir Jungen bekundeten, manifestierten unseren religiösen Eifer damals gern auf eine sonderbare Weise. Der Eifrigste, der Beste war derjenige, der im Laufe des Vormittags bei den meisten Messen ministrierte. Bei den Kapuzinern hielten zu jener Zeit verschiedene Geistliche die Hl. Messe, auch Pfarrer Sagadyn, der aus der Stadt kam. Er tat das aus mir schwer erklärlichen Gründen äußerst schnell, wir kamen mit unserem Herunterleiern der Formeln gar nicht mit.

Eines Tages sagt Bruder Stanisław zu mir: »Andrzej, du wirst um 7.30 Uhr bei Pater Anicet ministrieren.« Ich aber sehe, daß sich gerade auch Pfarrer Sagadyn zur Hl. Messe bereitmacht. Deshalb sage ich: »Geben Sie mir Pfarrer Sagadyn, Bruder Stanisław. Der hält die Messe am Seitenaltar in 17 Minuten, dann schaffe ich noch den Meßdienst um acht Uhr.« – »Was redest du da, Andrzej? Pater Anicet braucht dich.« Ich darauf: »Aber Anicet trödelt entsetzlich, mit ihm schaffe ich es nicht bis acht Uhr.«

Ich bekam von Bruder Stanisław eine Ohrfeige, ganz streng, und ging mit dem Meßbuch vor dem alten Anicet her, und als ich, tatsächlich nach acht Uhr, zurückkam, führte Bruder Stanisław ein ernstes Gespräch mit mir.

Damals durchfuhr es mich zum ersten Mal im Leben, in mir keimte der Ernst vor den religiösen Dingen, im Grunde aber vor Gott. Ich drückte mich nicht mehr vom Meßdienst bei Pater Anicet. Doch weil die anderen Ministranten ein bißchen über mich spotteten, weil ich soviel Zeit verlor und in unserem Wettbewerb nach hinten rückte, suchte ich nach Tieferem bei diesem alten Menschen. Das war, glaube ich, keine Frage meiner reifen Kontakte mit Gott, sondern der Versuch eines psychischen Ausgleichs für meine Niederlage im Freundeskreis. Wenn ich mich schon zu einer Art Buße bereitfand, dann wollte ich in ihr einen Sinn, einen Nutzen sehen. Anicet war damals gar nicht so alt, kam mir aber unerhört bejahrt vor, der älteste aller Menschen auf der Welt. Mühsam kniete er vor dem Altar nieder. Seine Hakken waren verhornt, die Haut seiner Füße hart und rauh wie Bimsstein. Er sprach unendlich leise, ich hörte ihn gar nicht, und nur die genaue Kenntnis des Meßdienstes, das Eingehen auf den langsamen, zeitlich gedehnten Rhythmus der Gebete Anicets erlaubte mir, meinen äußeren Pflichten zu genügen. Ich dachte damals, er sei irgendwie anders, Gott näher, denn das alles dauerte länger, hatte einen anderen Rhythmus, eine andere Konzentration, eine andere Form, also wohl auch einen anderen inneren Gehalt. Ich bemühte mich, diesen Gehalt zu finden, an ihm teilzuhaben. Vordem war das unmöglich gewesen, ich hatte auch das Bedürfnis nicht empfunden.

Nach einiger Zeit gelangte ich zu der Überzeugung, ich dürfte den Meßdienst nicht herunterleiern, denn beim Leiern konnte ich nicht teilhaben. Um mit dem Leiern aufzuhören, mußte ich verstehen. Ich ging damit zu keinem der Kapuzinerpatres. Ich hätte vor ihnen zugeben müssen, die ganze Zeit über geleiert zu haben. Auf der Piwna wohnte damals ein alter Notar, ein sehr freundlicher Herr und großer Lateiner; zu ihm ging ich, er hat mir den Meßdienst auf polnisch ausgelegt. Doch dieser Notar – welch ein Zufall! – war ein kämpferischer Atheist, wovon ich vorher keine Ahnung hatte. Dieser Atheist übersetzte mir den Meßdienst verständlich, aber mit einem eigenen, spöttischen, äußerst gottlosen Kommentar, und redete mir zu, ihn aufzugeben, für einen aufgeklärten Kopf sei das Zeitverschwendung. Es imponierte mir sehr, daß ich einen aufgeklärten Kopf hatte, trotzdem kehrte ich zu Anicet zurück. In einem seltsamen Geisteszustand. Mit Wachsamkeit und Distanz, mit einem Fünkchen des Spotts, den der Notar mir beigebracht hatte.

Darin lag die Absicht der Göttlichen Vorsehung, mich auf die Probe zu stellen, mich einem Examen zu unterziehen. Es ging langsam und mühselig, doch Pater Anicet besiegte den Notar. Anicet hat nie mit mir über diese Sache gesprochen, und ich hatte nicht die Kühnheit, damit zu ihm zu kommen, das spielte sich ausschließlich am Altar ab, während der Hl. Messe, also in nächster Nähe Gottes, unter seiner unmittelbaren Beteiligung, wenn ich so sagen darf. Ja, und Gott siegte, wie konnte es auch anders sein. Pater Anicet vermittelte dabei nur seine Gegenwart, seine Person, sein eigenartiges Vorbild, ein wenig magnetisch, aber auch ein wenig abstoßend, denn man muß bedenken, daß er in meinen Augen sehr alt war, sehr vernachlässigt, ein vom Wind gebeugter Strauch, ich aber war schrecklich jung, schlank, geschickt, beweglich, die vollständige Andersartigkeit, die vollständige Fremdheit der Erfahrung und Gewohnheit, des Reagierens auf die Welt – er war sogar ein wenig abstoßend, und dennoch war gerade seine Vermittlung furchtbar wichtig, er und nur er war bei mir, als ich den steilen Pfad zu Gott emporstieg.

Eines Tages sah ich, wie er auf der Kapucyńska mit einem deutschen Offizier sprach. Ich war etwas schockiert. Ich hatte keine Ahnung davon, wer Pater Anicet eigentlich war. Ich kannte weder sein Leben noch sein Schicksal, weder sein Deutschtum noch sein frei gewähltes Polentum. Als ich ihn mit einem Deutschen ins Gespräch vertieft erblickte, fühlte ich mich wie von Gott verhöhnt. Es war wohl das Jahr 1940, die schreckliche Erfahrung der Okkupation, noch nicht die allerschrecklichste aus den späteren Jahren, doch eine, die nicht alltäglich geworden, die immer noch erstaunlich und überraschend ist.

Und wieder ein besonderer Zufall. An diesem Tag oder vielleicht am nächsten sagt mir Bruder Stanisław, ich solle bei einem bestimmten Kaplan ministrieren, mich aber über nichts wundern. Als ich die Sakristei betrat, war der fremde Kaplan bereits im Ornat, ich verbeuge mich höflich, ziehe das Chorhemd über, ergreife das Meßbuch – und wir gehen! Erst am Altar, als er niederkniete, erblickte ich seine deutschen Stiefelschäfte, die Nägel unter seinen Militärstiefeln. Ich erstarrte. Wie denn das?! Ein deutscher Soldat hält die Messe? Wie konnte das auf dieser Welt geschehen?

Am selben Tag sprach ich kurz mit Pater Anicet. »Pater, ich habe heute bei einem Deutschen ministriert«, sage ich. »Gut!« antwortet er. »Warum gut?« frage ich. »Er ist ein Deutscher!« Er schaute mich eine Weile an, schwieg und sagte schließlich: »Du verstehst noch sehr wenig. Was macht es, daß er ein Deutscher ist? Meinst du, wenn er ein Deutscher ist, dann glaubt er nicht mehr an Gott? Dann kann er nicht mehr Kaplan sein? Meinst du das?«

Ich weiß nicht mehr, was ich damals geantwortet habe, weiß aber ganz sicher, das war mein erster Schritt in die Richtung, die ich dann gegangen bin und bis heute gehe in der Frage meiner Beziehung zum deutschen Volk. Ich kann nicht sagen, gerade damals, infolge dieser einfachen Worte Anicets habe sich plötzlich etwas in mir umgekehrt, umgewertet. Das wäre vereinfacht. Aber es war der Anfang. Später kamen ganz andere Erfahrungen, meine literarische Besessenheit, es kamen Heine, Thomas Mann, Rilke, Zweig, ein neues Deutschtum, ein ganz neues Gefühl beim Klang der deutschen Sprache, die große Einweihung in die Kultur dieses Volkes, in seine vom Hitlerfaschismus zertretene geistige Größe. Dann kam das Konzentrationslager Sachsenhausen, die Begegnung mit deutschen Häftlingen, meinen Genossen im Unglück, das ganze große, komplizierte Problem der polnisch-deutschen Beziehungen, das in gewissem Sinne zum Problem meines Lebens, meines Schreibens, meiner polnischen und menschlichen Würde geworden ist; denn ich habe viele schöne und sehr bittere Dinge erlebt in diesem hartnäckigen Kampf mit dem Ziel, die polnisch-deutschen Beziehungen zu entmythologisieren, sie in einer redlichen Ecke unseres Bewußtseins unterzubringen, ohne alle Mythologisierung, ohne die Halbwahrheiten und offensichtlichen Fälschungen, denen immer noch ein nicht geringer Teil unserer Gesellschaft erliegt.

Auch das begann mit Anicet, obwohl ich damals keine Ahnung hatte, daß ich mit einem Deutschen sprach, der durch moralische Wahl Pole geworden, nach Kultur und Sitten aber Deutscher geblieben war.

Ich nähere mich dem Ende Juni 1941. Es war, wie wir heute aus historischen Arbeiten wissen, der 27. Juni. Ich selbst erinnere mich nicht genau an das Datum. An diesem Tag wurden die Warschauer Kapuziner verhaftet und die Kirche geschlossen. An diesem Tag verschwand Anicet aus meinem Leben, jedenfalls als reale Gestalt. Aber nicht nur er verschwand. Er nahm Gott mit.

Gewiß, mein Glaube damals war weder tief noch geistig erlebt. Mein gesamtes inneres Leben muß damals noch recht oberflächlich gewesen sein. Meine Verbindungen zu Gott waren flüchtig und unklar. Es war gewiß eine Art Faszination durch das Geheimnis, wie junge Menschen sie ziemlich allgemein empfinden.

Aber es unterliegt keiner Frage: Die Verhaftung der Warschauer Kapuziner bedeutete einen entscheidenden Umbruch in meinem Begreifen und Verstehen der Welt. Eine Etappe der Reifezeit war beendet, eine ganz andere begann. Eine Zeitlang fühlte ich mich verwaist. Mir fehlten Gott, die Hl. Messe, die Kapuziner, Anicet. Doch der beste Beweis für meine religiöse Oberflächlichkeit damals ist die

Tatsache, daß ich keine andere Kirche, keine anderen Priester suchte, um weiter ein frommer Meßdiener zu sein. Die Kirche verschwand für lange Jahre aus meinem Leben.

Diesen Verlust kompensierte ich bereits während der Okkupation durch ein neues Geheimnis. Das war das Geheimnis der Literatur. Ihre Kraft schlug mich völlig in ihren Bann, ihre schönen und verräterischen Strudel zogen mich für mein ganzes Leben in die Tiefe.

Ob Gott damals in mir existierte? Oder ob das Gottes-Bedürfnis völlig erloschen war? Gewiß nicht. Doch viele Jahre mußten vergehen, ich mußte viele Erfahrungen, Enttäuschungen, Bitterkeiten durchleben, um wieder dorthin zurückzukehren, von wo ich ausgegangen war. Zu meinem katholischen Glauben. Das geschah unter Umständen, die ich an anderer Stelle vielfach beschrieben und worüber ich vielfach gesprochen habe. Es war eine mühevolle, schwierige und unschätzbar wertvolle Rückkehr.

Und genau da kam dieser alte, kleine Mann im Habit zu mir zurück, der Almosenier Warschaus, mein schweigsamer Erzieher, mein erster Wegweiser auf dem Pfad des Glaubens, Pater Anicet. Erst damals fing er an, in meinem Leben eine wichtige Rolle zu spielen. Vielleicht war er in Wirklichkeit für mich gar nicht so wichtig, wie mir das heute vorkommt. Schließlich war ich ein zügelloser, oberflächlicher Junge. An seine Gestalt erinnere ich mich wie durch einen Nebel. Ich sehe weder sein Gesicht noch seine Gesten oder Worte. Vielleicht war er nicht wichtig und wurde es erst nach Jahren in meiner Vorstellung, während der großen Revision meines persönlichen Schicksals, die die gesamte Staffage der Gerechtigkeitsfindung haben mußte, also Richter, Verteidiger und Ankläger. Außerdem – in bedeutsamen Augenblicken kehren wir gewöhnlich zu den Quellen, zur Erinnerung an die frühesten Jahre zurück.

Wenn ich heute an Krieg und Okkupation denke, sehe ich ein dunkles Meer, sehe ich ein Loch in meiner eigenen Biographie, denn vieles hat sich verwaschen, verwischt, es ist vergangen, weil der Mensch die schlechten Erinnerungen aus sich herausfegt. Wenn ich an den Krieg denke, wenn ich das Dunkel des Krieges sehe, erkenne ich in der Tiefe ein winziges Licht, und dieses Licht ist die Kapuzinerkirche auf der Miodowa, sind die Gestalten der Väter und Brüder, vor allem aber die des Bruders Stanisław und des Paters Anicet.

Vielleicht ist es gar nicht wichtig, welche Rolle er 1940 oder 1941 in meinem Leben gespielt hat, sondern allein wichtig, welche Rolle er heute spielt, wer er heute für mich ist und bis zum Ende meiner Tage für mich bleiben wird, dieser alte, gebeugte Mann, von dem ich früher nichts wußte und den ich mir später aus Erinnerungs-Bruchstücken zusammengefügt habe als Symbol meiner eigenen Verwandlung und geistigen Reifung.

Und vielleicht ist eben das wichtig – wie ein Mensch in der Erinnerung anderer Menschen fortlebt, was dieser Mensch für andere Menschen geworden ist, worauf dieser Mensch andere Menschen hinweist als Schatten einer längst verflossenen Vergangenheit.

Das ist alles, was ich über den alten Pater Anicet zu sagen habe.

Das Ware, das Gute
und das Schöne

Ansprache bei der Verleihung des Nelly-Sachs-Preises
am 3. Dezember 1989

Als ich von der Verleihung des Nelly-Sachs-Preises erfuhr, bemächtigten sich meiner zwei Gefühle: Stolz und Erstaunen. Das erste brauche ich nicht zu erläutern – jeder andere an meiner Stelle hätte diese Auszeichnung auch für eine große Ehre gehalten. Das Erstaunen dagegen war die Folge meiner Einstellung zum Leben, das Ergebnis meiner Erfahrungen, die gebieten, der Welt mit Demut zu begegnen und sich selbst mit Distanz.

Einem weit verbreiteten Irrtum zum Trotz wissen wir nicht viel über den Menschen, wissen wir nicht viel über uns selbst. Die Rätselhaftigkeit unserer Existenz, ihre Erhabenheit und ihre Leiden, ich möchte sagen: ihre Heiligkeit und ihre Tragik angesichts der Zeit und der Natur, vor allem aber angesichts Gottes sollte uns veranlassen, über den Menschen eher in den Kategorien von Mißerfolg, Niederlage und Absturz zu denken als in denen von Erfolg, Sieg und Aufstieg.

Dieses wenig tröstliche Wissen habe ich, wie gesagt, der eigenen Biographie entnommen, aber auch den Werken meiner berühmten Vorgänger, der beiden großen zeitgenössischen Schriftsteller, die vor mir aus der Hand deutscher Juroren den Nelly-Sachs-Preis erhielten. Ich meine Elias Canetti und Erich Fromm.

Es ist wahrlich das Werk eines glücklichen Zufalls, daß

gerade diese beiden, mir so nahen und von mir verehrten Menschen gewissermaßen Patrone des Preises sind, den ich heute entgegennehme. In meiner schriftstellerischen Arbeit gibt es nur wenig Spuren jener Tiefe, die Erich Fromms Werk charakterisiert, nur wenig Spuren jener Schönheit, die Elias Canettis Werk erhellt. Als ich aus Dortmund die Nachricht von der Preisverleihung erhielt, stellte ich mir deshalb die Frage, ob ich tatsächlich ein Schüler dieser großen Meister sei, ob tatsächlich meine Bücher eine ähnliche Botschaft enthalten.

Erlauben Sie mir, in einigen Worten zu umreißen, wie ich diese Botschaft meiner Meister verstehe, auf welche Weise ich mich selbst wiederfinde in den derzeitigen Landschaftsbildern der Prosa oder auch, um die Sache etwas weiter zu fassen, in unserer herrlichen und schrecklichen Wirklichkeit des 20. Jahrhunderts.

Ich halte die Aufzeichnung der Erinnerung für meine einzige schriftstellerische Pflicht. In einem meiner Bücher habe ich geschrieben, eigentlich existiere die Vergangenheit nicht. Es existiere nur die Erinnerung, und alles, was uns Vergangenheit zu sein scheint, ist Erinnerung, nichts anderes als Erinnerung.

Das klingt gewißt nicht besonders neu, doch wenn wir Canetti lesen, finden wir eben dort die große Wahrheit von den Mechanismen unserer Erinnerung, die weniger die Vergangenheit wiederbelebt als sie vielmehr kreiert; sie überträgt die vergangene Welt in die Regionen unserer fast berührbaren Wirklichkeit, sie erlaubt uns zurückzukehren zu unseren Wurzeln, zu jener Wahrheit, die scheinbar nicht mehr existiert, uns aber dennoch formt, unsere Existenz durchdringt, uns zu denkenden und empfindenden Menschen macht.

Manchmal habe ich den quälenden und verzweifelten Eindruck, die Moderne, diese Zeit von heute, diese allgegenwärtige Banalität sei darum so nichtssagend, ohne Geschmack, ohne Sinn, ohne Perspektive, weil die Faszination durch den technischen Fortschritt, die Faszination durch das Objekt, die Faszination durch den Gegenstand uns gleichgültig gemacht hat gegenüber der eigenen Erinnerung, daß sie unsere Wurzeln im europäischen Bewußtsein abgeschnitten hat. Es unterliegt doch keinem Zweifel, daß ich in Europa geboren bin und in Europa meine Kindheit verbracht habe. Wenn ich jedoch zur Zeit in die Runde blicke, spüre ich nachhaltig das Fehlen Europas, als wäre es in der Erde versunken oder vom Monstrum der Geschichte verschlungen worden. Und ich denke, es ist in gewissem Sinn vom Monstrum der Geschichte verschlungen, ist vergast und in den Öfen der Krematorien verbrannt worden.

Um mit Europa umzugehen, muß man nach Elias Canettis Werk greifen, dieser reinen Quelle der schrecklichen und herrlichen, der heiligen und zugleich tragischen europäischen Erinnerung.

Meine Damen und Herren, nach meiner geistigen Erfahrung ist Europa vor allem das Christentum, die christliche Weltanschauung, die die menschliche Person als Kind Gottes, als Teil Gottes, ihm zum Bilde und ihm ähnlich geschaffen, in den Mittelpunkt des Universums stellt. Nach dieser Auffassung wird unsere Existenz zu einer Art Prüfung, in der der Mensch sich an seinem Schöpfer mißt, zu einer Prüfung, der Gott die Menschen in ihrem zeitlichen Leben aussetzt; er gebietet ihnen, dieser Prüfung standzuhalten. Genau in diesem Sinne ist für mich das Christentum ein einsames Ringen der menschlichen Person mit Gott, in diesem Sinne ist es meine Einsamkeit.

Hier berühre ich Erich Fromm und seine Skizzen zur »Psychoanalyse und Religion«, aber auch Fromms tragische Konzeption, die er »Flucht vor der Freiheit« nannte. Niemand im 20. Jahrhundert hat uns wie Fromm unsere eigene Schwäche, Kleinheit und Angst angesichts der ungeheuren Größe der uns gegebenen Welt gezeigt. Bei Fromm finde ich meine Einsamkeit und meine Enttäuschung wieder. Wie Canetti mir erlaubt, meine für immer verlorene europäische Wiege zu erkennen, so erklärt mir Fromm, warum ich sie verloren habe.

Vor den Augen meiner Generation wurden nicht nur Völker in den Öfen verbrannt. Verbrannt wurde auch das alte Europa, zunichte gemacht die große europäische Illusion vom Menschen als dem Kind Gottes, vernichtet das schöne, heilige und tragische Märchen der christlichen Zivilisation. Früher konnten wir uns in unserer Vereinsamung, Schwäche und Angst auf die mediterranen Traditionen berufen, auf Judentum und Christentum, auf Hellas und Rom. Wenn wir Canetti lesen, begleitet uns der Schatten Abrahams und Davids, haben wir Homer und Ovid in Reichweite, sind wir immer in der Nähe Jesu Christi. Bei Canetti, in der Welt seiner wunderbaren, dank der Kraft und Anwesenheit der Erinnerung geschaffenen Wirklichkeit – umgeben uns gotische Kathedralen, Renaissancehäuser und Barockpaläste, vor allem aber begleitet uns eine Welt von Gedanken und Empfindungen, die sich einst Europa nannte. Wenn wir Erich Fromm lesen, sind wir Teilnehmer und Zeugen des erschütternden Abschieds von den Werten, die wir selbst begraben haben.

Es gibt Europa nicht mehr, es gibt nur die Erinnerung an Europa. Ebenso gibt es das Christentum nicht mehr, in dem ich gemäß den Geboten meiner Väter, Großväter und Ahnen erzogen wurde. Auch dieses Christentum wurde von den Totalitarismen des 20. Jahrhunderts ausgerottet. Ich bin kein gelehriger Schüler Fromms, weil ich mir immer noch die Frage stelle: Wo war mein christlicher Gott, wo war Jesus Christus, als Hitler alle zwölf Stämme Iraels in den Öfen verbrannte und Stalin Millionen Unschuldiger in den ungeheuren Weiten Asiens und Europas ermordete? Einer meiner Freunde, ein eifriger katholischer Geistlicher, sagte mir vor einigen Jahren, er sei nicht imstande zu begreifen, warum Gott zugelassen habe, daß gewöhnliche Menschen mehr litten und in größerer Schande starben als Sein Sohn, der doch am Kreuz starb, um uns alle zu erlösen und den Sieg über den Tod davonzutragen! So denken in meinem Land katholische Geistliche, die immer noch der Prüfung der Einsamkeit im Angesicht Gottes standhalten wollen; Fromm aber hat sie gelehrt, kritisch zu denken, und Canetti, der Erinnerung nicht zu entsagen.

Es erhebt sich die prinzipielle Frage, ob es eine Chance für die Wiedererweckung Europas, eine Chance für seine Neugeburt gibt. Man kann ja nicht sagen, das sei ein momentaner moralischer Kollaps gewesen, ein vorübergehender Wahnsinn, das Resultat eines Fehlers, die Folge des AuftNritts zweier Besessener, in denen sich der Teufel verkörperte, auf der historischen Bühne.

Dieser Teufel nämlich trieb sich seit Jahrhunderten in Europa herum, entzündete die Scheiterhaufen, entfachte die Angst, importierte die Seuche. Dieser Teufel sprach durch den Mund von Heiligen, Monarchen, Rittern, Priestern, Bürgern, Gelehrten und gewöhnlichen Durchschnittsmenschen. Ich entdecke die Anwesenheit dieses Teufels in den Gesten Torquemadas, den Schriften der Enzyklopädisten, der deutschen Philosophie, der englischen

Ökonomie, der russischen Mystik, der polnischen Lyrik, der holländischen Nüchternheit, ich entdecke sie überall in Europa und in der gesamten europäischen Geschichte. Es sagt sich leicht, die Totalitarismen hätten sich Europas bemächtigt, weil Deutsche und Russen von einer schweren Geisteskrankheit befallen wurden, weil die einen restlos an die Konzeption des menschlichen Willens und die anderen restlos an die Konzeption der menschlichen Vernunft zu glauben begannen. Es stimmt, daß der deutsche Totalitarismus zu Hitlers Zeiten dem wahnwitzigen Glauben an die unbegrenzten Möglichkeiten, die Welt dem Willen gemäß zu formen, entstammte und auf diese Weise das Führerprinzip verkörperte. Es stimmt, daß der sowjetische Totalitarismus dem wahnwitzigen Glauben an die unbegrenzten Möglichkeiten, die Welt vernunftgemäß zu formen, entstammte – und auf diese Weise hatten wir es zum ersten Mal in der Geschichte mit einer Realisierung des platonischen Ideals vom Regiment der Philosophen zu tun.

Das alles aber wurzelte in der ewigen Krise Europas, in der Krise der jüdisch-christlichen Zivilisation, die dadurch, daß sie gleichermaßen Kind des Judentums und Kind des Christentums war, den Widerspruch, die Krankheit, den ewigen Streit und die ewige Zerrissenheit in sich trug.

Nach Auschwitz, Majdanek, Workuta und Butyrki gibt es in Europa weder Juden noch Christen. Die Juden sind ausgerottet, die Christen beraubt. Geblieben ist ihnen nur das Kainsmal auf der Stirn, genommen wurde ihnen die Hoffnung, jeder Mensch einzeln sei ein Kind Gottes.

Ob Gott selbst überdauert hat? Für mich – zweifellos ja! Doch ist das ein gedemütigter und verletzter Gott, ein auf Gnade und Ungnade unserem Gewissen ausgelieferter Gott. In diesem Sinen braucht Er den Menschen mehr, als der Mensch Ihn braucht. In diesem Sinne ist die Rettung Europas die Rettung Gottes in uns selber.

Das ist etwas wie die Rückkehr zu den tiefsten Wurzeln des Europäertums. Ich meine das antike Ideal, wo eine Dreiheit über die Harmonie entscheidet: das Wahre, das Gute und das Schöne. Was wahr ist, ist gut, was gut ist, ist schön, und was schön ist, ist wahr. Darum bleibt uns nur die Kultur als letzter gangbarer Pfad, der zur Errettung der Seele und zur Wiedergewinnung Gottes führt.

IV

DIE LETZTE NOTIZ

Sieben Jahre sind vergangen. Damals herrschte gegen Abend scharfer Frost.

Nichts ist unwürdiger als der Versuch, die Erinnerung im nachhinein einer Regie zu unterwerfen. Das ist eine Vergewaltigung der Freiheit. Es genügt ja, die Farbe eines Ereignisses, seine Gefühlstemperatur ein klein wenig zu verändern, und schon ist die Vergangenheit nicht mehr Vergangenheit, sondern Legende. Selbstverständlich ist das unvermeidlich, denn heute bin ich nicht mehr derselbe wie vor sieben Jahren, meine Erinnerung dringt durch viele Zeitschichten, alle Erfahrungen, alle geistigen Erlebnisse dieser sieben Jahre sind ein Filter, der zurückhält, was vielleicht als Staub des Vergessens erscheinen könnte, im Grunde aber mein Blick darauf ist. Vielleicht bin ich in dieser Hinsicht besessen, denn immer beschäftigt mich nur dieses Problem, in meiner ganzen Schreiberei fesselt nur dieses Problem meine Aufmerksamkeit. Ich bin tief davon überzeugt, daß es keine Vergangenheit gibt, sondern nur die Erinnerung. Nur was ich im Gedächtnis behalten habe, ist Vergangenheit, alles Vergessene gibt es nicht mehr. So ist das aus dem Blickwinkel des Menschen. Das ist der menschliche Umgang mit der Geschichte. Die wahre Vergangenheit kennt Gott allein. Wir kennen sie nicht.

Jener Sonnabend vor sieben Jahren gehört folglich nicht zur wirklichen Vergangenheit, sondern bildet einen Teil meiner Erinnerung an das Vergangene, es ist der 12. Dezember 1981, aus meiner Perspektive gesehen. In dieser

Erinnerung finde ich oder fände ich mühelos meine späteren Erfahrungen, sämtliche Gedanken an den 12. Dezember, die sich während der sieben folgenden Jahre in mir angesammelt haben; deshalb bin ich überzeugt, daß derselbe Tag vor drei Jahren oder vor einem Jahr ein wenig anders gewesen ist als heute, ärmer vielleicht oder reicher, bestimmt aber anders als meine heutige Erinnerung an ihn, und keiner ist jener wirkliche 12. Dezember 1981, den ich einst erlebt habe, um mich ständig aufs neue, ständig anders an ihn zu erinnern, um ihn umzuformen in dem geheimnisvollen, wunderbaren und schrecklichen Laboratorium der Erinnerung.

Ich werde die Ereignisse nicht im nachhinein einer Regie unterwerfen, weil das ein Eingriff wider die Natur ist. Ich weiß nicht, was das für ein Tag war. Ich weiß, wie ich mich jetzt, nach sieben Jahren an diesen Tag erinnere.

Ich erinnere mich an einen sehr traurigen, verzweifelten Tag und denke ungern an ihn. Auf dem Kulturkongreß im Saal des Dramatischen Theaters hatte ich gesprochen. Wenn ich das Stenogramm dieser Ansprache lese, kommt sie mir nicht gut vor. Das Publikum nahm meine Ansprache enthusiastisch auf, ich habe kürzlich in Jan Józef Szczepańskis Buch *Die Kadenz* gelesen, es sei eine »große Ansprache« gewesen – ich aber finde sie nicht bemerkenswert. Sie ist das beste Beispiel dafür, wie sehr wir der Banalität erliegen, auch im Bereich bestimmter moralischer Verpflichtungen. Wir sprechen von der »Treue uns selbst gegenüber«. Worauf beruht die Treue uns selbst gegenüber? Soll ich mir gegenüber in der Weise treu sein, daß ich heute, nach sieben Jahren, entgegen meiner Überzeugung die damals gesprochenen Worte verteidige? Oder müßte ich, um die Treue mir gegenüber, so wie ich heute bin, zu bewahren, sagen, diese Ansprache vor sieben Jahren gefalle mir überhaupt nicht?

Ich habe mich verändert, die Welt hat sich verändert. Ich wie sie – wir sind sieben Jahre älter geworden. Mag sein, diese Ansprache war damals gut und wichtig, heute spüre ich in ihr den faden Geschmack der Asche. Es ist keine Frage der Treue, sondern der Vergänglichkeit. Und wieder kann ich nur eines hinzufügen. Gott wird beurteilen, ob es eine gute oder eine schlechte Ansprache war. Falls er überhaupt seine göttliche Aufmerksamkeit darauf richten sollte.

An jenem Abend, vielleicht ein paar Minuten vor Mitternacht kamen sie zu mir, um mich zu holen. All die Jahre hindurch bis heute begleitete mich die Überzeugung, ich sei, als die Türklingel ertönte und ich mich aus dem Sessel erhob, um zu öffnen, überzeugt gewesen, sie kämen, um mich festzunehmen. Nie werde ich ergründen, wie es wirklich war. Sicher ist, daß ich nicht an den Milchmann dachte. Wir leben nicht in einem Land, in dem die Leute solche Assoziationen zu haben pflegen. Vielleicht dachte ich wirklich an die Polizei. Das ist ein sehr polnischer Gedanke, aus dem Blickwinkel des Polentums ein sehr natürlicher Gedanke.

Als ich von diesem Ereignis im Kreis meiner Schweizer Freunde erzählte, verstanden sie gar nichts. Sie hatten blasse Gesichter, sie saßen reglos in ihren Sesseln. Eine der Damen hob ihr Wermutglas an die Lippen, und ich hörte, wie das Glas an den Zähnen klirrte. Doch ebensogut kann ein Eiswürfel im Glas geklirrt haben.

Sie kamen damals und nahmen mich mit. Sie hatten keine Gesichter. Sie sagten kein Wort. Sie machten keine Gesten. Selbstverständlich müssen sie Gesichter gehabt haben, gewiß haben sie etwas gesagt, sich irgendwie bewegt, aber daran erinnere ich mich nicht. Ich erinnere mich, daß es schneite. Einer von ihnen ging voran. Er trat eine Spur in den Schnee. Und ich bemühte mich, genau in seine Fußstapfen zu treten. Es war für mich ungeheuer wichtig, meine Füße in seine Spuren zu setzen. So habe ich das behalten. Und das hat möglicherweise eine symbolische Bedeutung. Nicht in dem Sinne, daß ich seinen Spuren folgte, sondern gerade ganz anders. Seine Spuren sollten nicht existieren, ich war es, der eine Spur hinterließ für andere, die mich suchen würden oder sich nur an mich erinnern.

Das ist ein ziemlich literarischer Zug der Erinnerung. Vielleicht hängt es mit meinem schriftstellerischen Handwerk zusammen, doch vielleicht betrifft es den Erinnerungsmechanismus aller Menschen. Es ist eine Bereicherung der Geschehnisse um zusätzliche Bedeutungen, als wäre die Erinnerung eine Art von Magie, als könnte sie die Wirklichkeit beschwören, ihr einen Zauber geben.

Und ich denke, es ist ein Zauber. Man sagt doch, wir träumten von der Zukunft, wir phantasierten über die Zukunft. Könnten wir das tun, wenn dieselben Gedankengänge nicht die Vergangenheit beträfen? Wenn ich mich jener Nacht vor sieben Jahren erinnere, gebe ich mich einem furchtbaren Alptraum hin. Als erzählte ich mir selbst ein böses, grausames, entsetzliches Märchen.

Wie immer es gewesen sein mag, ohne Rücksicht auf die Tatsache, die ich damals real erlebt habe, ist diese Nacht in meiner Erinnerung ein fertiges Theaterstück oder Filmdrehbuch. Nie werde ich ein solches Drehbuch schreiben, weil es platt wäre, ohne tiefere soziale, moralische, politische Bezüge. Ich erinnere mich aus jener Nacht an nichts Politisches, es gab in ihr keinen Funken moralischer Lehren. Die Beurteilung der Ereignisse vom Gesichtspunkt ihres sozialen Gewichts her erfolgte wesentlich später. Vielleicht ist nicht jeder innerlich so konstruiert, ich aber benötige Distanz, um das, was mir zu erleben gegeben wurde, tiefer zu erleben. Damals sah ich wie bei einem Gewitter den Blitz und in seinem grellen Licht die seltsame, erstarrte Welt rund um mich. Erst später drang das dumpfe Rollen des Donners herüber.

Der Funktionär der Miliz, ein sehr blasser, ziemlich alter Mann mit zerfurchtem Gesicht, nicht groß, sagte zu mir: »Ich bitte Sie, ich habe eine schwerkranke Tochter zu Hause!« Ich antwortete, er solle sich um sie kümmern. Er nickte und fügte noch in sehr schmerzlichem Ton hinzu: »Wen geht das etwas an!«

Das waren wohl die einzigen Worte, die ich mit einem Vertreter der Staatsmacht wechselte – in dem Moment, als die Welt über meinem Kopf einstürzte. Ich habe den Eindruck, daß auch seine Welt einstürzte. Von den Trümmern verschüttet, sprachen wir in Texten von Mrożek oder Gombrowicz miteinander.

So erinnere ich mich daran, folglich ist es so in meinem Leben geschehen. Vor einigen Monaten las ich im Londoner *Puls* die umfangreiche Skizze eines jungen Schriftstellers unter dem bezeichnenden Titel *Was will Andrzej Szczypiorski uns sagen*. Ich habe diesen Text sehr aufmerksam gelesen, weil mir die Bemerkungen junger Autoren über das, was ich als älterer Autor sage, wichtig zu sein scheinen. Da erfuhr ich nun, ich spräche zu tolerant, zu kompromißbereit und zu sanft, und solch ein Reden meinerseits sei eine Art Entstellung oder gar Perversität, denn immerhin sei ich verfolgt worden, immerhin sei mein Leben nicht auf Rosen gebettet. In der Tat, es war nicht auf Rosen gebettet, sondern eher ein schwieriges, aber zweifellos schönes Leben, denn Gott hat mich mit der größten Gnade bedacht: Ich liebe und werde geliebt. Doch stimme ich mit meinem jüngeren Kollegen überein, daß ich manchmal verfolgt wurde. Ich stimme nicht mit ihm überein in der Ansicht, aus der Verfolgung könne, ja müsse man einen Beruf machen. Ich stimme nicht mit ihm darin überein, das Leiden sei eine Art Nobilitierung, vor allem ein Leiden, das Ergebnis von Ungerechtigkeit, Übermacht, Gewalt und Erniedrigung seitens anderer Menschen ist. Fremde Sünden sind nicht meine Tugend. Wenn jemand Böses tut, ich aber nicht, bedeutet das noch lange nicht, daß ich Gutes tue.

Wie sich zeigt, sage ich Schlechtes, wenn ich zum Beispiel sage, in jener Nacht sei nicht nur meine Welt, sondern auch die Welt dieses Milizionärs eingestürzt, der zu Hause eine kranke Tochter hatte und, statt sich um sie zu kümmern, mich in die Zelle stecken mußte, nachdem er mir zuvor den Hosengürtel abgenommen hatte, woran ich mich zudem überhaupt nicht erinnere; nehmen wir folglich an, daß ich meinen Gürtel behielt, was hier keine Rolle spielt, weil ich dieses Versäumnis nicht genutzt und mich nicht am Fenstergitter aufgehängt habe.

Meine Sanftmut und Nachsicht endet damit jedoch nicht, sie reicht tiefer hinein in den Fluß unseres kollektiven Lebens. Mein junger Kollege schreibt nämlich, ich relativierte jenen Sonnabend vor sieben Jahren und seine weiteren Folgen bis zum heutigen Tage. Der Kollege macht mir einen Vorwurf, indem er folgenden Satz schreibt: »Es stimmt, es war nicht alles so schrecklich und so wirkungsvoll wie die deutschen und die sowjetischen Lager, doch das heißt nicht, man dürfe meinen, es sei besser...«

Der Kollege hat den Vorwurf, den er mir macht, richtig formuliert, denn ich meine tatsächlich, es sei besser. Doch richtig heißt durchaus nicht mit Recht. Ich bleibe bei der Anschauung: Sowohl am 13. Dezember 1981 als auch in allen Tagen und Wochen, die bis zum heutigen Tag folgten, war und ist es hundertmal besser als in Auschwitz und Workuta, als bei der Gestapo oder dem NKWD, aber auch in Mokotów vor zum Beispiel vierzig Jahren. Ich bleibe bei der Anschauung, nicht ich bin übertrieben tolerant und nachsichtig bis zur Entartung, sondern der junge Kollege weiß einfach nicht, wovon er redet. Und er kann es nicht wissen. Weil es die Vergangenheit als solche nicht gibt und man sie nicht lernen kann. Es gibt nur die Erinnerung an die Vergangenheit, und wie soll dieser Kollege eine Erinnerung an die Gestapo oder das NKWD besitzen, wenn er vor dreißig Jahren geboren wurde.

In jener Nacht, irgendwann gegen drei Uhr wurde ich bei schrecklichem Frost, im Metallkasten des Gefängnisautos durch das verschneite Warschau transportiert. Ich erinnere mich an das Erstarren des gesamten Körpers und den trägen Fluß irgendwelcher Gedanken, von denen keine Spur übrig geblieben ist. Darum weiß ich nicht, woran ich damals dachte. Heute bin ich geneigt zu glauben, ich hätte damals an das große Unglück Polens und der Polen gedacht, das wer weiß wann enden würde, aber vielleicht habe ich an andere, ganz simple Dinge gedacht wie zum Beispiel an warme Unterhosen zum Wechseln, die ich nicht von daheim mitgenommen hatte, weil die Herren sich so sehr beeilten und mich zur Eile antrieben. Im Auto waren viele Leute, auch junge, nette, wild erregte, vielleicht sogar fröhliche Burschen, was mich damals wohl nicht wunderte, weil auch ich vierzig Jahre zuvor des öfteren fröhlich erregt gewesen war, zum Beispiel in einer Nacht auf der Krucza-Straße, als ich mit einem Kameraden vor den Gendarmen über die Dachziegel flüchten mußte. Die Augustnacht war warm, ja heiß und sternenlos. Beim Fliehen hörte ich das ferne Stampfen der Gendarmenstiefel und das Schnaufen der dicken, alternden Männer, für die das Herumlaufen auf den Dächern eine große Anstrengung und eine äußerst unangenehme Pflicht war. Ich hörte auch das Kichern eines erregten Burschen, der wie eine Gemse flüchtete. Es war mein eigenes Kichern. Das machte mich zum freien Menschen. Meine ganze Freiheit lag in diesem Kichern.

Doch in der Nacht zum 13. Dezember saß ich auf der schmalen Bank im Auto und war unbeschreiblich erschöpft und kurzatmig, vielleicht schwitzte ich sogar trotz der durchdringenden Kälte wie der Gendarm auf dem Dach vor vierzig Jahren ...

Und da sagte einer der im Auto zusammengepreßten jungen Leute, während er erzählte, was ihm vor einer Stunde bei der Verhaftung passiert sei, mit fröhlicher Verachtung: »Verdammt, genauso wie die Gestapo!«

Wohl nie im Leben habe ich eine so schreckliche, unbeschreibliche, ungeheure und triumphierende Einsamkeit erlebt. Und nie war meine Erinnerung so wohltätig und lindernd. Meine Erinnerung war damals lauter Freude, sie war mein Schutzengel.

Ich kann den Vorwurf nicht akzeptieren, daß ich das Böse relativiere, weil ich das nie getan habe. Das Böse ist immer das Böse. Es gibt keine moralischen Thermometer, die das Böse nach Graden messen. Aber es gibt Maßstäbe für die sozialen Folgen des Bösen. Diese Folgen können kleiner oder größer sein, furchtbar oder maßvoll, wenn man sie mit dem Blick auf die Regeneration der sozialen Kräfte betrachtet.

Solche Bewertungen sind außerhalb der Erinnerung unmöglich. Ohne den Bildschirm der Erinnerung kann man die Folgen des Bösen nicht ausmessen. In diesem Sinne hängt die Bewertung der Folgen stets eng mit der Erinnerung zusammen. Wer sich an Sachsenhausen erinnert, bewertet Białołęka anders als derjenige, der nur weiß, daß es Sachsenhausen einmal in der Geschichte gegeben hat. Denn für ihn hat es das einfach nicht gegeben. Es gibt nichts außerhalb der Erinnerung. Nur Gott.

So wird die Erinnerung in gewissem Umfang zum Faktor der Verständigung unter den Menschen, sie bringt sie zusammen oder entfernt sie voneinander. Was ist denn schließlich die Nation, wenn nicht eine Gemeinschaft kollektiver Erinnerung? Gemeinsam sich erinnern, das bedeutet, so denke ich, einer Nation anzugehören. Sich anders erinnern, umgekehrt, der großen Mehrheit entgegen, das bedeutet, mit seiner Nation im Streit zu liegen, ihre Identität zu verneinen.

Ich denke, der Milizionär, der vor sieben Jahren, in einer eisigen Schneenacht mir nur das eine zu sagen hatte, nämlich daß seine Tochter krank sei – und mir auf diese Weise viel sagte, nämlich daß er sich lieber ins Private zurückziehen würde, möglichst weit weg von dieser historischen Katastrophe, denn meine Qual ist auch eine Qual für ihn, und er bejaht sein Mitwirken an diesem Quälen nicht, er würde sich lieber über sein krankes Kind beugen, den Umschlag auf dem fieberheißen Kopf des Mädchens wechseln, vielleicht sogar um ihre Gesundheit zu Christus und Seiner Mutter, unserer gemeinsamen polnischen Instanz, beten – ich denke, dieser Milizionär erinnert sich heute, nach sieben Jahren weder an mich noch an meine Genossen im Unheil, sieht aber, wenn er sich an jene Nacht erinnert, das Gesicht des kranken Kindes, er erinnert sich der eigenen Hilflosigkeit, und das ist ein bitterer, schmerzlicher Gedanke, folglich ist jene Nacht in seiner Erinnerung bitter und schmerzlich – in diesem Sinn erinnert sich jener Milizionär mit der kollektiven Erinnerung, in diesem Sinn ist er ein Teil des großen Ganzen, gehört zu Polen und den Polen.

Ein anderer aber – solche gibt es bestimmt –, der sich triumphierend an jene Nacht erinnert als an eine Nacht der Erleichterung und Befreiung von seinen eingebildeten Ängsten, als eine Nacht fieberhafter, erregender Jagdzüge, und der in ihr einen abenteuerlich-sportlichen Zug findet – dieser andere ist in seiner Erinnerung einsam und verlassen, weil seine Erinnerung keinen Platz findet in der kollektiven Erinnerung Polens und der Polen.

Ich glaube nicht, daß die Erinnerung in irgendeiner Weise politisch ist, selbst wenn man sich an par excellence politische Dinge erinnert. Die Erinnerung gibt dem Leben seinen Sinn, sie diktiert uns unsere Worte und Taten, sie formt uns geistig, ist ein existenzieller Prozeß, ist – als gedanklicher Prozeß und als geistiges Erlebnis – eine Frage des Gewissens und keine Frage der Anschauungen. Ich erinnere mich im Einvernehmen mit meinem Gewissen oder entgegen meinem Gewissen, und die Erinnerung macht mich dann beschämt, sie ruft das Bedauern des Herzens hervor. Anschauungen haben damit nichts gemein, und das ist der beste Beweis dafür, wie wenig die Politik im menschlichen Leben bedeutet. An die Politik erinnern wir uns einfach nicht. Wir erinnern uns nur an Tugenden und Sünden.

So ist auch jene Nacht vor sieben Jahren heute, nach sieben Jahren, da es sie nur noch als Erinnerung gibt und sie nur noch Erinnerung bleiben wird, frei von allem Politischen, sie wird ausschließlich zum moralischen Problem.

Für die einen war sie die Nacht der Sünde, für die anderen die Nacht des Leidens.

So kehrt alles auf der Welt, von der Aktualität befreit und durch die Schichten der Erfahrung gefiltert, die sich um unser Erleben legen wie die Jahresringe um das Innere des Baumstammes, zurück zu den einfachen Formen, zum Schöpfungsakt. Alles versinkt ins Nichterinnern, nur eines bleibt, die Wahl zwischen Gut und Böse.

In diesem Sinne erweist sich die Erinnerung als Gespräch des menschlichen Gewissens mit Gott, sie erweist sich als steiler Pfad, auf dem der Mensch zur eigenen Erlösung emporsteigt.

14. Dezember 1988

Anhang

Anmerkungen des Übersetzers

Zur Aussprache der polnischen Namen

Im Polnischen spricht man alle Vokale kurz und offen aus, Doppelvokale (au und eu) getrennt, ie als je. Die Betonung liegt, von seltenen Ausnahmen abgesehen, immer auf der vorletzten Silbe.

Anders als im Deutschen werden folgende Buchstaben ausgesprochen:

ą	=	on, wie in französisch: ballon
c	=	tz, auch vor k
ć oder ci	=	tj, zu einem Laut verbunden
ch	=	hart, wie in deutsch: Dach
cz	=	tsch, wie in deutsch: Peitsche
ę	=	in, wie in französisch: bassin
h	=	ch, wie in deutsch: Dach
ł etwa	=	w, wie in englisch: water
ń	=	nj, wie in spanisch: señor
ó	=	u
rz	=	j, wie in französisch: journal
s	=	ß
ś oder si	=	ßj, zu einem Laut verbunden, also weicher als ch in deutsch: Licht
sz	=	sch, wie in deutsch: Schule
z	=	s, wie in deutsch: Rose
ź oder zi	=	sj (s dabei stimmhaft), zu einem Laut verbunden
ż	=	j, wie in französisch: journal

Andrzej Szczypiorski
im Diogenes Verlag

Amerikanischer Whiskey

Erzählungen. Aus dem Polnischen
von Klaus Staemmler. Leinen

»Gesättigt mit Welt und Erfahrung sind die Geschichten; ein souveräner Kopf und blendender Erzähl-Techniker schildert das ewige Menschheits-Monopoly, Macht und Ohnmacht, erlebt am eigenen Leibe. Turmhoch stehen diese Erzählungen über dem grassierenden esoterischen Gefinkel und knieweichen Selbstbeweinen heimischer Floristen.«
Der Spiegel, Hamburg

Die schöne Frau Seidenman

Roman. Aus dem Polnischen von
Klaus Staemmler. Leinen

»Gelassen, aller pessimistischen Geschichtsbetrachtung zum Trotz, blickt Andrzej Szczypiorski über die Jahrzehnte zurück auf die finsteren Zeiten, die er selbst einst durchlebt hat, in den Flammen des Warschauer Aufstands und danach im KZ Sachsenhausen. Mit herber Ironie erzählt er von Gerechten wie Schurken, von guten Patrioten und Henkersknechten, Todgeweihten und noch einmal Davongekommenen, deren Geschicke sich verknüpfen zu dramatisch gerafftem Romangeschehen.« *Der Spiegel, Hamburg*

»Das macht Szczypiorskis Roman so überzeugend: daß er zwar Systeme verurteilt und Ideologien an den Pranger stellt, aber nie über Menschen den Stab bricht, auch über den erbärmlichsten nicht.«
Die Weltwoche, Zürich

»Szczypiorski gelingt der meisterliche Wurf, das unentwirrbare Knäuel osteuropäischer Schicksale und

Befindlichkeiten des vergangenen halben Jahrhunderts – losgelöst von jenem Geist der Schwere, der über der europäischen Literatur zu schweben scheint, und so spannend, daß man das Buch nicht aus der Hand legen kann – wenn auch nicht zu entwirren, so doch souverän zu entrollen.« *Neue Zürcher Zeitung*

»Ein leises und poetisches Buch, das ausspricht, was beim Namen genannt zu werden verdient – damit wir nicht vergessen, was niemand mehr hören und sehen und wissen mag.« *Frankfurter Allgemeine Zeitung*

Eine Messe für die Stadt Arras

Roman. Aus dem Polnischen
von Karin Wolff. Leinen

»Wir sollten vorsichtiger sein, wenn wir uns über ›die besten Bücher‹ und ›die wichtigsten Autoren‹ äußern, denn es ist allzeit wahrscheinlich, daß wir die gar nicht kennen. Zum Beispiel den Roman *Eine Messe für die Stadt Arras* von Andrzej Szczypiorski.« *Ulrich Greiner / Die Zeit, Hamburg*

»*Eine Messe für die Stadt Arras* ist Andrzej Szczypiorskis Hauptwerk.« *Marcel Reich-Ranicki / FAZ*